더불어 함께하는 평화교육

더불어 함께하는 평화교육

2020년 3월 18일 초판 1쇄 인쇄
2020년 3월 25일 초판 1쇄 발행

지은이 | 김도일 김상덕 서정민 양승준 윤성덕 이진원 조은하 하충엽 황인성
펴낸이 | 김영호
편 집 | 김구 박연숙 전영수 김율 디자인 | 황경실
펴낸곳 | 도서출판 동연
등 록 | 제1-1383호(1992. 6. 12)
주 소 | 서울시 마포구 월드컵로 163-3
전 화 | (02)335-2630
전 송 | (02)335-2640
이메일 | yh4321@gmail.com
블로그 | https://blog.naver.com/dong-yeon-press

Copyright ⓒ 가정교회마을연구소 · 총회한국교회연구원, 2020

ISBN 978-89-6447-568-3 04230
ISBN 978-89-6447-567-6 04230(세트)

이 도서의 국립중앙도서관 출판예정도서목록(CIP)은 서지정보유통지원시스템 홈페이지
(http://seoji.nl.go.kr)와 국가자료종합목록 구축시스템(http://kolis-net.nl.go.kr)에서 이
용하실 수 있습니다. (CIP제어번호: CIP2020011620)

가정교회마을연구소 · 총회한국교회연구원
동북아 평화와 신학 **시리즈 제2권**

더 • 불 • 어 • 함 • 께 • 하 • 는

평화교육

책임편집 김도일

김도일 김상덕 서정민 양승준 윤성덕 이진원 조은하 하충엽 황인성 함께 씀

동연

이 책을 진실하게 평화를 추구하며 평생을 살아온
한국일 교수님께 헌정합니다.

"평화를 이루는 사람은 복이 있다.
하나님이 그들을 자기의 자녀라고 부르실 것이다"
마태복음 5장 9절(새번역성경).

책 을 펴 내 며

'동북아 평화와 신학 시리즈'의 두 번째 책으로『더불어 함께하는 평화교육』을 발간할 수 있도록 하신 하나님께 감사드립니다. 본 연구원은 2018년 시리즈의 첫 번째 책으로『한반도 통일과 기독교』를 출판한 이래, 동북아 평화와 신학에 대한 지속적인 연구의 필요성을 느끼게 되던 차에, 평화교육에 관한 본 책을 출간하게 된 것을 기쁘게 생각합니다.

올해는 특히 6·25전쟁이 일어난 지 70주년이 되는 해로 평화에 대한 주제가 부각되는 한 해가 될 것 같습니다. 오늘 우리 주변의 국제정세는 6·25 직전과 많이 닮아있습니다. 한반도가 세계열강에 에워싸여 우리 민족의 의지와 상관없이 전쟁이 발발할 수 있는 상황으로 가고 있는 것입니다. 미국, 중국, 일본, 러시아 등 강대국의 이권이 한반도 주변에서 첨예하게 대립되어 있습니다. 남북한을 위시한 4개국 열강의 군비가 날로 증강하는 요즈음, 피비린내 나는 전쟁의 내음이 한반도를 엄습해오고 있는 것입니다.

이 같은 첨예한 상황 가운데 이 책은 우리에게 평화에 대한 비전을 말해주고 있습니다. 무엇보다 오늘을 사는 우리에게 평화의 의미를 설명해주며 평화에 대한 교육을 잘 할 수 있는 길이 무엇인지를 이 책은 그리고 있는 것입니다. 이 책은 평화교육의 방안을 세대별로 나누어 구별해서 생각해보고 있습니다. 어린이, 청년 그리고 노인들로 나누어 그들에게 평화에 대한 교육을 어떻게 할 수 있는가를 이 책은 질문하고 있습니다. 우리나라의 평화는 군사적이며 정치외교적인 노력에 의해서만 이룩되는 것이 아니며, 국민 한 사람 한 사람의 평화에 대한 의지가 모아졌을 때만이 가능함을 우리는 이 책을 통해 다시 확인할 수 있을 것입니다.

마지막으로 가정 · 교회 · 마을연구소의 김도일 원장을 비롯하여 이 책의 발간을 위해 수고해주신 총회한국교회연구원의 노영상 원장, 김신현 실장, 구혜미 간사 및 출판을 맡아주신 도서출판 동연의 김영호 대표께 감사의 말을 전합니다. 평화에 관하여 귀한 글들이 써주신 필자들의 노고가 한반도와 동북아 지역에서 참 평화를 이루어 나가는 데에 큰 공헌이 되길 소망하여 봅니다.

채영남 목사

(총회한국교회연구원 이사장, 본향교회)

머 리 말

　오늘날 우리가 살고 있는 세상은 여러 지역에서 일어나는 분쟁과 전쟁 그리고 테러로 인해 수많은 인명이 살상되는 참혹한 현실로 가득 차 있습니다. 더불어 하나님의 형상으로 창조된 인간의 존엄성과 가치 역시 파괴되고 있습니다. 우리는 이러한 현실 속에서 예수 그리스도 복음의 의미와 하나님 나라의 통전성을 회복해야 할 책임이 있습니다. 그것은 그리스도의 복음이 가진 치유와 화해의 능력을 통해 평화를 실천할 수 있는 신앙적 상상력을 기르고 실천적인 방법을 모색하는 것입니다.

　교회의 정체성은 자신이 선포하고 추구하는 하나님 나라의 가치를 따라 살아가는 모습을 통해 드러납니다. 교회의 존재 이유와 책임은 하나님께서 완성하실 새 하늘과 새 땅을 희망하며, 성령 안에서 이미 시작된 하나님 나라의 선취를 맛보고, 그것을 이 세상 안에서 실현하는 것에 있습니다. 그런 점에서 교회는 이 세상의 대조사회로 존재할 수 있습니다.

　그러나 현실 속의 교회는 하나님과의 수직적 화해는 강조하지만 인간과의 화해는 간과하는 경향이 있습니다. 그것은 하나님 나라를 영적으로, 내세적으로 이해하는 편협한 신학에 근거한 사고입니다. 또 여전히 세상과 교회를 분리하고 교회 안으로 사람들을 모으려는 목회 및 선교 패러다임으로 인한 결과입니다. 교회는 자신이 경험한 예수의 치유와 화해 사건을 공동체적 확신을 통해서 세상 안으로 전달하고 실천해야 합니다. 이것이 교회에게 주어진 선교적 사명입니다. 교회는 기독교 복음이 주장하는 전인적, 사회적 화해를 이 땅에서 평화를 실현하는 것으로 이해해야 합니다. 교회는 세상으로부터 분리된 존재가 아니라 세상을 그리스도의 생명으로 변화시키고 회복시키는 일에 부름받은 존재이기 때문입니다.

"더불어 함께하는 평화교육"이라는 제목으로 여러 교수님께서 바쁘신 중에도 귀한 글들을 작성해 주셨습니다. 제1부에서는 평화에 대한 성서학과 역사학적 관점의 두 글을 보실 수 있습니다. 윤성덕 박사님은 "성서신학으로 본 평화"라는 글에서 성서라는 창문을 통해 평화를 공부하는 일이 인류에게 주신 하나님의 사명이라는 사실을 읽어내는 것이 중요하다고 주장합니다. 서정민 교수님은 "동아시아와 한반도의 '평화' 역사적으로 가능한가?: 2·8, 3·1운동 100주년, 한일기독교사의 관점에서"란 제목의 글에서 지금까지 국가 간의 관계에 대한 연구가 주로 공통점에 중점을 둔 것에 반하여, 서로 간의 차이점에 방점을 둔 연구가 필요함을 강조하였습니다. 이러한 다름에도 서로를 이해하려는 노력이 궁극적으로는 평화를 향한 강력하고 지속적인 덕목임을 주장한 것입니다.

제2부에서는 어린이부터 청소년, 청년과 노인 그리고 대학에 이르기까지 평화교육에 대한 실천적 사례들을 다루고 있습니다. 이진원 박사님은 "어린이와 함께하는 평화교육: '샬롬 포레스트(숲)'"이란 제목의 글에서 이 시대의 특징인 단절과 파편화를 극복하기 위해서는 예수 그리스도를 따라가며 평화를 지향하는 기독교교육적 통일 준비와 평화 배움의 교육모험이 필요함을 역설하였습니다. 조은하 교수님은 "평화감수성 형성을 위한 예술적 평화교육"이라는 글에서

청소년들이 통일을 대비하고 앞으로 통일한국의 주역이 되기 위해서는 소통과 공감, 설득과 양보, 용서와 이해 등과 같은 평화감수성을 함양할 수 있는 교육이 필요함을 강조하고 있습니다. 양승준 교수님은 "청년과 함께하는 평화교육: 삼위일체적 진리의 커뮤니티"라는 글을 통해 진리의 커뮤니티 안에서 삼위일체적 평화통일 신학을 모색하였습니다. 김도일 교수님은 "노인과 함께하는 평화교육 ─ 갈등을 넘어 평화로"라는 제목의 글에서 우리 사회에 존재하는 세대 간 갈등의 원인 및 그것이 사회에 미치는 영향을 분석한 후, 노인과 함께하는 평화교육에 대한 기독교교육학적 제언을 하였습니다.

제3부에서는 평화와 공동체적 역할에 대하여 다루고 있습니다. 황인성 목사님은 "배타적 공동체를 넘어 포용의 공동체로"란 제목의 글로 교회가 배타적 공동체를 넘어서 다른 사회적 공동체들을 포용하며 함께 공존할 수 있을지에 대한 가능성을 질문하며 그 대답으로 한 사례를 제시하였습니다. 김상덕 박사님은 "한국교회를 품은 난민: 제주 예멘 난민 이슈를 바라보는 한 기독교 윤리학자의 시선"이라는 글에서 하나님은 모든 인류와 피조물을 만드시고 보호하시며 모두를 위한 구원을 완성해 가신다는 신학적 전제를 두고 이러한 인식의 전환을 통하여 낯선 사람에 대한 환대를 실천할 것을 제안하였습니다. 마지막으로 부록에선 하충엽 교수님의 "통일시대 사람을 준비하는 숭실대학교 사례"라는 글에서 기독교 가치에 근거하여 분단국가를 통일 국가로 전환시키는 전문 사역자를 양성하는 숭실대학교의 교육 체계를 소개하고 있습니다.

본서를 위하여 가정 · 교회 · 마을 연구소와 총회한국교회연구소가 마음을 모았습니다. 기꺼이 출판에 응해준 안광수 목사님과 노영상 원장님께 감사드립니다. 김도일 교수님은 각 영역에서 헌신하고 있는 저자들을 독려하여 글을 수합하고 책임 편집하였고, 김상덕 박사님은 교열 작업에 최선을 다해 주셨습니다. 현실적으로 평화를 실현하는 일은 실로 망망대해에 표류하고 있는 작은 돛단배와도 같은 상황입니다. 평화를 위한 노력은 하지만 앞날을 예측할 수 없고 전망하기도 어려운 것이 현실입니다. 특히 우리가 살고 있는 한반도의 상황이 더욱 그러합니다. 그러나 이러한 상황일수록 평화를 향한 신앙적 갈망과 상상력이 필요한 때입니다. 평화에 관하여 쓰신 귀한 글들이 한반도와 동북아 지역에서 참된 평화를 실천하는 데 유익한 교육 자료가 되기를 소망합니다.

한국일
(장로회신학대학교 선교학 교수)

차 례

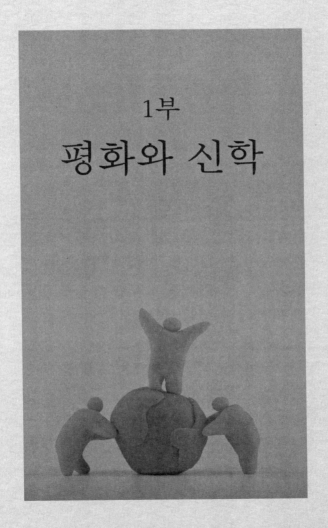

1부
평화와 신학

성서신학으로 본 평화*

윤성덕**

I. 들어가는 말

평화와 평화교육에 관해 생각하면서 성서에 기록된 말씀에 관심을 가지는 이유는 무엇일까? 아마도 기독교 교리에 따라 성서는 하나님이 인간에게 자신의 뜻을 계시하는 통로이기 때문일 것이다. 그렇다면 성서라는 창문을 통해서 평화에 관해 공부하는 일은 인류에게 주시는 하나님의 사명을 읽어내야 한다. 그래서 그런지 많은 학자가 이 주제에 관해 글을 썼고, 앞으로도 많은 글이 더 발표되리라 생각한다.

먼저 구약성서 본문을 통해 본 평화는 히브리어 '샬롬'(šalôm)이 의미하는 바를 연구하는 방향으로 다수 진행되었다.[1] 이런 연구들에

---

* 이 논문은 2019년 한국신학논총 18집에 게재된 글임을 밝힙니다.
** 건국대학교 중동연구소

의하면 '샬롬'은 간단한 정의 한 가지로 제한할 수 없는 폭넓은 경우에 사용되었고, 건강과 물질적인 번영과 전쟁이 없는 상태 등 다양한 상황들을 묘사하고 있다. 그리고 현재 상태를 묘사하면서도 미래에 올 이상향을 내포하는 성향이 있어서 종말론적인 또는 메시아를 대망하는 메시지와 연결된다. 또 최종적인 평화를 향해 인류가 책임감을 가지고 노력할 것을 요청한다고 설명하였다. 조금 다른 방향에서 접근하는 연구들로 구약성서의 특정 본문을 주석하며 평화라는 개념을 설명하기도 하고,[2] 평화운동과 관련해서 구체적인 논의를 진행

---

1 김정준, "구약에서 본 세계평화의 길," 「기독교사상」 6, no. 11 (1962), 14-23; 강사문, "교회교육 지도자들을 위한 전문지/특집: 친절, 사랑, 화평한 삶을 가르치자; 구약성서에 나타난 평화," 「교육교회」 124, no. 단일호 (1986), 507-509; 손세훈, "구약성서에 나타난 샬롬," 『한국평화학회 국제 학술 세미나』 (2003), 801-809; 김영진, "구약성서에 나타난 평화 (שלום)," 「본질과 현상」 9 (2007), 31-39; 이태훈, "장로교회의 평화 이해; 구약에 나타난 평화," 『장로교회와 신학』 7, no. 단일호 (2010), 7-24.

2 예를 들어 핸슨은 보편적인 구속사라는 관점에서 해석해서 하나님의 의와 자비를 구체화한 윤리적인 평화를 주장하였다(폴 D, 핸슨, "히브리성서에 나타난 전쟁과 평화," 「기독교사상」 29/6 [1985]: 207-227.). 박동현은 창 33:1-17을 근거로 하나님의 은혜에 응답하기 위해서 당사자들이 직접 만나서 평화를 위해 노력해야 한다고 주장하였다(박동현, "[제 1 회 장신대 성서학 연구원 심포지움] 제 4 차 평화통일도꼬회의 구약성서연구 (창 33: 1-17. '다시 만나는 사람들') 보고," 『성서학연구원심포지움』 1 [1994]: 1-4). 이종록은 에스겔 36:16-38을 풀어서 하나님이 평화를 성취하신다고 말했다(이종록, "교육으로 만나는 목회: 성인을 위한 구약성경공부 [폭력의 시대에서 꿈꾸는 평화]," 「교육교회」 298 [2002]: 24-26). 홍성혁은 이사야 2:1-5과 미가 4:1-5과 요엘 3:1-10에 공통적으로 보습과 칼이 등장하는데, 인간의 참여도 필요하지만 궁극적으로 하나님이 실현하는 평화를 강조하였다(홍성혁, "메시아 예언 본문들에 나타난 '샬롬'(평화)," 「구약논단」 21/1 [2015]: 121-152). 이경숙은 예언서 본문을 통해 강대국과 동맹을 맺고 얻는 '가짜 평화'가 아니라 하나님 나라의 참된 평화를 주장하였다(이경숙, "성서로 본 거짓 평화 유형 연구," 「기독교사상」 32/12 [1988], 14-24). 이우정은 미가 4:1-13을 바탕으로 약한 자들을 치유하는 종말론적인 평화를 설명했다(이우정, "구약성서의 샬롬 이해," 「기독교사상」 34/9 [1990], 130-136).

하기도 하였다.3

   신약성서 본문에 나오는 고대 그리스어 낱말 '에이레네'(eirēnē)
를 정의하고 그 용례를 연구하는 연구들도 있었다.4 이 낱말 자체는
고대 그리스어이지만 낱말 뒤에 숨어있는 사상은 구약성서의 '샬롬'
과 더 깊은 관련을 맺고 있었는데, 하나님의 질서를 따르는 평화로운
상태와 인간의 죄악 때문에 발생한 무질서한 상태를 비교하는 성향
이 더 잘 드러난다고 하였다. 그리고 예수를 통해 하나님과 화해하는
십자가 사건이 평화의 핵심이며, 그리스도인들이 이방인들과 화해
하며 윤리적으로 실현해야 할 의무가 있는 평화공동체와 궁극적으
로 하나님 나라에서 완성될 종말론적인 평화를 강조하였다. 그리고
특정 본문을 대상으로 진행한 연구들도 있었다.5

   지금까지 언급한 연구들은 구약 및 신약 본문에 나타난 '샬롬'과
'에이레네'가 어떤 의미인지 그리고 그런 내용을 실행에 옮길 때 어떤
방향에 주력해야 하는지 체계적으로 정리하였다. 그러나 성서 본문

---

3 김이곤은 반전, 반핵, 비무장, 군비증강 반대 운동, 전쟁과 폭력을 일으키는 잠재적
   인 원인인 적대의식을 해소하기 위한 화해 운동 등 평화운동을 실행하는 구체적인
   방법들을 제시하였다(김이곤, "구약성서적 입장에서 본 평화," 「기독교사상」 29/ 7
   [1985], 95-109).

4 나채운, "교회교육 지도자들을 위한 전문지/특집: 성숙한 교회와 평화교육; 신약성
   경에 있어서의 평화의 개념," 「교육교회」 142 (1988), 11-17; 전경연, "신약에 나타
   난 평화사상," 「기독교사상」 23, no. 1 (1979), 55-63; 조석민, "신약성서에 나타난
   '평화'의 의미," 『장로교회와 신학』 7 (2010), 25-46.

5 김주백이 누가 15:11-32을 기초로 잃었던 자를 용서하고 회복시키는 평화공동체를
   건설해야 한다고 주장하였다(김주백, "교회교육 지도자들을 위한 전문지/특집: 실
   험공동작업 (1) 평화; 평화의 가능성 (신약)," 「교육교회」 143 [1988], 127-131). 김
   창락은 누가복음 본문들을 기초로 거짓된 로마의 평화(Pax Romana)와 참된 그리
   스도의 평화(Pax Christi)를 비교하며, 평화의 일꾼들은 부자들의 착취로 고통을 당
   하는 사람들을 도와야 한다고 지적하였다(김창락, "신약성서 안의 평화운동," 「신
   학연구」 31 [1990], 293-314).

을 통해 평화에 관한 교훈을 얻는 일이 거기서 그치면 매우 추상적인 논의에 머무르게 된다. 오인탁이 설명한 바와 같이 평화교육이 지식과 이론을 체계적으로 가르치는 데 그치지 않고 평화를 만들 수 있는 능력을 심어주고 평화운동으로 실천하게 만들어야 한다면,6 성서 본문을 향해 제기하는 질문도 달라져야 할 것으로 보인다. 특히 그는 개인과 가정이 정체성을 잃어가고, 문화적 위기, 억압으로 인한 민주주의의 결여, 경제 위기와 부의 편중, 환경 파괴와 위협, 인구 증가와 빈곤 문제, 핵을 포함한 군비경쟁으로 고통 받는 이 세계를 향해 진행해야 할 평화교육의 방향을 논의한다. 평화교육은 평화를 저해하는 요인들을 철저히 규명하고, 폭력에 대항할 새로운 확신들과 행동양식들과 인지양식들을 제시하며, 새로운 정치적 행동을 수행할 평화운동의 능력을 확대하고, 평화를 실현하기 위한 기술적인 능력과 과학적인 지식을 매개하여야 한다. 그러므로 이 글은 성서에 언급된 이론적인 가르침이 아니라 다양한 실제적인 인간관계들을 신과 개인과 단체라는 축을 따라 구분하고 어떤 요인들이 평화를 촉진하고 또 방해하는지 분석하려고 한다. 연구 대상이 되는 사례를 향해 제기할 질문들은 다음과 같다.

1) 각 사례에 관련된 당사자들이 약육강식의 논리를 극복하고 정의로운 평화를 추구하는가? 평화에 반대되는 요인을 제거하기 위해 노력하는가?
2) 그 사례 안에서 고통 받는 자들을 치유하는 평화를 추구하는가?
3) 그 사례를 통해서 관련된 당사자들이 서로 화해하고 새로운 자유

---

6 오인탁, "평화교육의 이념과 내용," 「기독교사상」 32, no. 9 (1988), 100-113.

와 권리를 회복하는가? 평화공동체가 형성되는가?

물론 성경과 같은 고대 자료를 이런 식으로 조명하면 주관적인 해석을 할 위험성이 있으나, 평화를 실천하는 실제적인 예를 평가하기 위해 이러한 방법론적 선택을 하기로 한다. 그리고 그런 인간관계들을 기초로 평화교육이 초점을 맞추어야 할 주제들을 도출할 수 있을지 살펴볼 것이다.

II. 사례 분석

1. 개인 간의 평화

개인과 개인 사이의 관계가 가장 잘 드러난 본문은 구약성서의 족장사 부분이다. 아직 특정한 공동체를 형성할 수 없었던 족장들은 오직 여호와 하나님의 명령을 따라 이미 고도의 정치 공동체들을 유지하고 있던 고대 서아시아 세계를 떠돌았다. 이때 족장 개인은 본인과 본인의 가족이 피해를 입지 않는 한 타민족 개인이나 집단의 일에 깊이 관여하지 않고 존중하며 평화를 유지한다. 아브라함은 하란을 떠나 가나안 땅으로 갈 때 그 땅에서 얻은 사람들을 데리고 갔는데(창 12:5), 만약 그 사람들이 하란 사람들이라면 종교와 문화가 달랐을 텐데 가족 공동체의 일원으로 받아들였음을 알 수 있다. 아브라함과 이삭과 야곱은 가나안 땅 여러 도시에 머물며 생활했는데(창 12:8, 13:4, 18, 21:33, 26:25, 33:20), 이런 장소들은 이미 가나안 거주민들이 정치적 종교적 중심지로 사용하던 오래된 도시들이므로, 족장들은 가나안 원주민과 공존하는 생활을 선택한 것으로 볼 수 있다.7 특히 우물 사용권과 관련해서 그랄 왕 아비멜렉과 군대장관 비골과 조약을 맺었다는 기록(창 21:22-31)은 계약을 통해 평화공동체를 설립한 좋은 예라고 말할 수 있을 것이다.8

한편 일단 갈등이 표면화된 후에라도 화해하고 평화를 재정립한 뒤 약속/계약을 체결하는 경우도 있다. 예를 들어 야곱과 라반은 도주와 추적 그리고 절도죄를 추궁하는 상황에도 불구하고 화해하였다(창 31:43-55). 사실 이 과정에서 엄정하게 정의가 실현되거나 약자의 상황이 회복되었다고 보기는 어렵지만, 그들의 말은 평화조약의 초기형태로 보기에 충분하다(52절). 야곱이 그렇게 두려워하던 것에서와 만나 용서를 빌고 화해한 사건은 잃었던 자의 권리와 자유를 회복시켜준 좋은 예라고 할 수 있다(창 33장). 유사한 예로 자신을 팔아 넘겼던 형들을 용서하고 자기가 형들과 가족들을 책임지겠다고 선언한 요셉도 화해의 상징이라 할 수 있다(창 45:3-5; 50:15-20).

한편 족장 개인이 경제적인 이득을 포기하면서도 평화를 성취하기 위해 노력했던 경우도 있다. 아브라함은 번영하고 있는 도시를 포기하고 산지에 거주하겠다고 자처하였다(창 13:8-18). 롯은 친족 집단의 일원이기에 양보가 가능했다고 말할 수도 있지만, 모든 재산이 아버지에게서 아들로 상속되고 장자가 차자보다 두 몫을 받는 당시의

---

7 그 외에도 아브라함은 이집트(창 12:10-20)와 그랄(창 20장) 등지에서도 토착민들과 관계를 맺으며 살았고, 협상을 통해 헷 족속으로부터 장지를 구입하기도 하였다(창 23:10-20).

8 비슷한 사건이 이삭과 관련해서도 기록되어 있어서(창 26:1-33) 평화의 전통이 지속되고 있음을 알 수 있다.

질서를 생각해보면, 반복되는 갈등을 방지하기 위해서 경제적 이득을 포기한 아브라함의 결정은 평화공동체를 확립하기 위한 매우 예외적인 노력이라 하지 않을 수 없다. 또 아브라함이 롯을 구하기 위해서 군사작전을 감행했을 때 아브라함의 군대에 아모리 사람들이 참가했음을 볼 수 있다(창 14:13-14). 그리고 아브라함은 승리를 거둔 이후에도 전리품을 전혀 취하지 않고, 다만 이들 아모리 사람들에게 줄 보수만 요구한다(창 14:24). 여기서도 아브라함은 전승을 거둔 군사지도자가 당연히 취할 권리가 있는 경제적 이득을 포기하는 예외적인 모습을 보여주고 있다. 또 같은 지역에 거주하던 아모리 사람들과 친분을 유지하고 동맹을 맺어 평화공동체를 수립하는 일에 동참할 수 있도록 이끌었던 사실은 매우 높게 평가 받아야 할 것이다.9

개인 차원에서 정의를 실현하고 평화를 정립한 예를 찾기는 매우 어렵다.10 이와 관련해서 세겜에서 강간을 당한 디나의 사건을 생각해보아야 한다(창 34장). 처녀를 강간하는 것은 분명한 범죄이지만 당시의 법은 강간한 남자가 여성을 아내로 맞으면 문제로 삼지 않는 시대였다(참고, 신 22:27-28). 그러므로 법을 따라 혼인을 제안했고 할

---

9 고든 웬함 지음, 윤상문, 황수철 역,『창세기 16-50』, WBC 성경주석 2 (서울: 솔로몬, 2006), 546-548.

10 위에서도 언급한 야곱과 라반의 관계를 생각해 볼 수 있으나, 라반이 속임수(창 29:21-30, 31:7)를 쓴 것만큼 야곱도 교묘한 계략을 쓰거나(창 30:37-43) 비밀스럽게 도주하는 방법(창 31:17-22)을 택하기 때문에 특별히 하나님의 정의를 실현하려는 노력은 보이지 않는다. 라헬이 훔친 드라빔을 라반이 찾지 못했다는 이야기를 통해 복수를 했을 뿐이며, 라반과 야곱이 맺은 언약이 제도적인 중요성을 보여줄 뿐이다. 한편 속임수로 에서의 장자권과 복을 빼앗았던 야곱은 고향으로 돌아와 에서를 만날 때 사죄하고 정의로운 질서를 회복할 기회를 얻는다. 그런데 야곱은 에서에게 예물을 주어 물질적인 보상은 하지만(창 33:8-11) 자신이 저지른 잘못을 정확하게 사과하지는 않는다. 양자 간의 화해는 에서의 아량과 그를 준비하게 하신 하나님 덕분이다.

례를 받아야 한다는 조건까지 수락한 하몰과 그의 아들 세겜은 정의롭다고 말하기는 어려워도 정상적인 관행을 따르고 있었다.[11] 그러나 야곱의 아들들은 본인들과 가족집단의 명예가 훼손되었다는 이유 하나만으로 피의 보복을 실행하는 쪽을 선택한다. 이것은 불법적인 행동이었으며, 야곱도 "이 땅의 주민 곧 가나안 족속과 브리스 족속에게 악취를 내게 하였도다"라고 평가하였다(30절).[12]

개인과 개인 사이에 실현된 평화로운 관계로 서로 다른 문화적인 차이를 감수해야 하는 경우도 있는데, 위에서 언급했던 예 중에서 아브라함과 이삭이 그랄 사람들과 계약을 맺은 경우와 아브라함의 군사원정에 참여했던 아모리 사람들과의 관계, 아브라함이 가나안 땅으로 올 때 동행했던 하란 사람들을 들 수 있다.[13]

문화뿐만 아니라 종교적 전통이 달라도 평화롭게 공존했던 경우로 위에서 언급한 족장들의 제단 쌓기 관행을 재고할 필요가 있다. 족장들이 제단을 쌓고 여호와 하나님을 예배했던 벧엘, 헤브론, 브엘세바, 세겜은 전통적인 가나안 족속들의 거주지였을 뿐 아니라 그들의 종교 중심지였고, 지방 신들을 섬겼던 신전들이 다수 발굴되었다. 그렇다면 여호와 하나님만 섬기는 족장들이 다른 장소가 아니라 굳

---

11 웬함, 『창세기 16-50』, 551-552을 보라. 그는 하몰과 세겜이 당시에 통용되던 법을 따르고 있었지만, 이스라엘 자손들은 가나안 사람들과 통혼하는 것을 금기시하고 있었다고 주장하며 신 7:3을 제시한다(554쪽). 그러나 창세기에 기록된 기사를 신명기 법 규정으로 설명하는 것은 시대착오적인 평가가 될 수 있다.

12 야곱의 아들들은 자기 누이를 창녀처럼 대우함이 옳지 않다고 반박했는데, 이 말은 그 당시의 법이 여성에게 공평하지 않았다는 점을 남성들도 충분히 인식하고 있었다는 증거이지만, 이런 말을 한 이유가 본인들의 명예를 지키고자 했기 때문에 그들의 행위를 정당화하기에 부족하다.

13 이삭의 아내 리브가도 친족의 일원이었지만 평생 다른 나라에서 태어나서 자란 사람이 가나안 땅에 와서 적응해야 했던 사람이라고 생각할 수 있다(창 24장).

이 가나안의 종교 중심지들을 찾아 제단을 쌓았을 때, 어느 정도는 이런 장소의 성스러움을 인정했기 때문에 제단을 쌓았다고 볼 수 있고, 어느 정도 지역적 종교전통도 인정하였고 유일신교(monotheism)보다는 일신교(henotheism)에 가까운 신앙을 보여주었다고 평가할 수도 있다.[14]

예수의 가르침이 아니라 예수의 인간관계를 통해서 평화가 성취되었던 순간으로 무엇보다 가난하고 병들어 고통을 받는 사람들에게 사랑을 베풀었던 사건들을 들 수 있다. 예수는 복음을 전하면서 항상 질병으로 고생하는 사람들을 고치셨고(마 4:23-25; 눅 6:17-19 외)[15] 배고픈 사람을 먹이셨다(마 14:13-21; 막 6:30-44; 눅 9:10-17; 요 6:1-14).[16] 말로만 하늘나라를 선포한 것이 아니라 직접 고통받는 사람들과 삶을 나누며 그들의 애달픈 사연을 듣고 위로하신 행적은 참된 평화를 성취하는 방법을 몸소 보여주셨다고 평가할 수 있다.

논의를 요약하면 성서 본문에 나오는 개인들은 혈통이나 문화가 다른 외부인들과 평화로운 관계를 유지했던 좋은 예들을 보여주며, 갈등이 벌어진 이후에도 화해하고 평화를 재정립하기도 하였다. 경

---

14 그러나 유목민들의 특성상 큰 거주지 근처에 살며 상거래를 해야 했기 때문에 우연히 그런 장소에 제단을 쌓게 되었을 수도 있다. 정확한 결론을 내릴 수 없지만 평화적인 관계를 위해 종교 전통도 양보할 수 있는지 여부에 관한 중요한 질문을 던져 준다.

15 예수의 치유 사역으로 나병환자(마 8:1-4; 막 1:40-45; 눅 5:12-16), 베드로 장모(마 8:14-17; 막 1:29-34; 눅 4:38-41), 귀신 들린 사람(마 8:28-34, 17:14-20; 막 5:1-20, 9:14-29; 눅 8:26-39, 9:37-43), 중풍병자(마 9:1-8; 막 2:1-12; 눅 5:17-26), 한 관리의 딸과 혈루증 앓는 여인(마 9:18-26; 막 5:21-43; 눅 8:50-56), 맹인(마 9:27-31; 20:29-34; 막 10:46-52; 눅 18:35-43), 말 못하는 사람(마 9:32-34), 손 마른 사람(마 12:9-21; 막 3:1-6; 눅 6:6-11), 그 외 다른 병자들(마 14:34-36, 15:29-31; 막 6:53-56)을 고치셨다.

16 예수가 많은 사람을 먹이신 일화는 그 외에도 마 15:32-39; 막 8:1-10에 나온다.

제적 이득을 포기하거나 문화적 차이를 인정하거나 종교적 전통과 관련된 타협을 통해서 평화를 획득하였는데, 이와 달리 정의를 실현하려는 노력은 드물었다.

2. 공동체 안에서의 평화

어떤 사람이 개인 자격이 아니라 공동체의 일원으로 결정하고 행동하는 일이 평화를 성취하는데 어떤 역할을 하는지 살펴보고자 한다. 가장 대표적인 예는 개인이 종교적 권위나 힘으로 정치적 지위를 확보하고 공동체의 이해관계를 관철시키는 방향으로 일하는 경우로 '정치지도자가 성취하는 평화'라고 부를 수 있다. 예를 들어 이집트를 기적적으로 탈출한 이후에 모세는 이스라엘 공동체에 속한 사람들로부터 끊임없이 도전을 받는다.[17] 이러한 도전들은 성경에 모두 불법적인 행위로 규정되어 있으며, 당사자들은 처벌을 받거나 아니면 이적을 통해 불만의 요인 자체를 제거하는 방식으로 사건이 마무리 되었다.[18] 공동체 구성원이 많아지다 보면 다양한 불만이 발생하

---

17 마실 물을 얻지 못하여 백성들이 원망할 때(출 15:22-24, 17:2; 민 20:3-4)나 먹을 음식이 없어서 이집트를 그리워할 때(출 16:3; 민 21:5)는 모세에게 직접 대들었고, 모세가 시내산에 올라가서 소식이 없자 그를 대신할 신을 만들어내라고 아론을 다그치기도 하였다(출 32:1). 시내산 경험을 한 후에도 다베라에서 악한 말로 원망했고(민 11:1), 결국에는 미리암과 아론마저 모세를 비방하였다(민 12:1). 고라와 다단과 아비람의 반역도 같은 경우이다(민 16장).

18 붓드는 아론과 미리암의 도전에 관해서 종교적 권위에 도전했던 사건을 신학적으로 설명하고 있다고 말했다(필립 J. 붓드 지음, 박신배 역, 『민수기』, WBC 성경주석 5 [서울: 솔로몬, 2006], 248-250). 이 말은 그들의 도전이 세속적인 문제가 아니고 종교적 문제였기 때문에 이렇게 일방적으로 해결할 수밖에 없었다고 해석할 수 있다. 한편 붓드는 민수기 16장은 포로기 이후 시대에 레위인들이 종교적 지도권을 놓고 대결하던 상황을 반영한다고 해석한다(324-328쪽).

고 정치적인 도전도 있을 수 있는데, 이때 그들의 불만이 어떤 이유로 발생했는지 조사하고 해결책을 찾기 위해 함께 노력하는 방향으로 일을 진행하지 않고, 다분히 폭력적인 처벌이나 일방적인 기적으로 해결한 것은 서로 존중하는 평화공동체의 모습이라고 보기 어렵다.

사사시대에는 특정한 지파에서 특정한 정치지도자가 등장하여 세습되지 않는 지배권을 행사하였는데, 단기적인 부족지배체제라고 말할 수 있다. 특히 후대 사람들이 대사사라고 꼽는 인물들은 각자 전쟁을 주도하거나 개인적으로 외적을 공격하면서 이스라엘 자손들을 구원하고 그들을 다스렸는데, 이 시대에 사사 개인의 고통이나 용기, 그들의 성공이 곧 공동체의 운명이 되는 단계에 이르렀음을 볼 수 있다. 특이한 경우로 길르앗 사람 입다는 원래 자기 형제들로부터 쫓겨난 기생의 아들이었지만 암몬 자손이 침입해 오자 계약을 맺고 고향으로 복귀한다(삿 11:4-11). 이해관계가 일치하는 개인과 집단이 계약을 통해 공동체를 회복했다는 정도는 인정할 수 있다.[19] 사사시대 말에 이스라엘 자손을 다스리던 사무엘은 사사들과 유사하면서도 다른 형태의 지배권을 행사했는데, 평소에 라마에서 출발하여 벧엘, 길갈, 미스바를 순회하는 소규모 지방분권적 신정정치를 실시했다(삼상 7:15-17).[20] 사무엘이 여러 지파 공동체들과 협력하며 때에 따라 공동의 이해관계를 추구하는 느슨한 정치제도를 유지했다고 본다면, 이들이 일정한 계약에 따라 평등한 평화공동체를 수립하려고

---

19 사실 길르앗의 장로들이 입다를 다시 받아들이며 의와 자비의 관계를 회복하려는 의도는 아니었고, 입다도 이 계약을 통해 친족들을 용서한다기보다 권력의 중심지에 서겠다는 계획을 가졌다.

20 랄프 W. 클레인 지음, 김경열 역, 『사무엘상』, WBC 성경주석 10 (서울: 솔로몬, 2004), 142.

노력했던 예로 간주할 수 있을 것이다. 사회 내부적 불안과 외부로부터 발생하는 군사적인 위협에 대응하기 위하여 이스라엘 자손들, 아마도 그들의 지도층 인사들은 왕정 수립을 요청하고 그때까지 신정 정치를 실시하던 종교 지도자 사무엘이 추인하는 방식으로 첫 왕을 옹립한다(삼상 8:4-5, 19-22, 10:17-24, 11:14-15). 이 사건은 백성들의 정상적인 요구와 지도자의 결단으로 매우 평화롭게 정권이 이양된 경우인데도 불구하고 사무엘서 본문에는 매우 부정적인 관점에서 하나님의 뜻에 거역하는 행동으로 묘사하고 있다(삼상 8:7, 12:16-20). 이런 본문은 왕정체제를 수립하는 일이 왜 하나님의 뜻을 거역하는 것인지 그 이유를 정확하게 기록하지 않았지만,[21] 평화로운 삶을 향한 현실적인 필요보다 하나님을 향한 신앙에 더 권위를 두어야 한다는 신학적 평가로 볼 수 있다.

한편 정치적 행위가 사회적으로 큰 영향을 미친 경우들도 성서 본문에 남아있다. 총리가 된 요셉이 이집트를 다스리며 기근을 이겨낸 일(창 41:37-49, 54-57)은 하나님이 주신 지혜로 기록되었으나, 사실 이집트 사람들은 부동산과 가축은 물론 자유민이라는 위치를 잃고 파라오의 종이 되었다(창 47:13-26).[22] 자연재해를 이겨내는 대신

---

21 클레인은 이스라엘 백성들이 왕을 요구했던 사건은 주위 민족들을 모방하려는 의도와 하나님의 주권에 온전히 복종하지 않으려는 거절 행위라고 설명한다(『사무엘상』, 150-151). 그리고 신명기 사가는 이집트를 탈출한 이후 정착과 사사 시대를 거치면서 여호와 하나님께 대적한 일련의 사건들과 같은 문맥으로 묘사하고 있다고 지적하였다.

22 웬함은 고대 세계에서 자비로운 주인을 만난 노예는 평생 고용이 보장된 사람과 같으며, 기근과 같은 자연재해가 닥쳐도 생존을 걱정할 필요가 없는 상태라고 설명했다(『창세기 16-50』, 780). 이런 분석은 일면 실제적인 이해처럼 보이지만, 인간의 가치와 생활양식이 신분에 따라 결정되는 계급사회 안에서 자유민이 노예가 된다는 사실은 단순히 굶지 않고 생존하는 것을 넘어서는 신분 하락이라는 점을

전에 없던 전제군주를 탄생시킨 결과를 낳았으며, 계급 질서를 공고하게 확립한 거짓 평화를 가져왔다고 평가할 수 있다.

또 출애굽 사건은 억압당하던 이스라엘 자손들이 해방을 받고 새로운 공동체를 형성한 경우이므로 참 평화를 성취한 좋은 예이다. 그런데 모세는 원래 이스라엘 자손 중 하나였지만 궁중에서 자라고 외국에서 장기간 체류하는 바람에 억압받던 이스라엘 자손들이 같은 공동체의 일원으로 보기 어려운 상태였다. 그렇지만 모세와 또 그를 보내신 하나님은 대화보다는 이적과 기적이라는 방법으로 갈등을 잠재운다(출 4:30). 어떻게 보면 모세라는 사람이 누구인지는 그가 살아왔던 궤적보다 앞으로 살아내야 할 사명으로 평가받는 상황이라고 말할 수 있고, 이스라엘 백성은 모세라는 전달자보다 그를 보낸 신에게 집중하고 있다고 설명할 수도 있다.[23] 그러나 모세의 임무 때문에 당사자 간의 이해와 협조는 무시당하고 있으며, 신적인 요구에 복종하는 것이 유일한 해결책으로 제시되고 있다.

모세는 출애굽 과정에서 예배하러 사흘 길을 가겠다는 일종의 속임수(출 5:3)와 폭력적인 이적 열 가지(출 7:14-11:10, 12:29-36)를 사용해서 이집트를 탈출한다. 물론 재앙이 닥치기 전에 모세와 아론이 파라오를 만나 경고를 하기도 했고, 그 말을 듣고도 이집트 왕과 정부는 타협할 의사가 없었지만, 과연 폭력적인 해결책이 유일했을까 하는 질문을 던질 수 있다. 어쨌든 성서 본문의 의도는 평화를 성취하는 것보다 하나님의 위대한 능력이 나타나서 왜곡된 질서를 일시에

감추고 있다.

23 존 더햄/손석태 · 채천석 역, 『출애굽기』, WBC 성경주석 3 (서울: 솔로몬, 2000), 134-135.

바로 잡는다는 주제에 집중하고 있다. 이스라엘 자손이 가나안 땅에 가깝게 접근했을 때 정탐꾼들을 보냈고(민 13장; 신 1:19-33), 이들의 부정적인 보고를 기초로 이스라엘 자손은 다시 이집트로 돌아가기로 결정했는데(민 14:3-4), 갑자기 여호와 하나님께서 개입하셔서 정탐꾼으로 나섰던 사람들을 재앙으로 죽이고(민 14:37) 나머지 백성들도 살아서 가나안 땅에 들어가지 못한다고 선언하셨다(민 14:28-30; 신 1:34-35). 기술적으로 보자면 정탐꾼으로 파견되었던 지파 지휘관들은 맡은 임무를 수행하였고 그들의 보고를 기초로 공동체가 나갈 길을 결정하였는데, 정상적이고 평화로운 방법을 통해 얻은 결정은 하나님의 뜻과 부합되지 않았다는 이유로 재앙과 처벌로 끝나고 말았다.[24]

한편 공동체 내에서 서로 다른 이해관계를 가진 집단들이 서로를 존중할 수 있는 계약을 맺고 평화롭게 공존하는 예도 찾을 수 있다. 예를 들어 가나안 땅에 들어가기 직전 르우벤과 갓 지파는 요단강 동편에 정착하기를 원했다(민 32장). 요단강을 건너서 벌여야 할 전투 때문에 모든 사람이 불안감에 사로잡혀 있는 상태에서 자기들만 빠지겠다는 이기적인 요구로 비춰질 수 있는 문제였다. 그러나 이 사건은 가족들이 정착할 준비를 마친 후 남자들은 전쟁에 참전한다는 타협안에 서로 동의하며 해결되었다(16-32절). 서로 다른 이해관계가 상충하였으나 적정선까지 양보하고 화해하여 평화 공동체를 유지한 좋은 예이다.[25]

---

24 이러한 묘사가 포로기와 그 이후 시대의 경험을 반영한 제사장 자료의 신학이라는 설명은 붓드의 책을 참조하라(『민수기』, 282-288).

25 르우벤과 갓 지파의 전사들은 전쟁이 끝난 후에 가족들에게 돌아가면서 요단강가에 제단을 쌓았는데(수 22:10), 이 제단은 제의를 행하기 위해서가 아니라 요단강

사사 시대 말엽에 어떤 레위인이 베냐민에 속한 기브아에서 유숙할 때 기브아 사람들이 그의 첩을 집단 강간하고 살해하는 범죄를 저지르는데(삿 19장), 베냐민 지파는 법에 따라 공정하게 수사하여 죄인을 벌하는 정상적인 사법처리를 거절하고(삿 20:13) 전쟁을 벌인다(삿 20:17-48). 이 사건은 개인의 일이 공동체의 운명에 가장 비극적인 영향을 미친 경우라고 볼 수 있는데, 실제로 피해 입은 당사자나 직계 가족에 관한 고려는 전혀 없이 모든 일을 상위집단 차원에서 그것도 폭력적으로 해결하는 모습을 보여준다.[26] 이러한 상황은 결국 왕이 필요하다는 주제를 강조하는 기록의도를 드러낸다.

그러나 공동체의 규모가 커지고 다변화될수록 양보와 배려를 통한 갈등 해결보다는 법 규정을 통해 또는 사법적 정의를 집행하여 평화의 기초를 닦으려는 노력이 더 강화되었다. 구약성서 본문에는 사회적 규정을 강조하고 있는 언약법전(출 20:22-23:19), 종교적 규정을 주로 다루는 제사 및 성결 법전(레위기) 그리고 윤리적 규정이 두드러지는 신명기 법전(신 12-26)이 있다. 법 규정이란 기본적으로 현재의 사회질서를 보존하는 것이 목적이고, 하나님을 사랑하고 이웃을 사랑하는 마음으로는 해결하지 못하여 세세한 법 규정들이 필요했다고 생각하면 부정적으로 평가할 수도 있지만, 주위 고대 서아시아 법전통과 비교해 볼 때 여러 면에서 윤리적이고 사회 취약계층을 보살피는 조항이 많기에 어느 정도는 평화 공동체를 형성하는 데 도

서편에 정착한 다른 지파들과 공동체를 유지하기 위해서라고 설명한다(수 22:24-27). 이 제단 역시 양자 간의 우호적인 계약을 상징하는 표이므로, 매우 긍정적인 평가를 받아야 할 것이다. 트렌트 버틀러 지음, 정일오 역, 『여호수아』, WBC 성경주석 7 (서울: 솔로몬, 2004), 442-444.

26 버틀러, 『여호수아』 (2004), 1008-1009.

움이 될 수도 있다고 말할 수 있다.[27]

포로지에서 돌아온 에스라와 느헤미야는 예루살렘 성과 성전을 재건하면서 자신들이 속한 공동체의 명부 또는 족보를 남기고 있다(에 2:1-67, 8:1-20; 느 7:5-72). 이렇게 구체적으로 이름을 써서 누가 같은 공동체 구성원인지 밝히는 이유는 자기들을 소속되지 못한 사람들과 구별하려는 노력인데,[28] 외부인들은 '그 땅 백성들' 또는 '대적'이라고 부르던 토착민들이다. 포로지에서 돌아온 자들은 전통적인 종교 전통을 유지하고 있다고 자부하며, 그 동안 유다 땅에 남아 살고 있던 사람들을 종교적으로 혈통적으로 부정한 자이거나 혼혈인이라고 간주한다. 그러나 토착민들은 이런 취급을 받아들일 수 없었고,[29] 이 두 공동체 사이에 갈등이 빚어질 수밖에 없었다. 성서 본문은 평화로운 공동체 확립이나 적대관계에 있는 집단들이 화해하는 것보다는 순수하고 올바른 종교 공동체를 확립하는 것이 중요하다고 기술한다.[30]

---

27 고대 서아시아 법 전통을 살펴보기 위해서는, 채홍식 역주, 『고대 근동 법전과 구약성경의 법』(한님성서연구소, 2008); 제임스 B. 프리처드 편집, 『고대 근동 문학 선집』(CLC, 2016), 353-442쪽을 참조하라.

28 H.G.M. 윌리암슨 지음, 조호진 역, 『에스라, 느헤미야』, WBC 성경주석 16 (서울: 솔로몬, 2008), 134-135.

29 예를 들어 사마리아 여인은 예수를 만나 야곱이 자신의 조상이고, 야곱의 우물에서 물을 길어 먹으며, 그리심산에서 예배하는 자신이 참된 이스라엘의 후손이라고 말한다(요 4:3-43).

30 에스라와 느헤미야는 그 땅에 계속해서 거주하던 사람들을 재건사업에서 배제하다가(스 4:1-6; 느 4:1-23) 건설 사업에 방해를 받았다. 그리고 이스라엘 백성들이 토착민들과 결혼하여 자식을 낳고 사는 일을 불법행위로 규정하고 이혼을 종용하는 배타적인 태도를 보여주었다(스 9:1-10:44; 느 13:23-27). 또 안식일과 같은 종교적 규정을 법적으로 강제하는 모습도 보여준다(느 13:15-22). 이런 배타적인 성향은 종교적 혼합주의 때문에 독립을 잃었다는 반성에서 나왔고, 이런 노력을 통해 미래에는 다시 나라를 세우고자 하는 희망을 상징하고 있다. 그러나 공동체 전

공동체 안에서 시행하는 경제정책을 통한 평화로는, 첫째, 위에서 살펴본 요셉의 예에서 보듯 전제군주나 기득권층을 중심으로 사회질서를 안정시켜서 예기치 않은 혼란을 방지하는 방법이 있는데, 이것은 오히려 참된 평화를 방해한다고 연구사에서 언급된 학자들이 지적한 바와 같다. 둘째, 공동체의 경제체제 안에 소수자를 위한 예외규정을 확립한 경우도 성서 본문에 남아있다. 이스라엘 자손들이 가나안 땅에 정착할 때 유산을 물려줄 아들이 없었던 슬로브핫의 경우, 딸들의 이의제기를 묵살하지 않고 예외규정을 마련하는 쪽으로 사건을 마무리하였다(민 27:1-11). 이것은 공동체 차원에서도 경제적인 문제와 관련해서 충분히 사회 취약계층을 고려한 평화를 실현할 수 있음을 보여주는 예라 할 수 있다.

한편 여호와 하나님과 관련된 종교 전통을 이용하여 사회 통합을 이루기 위해 노력했던 시도들이 있다. 예를 들자면 이집트를 탈출해서 시내 광야를 여행하던 이스라엘 자손들이 모세가 자리를 비우자 금송아지를 만들어낸다(출 32장). 이 사건은 이집트를 탈출한 후 아직 독립적인 종교전통을 확립하지 못한 상태에서 주위 서아시아의 종교 전통을 차용하여 공동체를 통합하여 정치 세력화하려던 시도로 평가할 수 있으나, 모세를 대표로 하는 집단의 반대에 부딪혀 결국 실패하고 말았다. 이 사건에서 종교적인 전통은 사회적 정의나 소

체를 포괄하는 목적을 성취하고자 할 때 설득과 포용을 통한 평화로운 행동양식은 고려의 대상에서 제외되는 것을 볼 수 있다. 윌리암슨은 에스라가 건설하려고 했던 종교 공동체를 확립하기 위해서 "만약 중심적인 사람들이 흐물흐물해진다면, 전체가 살아남을 가능성은 전혀 없게 된다"고, "이스라엘이 뚜렷한 자기 정체성을 유지하지 못한다면 도무지 이루어질 수 없다"고 설명한다(윌리암슨,『에스라, 느헤미야』, 327). 다시 말해서 집단의 목적을 성취하기 위해서는 개인을 존중하는 평화로운 방법이 고려의 대상이 될 수 없다는 것이다.

외 계층의 치유 또는 적대관계에 있는 대상들 간의 화해와 관련이 없으며, '올바른' 종교 전통이라는 개념이 결국 그 사회의 주도권을 쥐는 주인공을 결정하는데 전용되고 있다. 매우 유사한 사건이 북이스라엘 왕 여로보암이 벧엘과 단에 금송아지를 설치하면서 벌어진다(왕상 12:25-33). 새로 독립한 나라에서 민심이 이반되는 것을 막기 위해서 금송아지를 짓고 출애굽의 신이라고 부른 것으로 보아, 여로보암도 종교를 정치적 목적으로 전용하는 모습을 볼 수 있다.[31] 북이스라엘 왕국의 종교 중심지를 따로 확정하겠다는 결정은 참된 평화를 정착시키는 일과 큰 관련이 없다.

가나안 정복을 마무리 짓고 세겜에 모인 이스라엘 백성들 앞에서 여호수아는 여호와 하나님을 유일신으로 섬기라고 권하는데(수 24:15), 가나안 땅에 정착하여 살게 된 이스라엘 자손들이 한 하나님을 섬기며 평화롭게 살기를 바랐을 것이다. 그러나 이 명령에 관련된 평화는 특별히 정의로운 원칙을 바로 세우거나 고통받는 자를 치유하거나 갈등 당사자들이 화해하는 일과 관련이 없으며, 전쟁에서 승리한 집단이 계속해서 번영하기 위한 최선의 방법을 제시하고 있을 뿐이다.[32]

왕이 공동체의 일원으로 일하면서 성서 저자의 긍정적인 평가를 받은 예로는 예루살렘 성전을 정화하고 당시의 종교전통을 개혁했

---

31 시몬 J. 드 브리스/김병하 역, 『열왕기상』, WBC 성경주석 12 (서울: 솔로몬, 2006), 384-386.

32 김창락은 누가복음 본문들을 기초로 거짓된 로마의 평화(Pax Romana)와 참된 그리스도의 평화(Pax Christi)를 비교하며, 평화의 일꾼들은 부자들의 착취로 고통을 당하는 사람들을 도와야 한다고 지적하였다(김창락, "신약성서 안의 평화운동," 「신학연구」 31 [1990], 293-314).

던 왕들을 들 수 있다. 칭찬을 받았던 왕 중에서도 히스기야 왕(왕하 18:4-6)과 요시야 왕(왕하 22:3-23:25)이 뛰어난 이유는 성전에서 행하던 우상숭배를 금지시켰을 뿐만 아니라 전국에 퍼져있던 산당을 제거했기 때문인데, 이 개혁의 결과는 예루살렘에 있던 중앙 성전이 여호와 하나님을 섬기는 유일한 장소로 남게 된다는 것이다. 여기서 유의해야 할 것은 산당이 단순히 우상숭배를 하던 시설이 아니라 여호와 하나님의 지방 성소였을 가능성이다. 이런 곳에서 여호와 하나님과 다른 신들을 함께 섬기는 관습이 있었을지 모르지만, 개혁의 결과 지방에 거주하는 사람들은 예배를 드리려면 큰맘 먹고 길을 떠나 수도까지 여행해서 제물을 바쳐야 하는 불편을 감수해야 했고, 그때까지 지방 성소에서 전문가로 일했던 종교 지도자들은 하루아침에 직업을 잃었을 것이다. 히스기야나 요시야 왕은 사실 예루살렘의 입지를 정치와 사회는 물론 종교적인 측면에서도 확립시키고 본인들의 지배권을 강화하려는 의도를 가지고 지방 성소의 혼합주의적 여호와 숭배를 탄압했을 가능성이 큰데,33 과연 그런 급진적인 개혁이 평화 공동체를 설립하는 데 도움이 되었는지 질문해 볼 여지가 있다. 사실 이들의 개혁은 본인들이 사망하면서 곧 유명무실해졌고, 백성들의 불만은 랍사게의 연설에 간접적으로 남아있다(왕하 18:22).

고대 서아시아 세계는 중앙집권적 권력체제를 굳혀가고 있었지만 이스라엘 공동체를 조금 다른 방향으로 이끌고 가려는 운동가들이 있었으니, 주변적 집단의 요구사항을 중앙부에 전달하여 평화를 성취하려는 예언자들이었다. 특히 평등주의 이상을 강조한 기원전

---

33 T.R. 홉스/김병하 역, 『열왕기하』, WBC 성경주석 13 (서울: 솔로몬, 2008), 492, 629-630.

8세기 예언자들은 지배층을 향해 공평과 정의를 선포하였고, 7-6세기 예언자들은 종교적 권위로 국가 공동체를 지도하려 하였으며, 5세기 예언자들은 공동체를 재건하기 위해서 종말론적 미래를 언급하였다. 선지자들의 평화운동은 정확하게 의와 자비에 기초한 윤리적 운동이었고, 고난당하는 자들을 치유하는 운동이었으며, 서로 왜곡된 사회구조 안에서 멀어진 자들이 화해할 수 있는 길을 제시하였다.

여호와 하나님을 향한 신심은 사회통합에 반대되는 방향으로 작용하기도 한다. 가장 대표적인 예로 엘리야 예언자의 활동을 들 수 있다(왕상 18장). 당시 북이스라엘의 아합 왕은 지중해 동부 해안 지역에서 다마스쿠스와 하맛과 함께 아시리아 제국의 살만에세르 3세에 대항하는 맹주가 될 정도로 번영을 누리고 있었다.[34] 이런 지위를 누리기 위해서 아합은 전통적인 여호와 신앙과 함께 고대 서아시아의 바알 신앙도 인정한 것으로 보이며, 결국 엘리야와 그의 추종자들과 갈등을 빚게 된다. 이런 긴장 관계는 결국 엘리야가 주도한 대결로 이어지고, 기적을 통해 승부를 가린 후 바알 제사장들을 살해한다. 엘리야라는 영웅은 왕궁에 대항하여 오직 여호와 하나님을 섬기는 독실한 집단을 대표하고 있지만, 사회 취약계층을 대변하여 참된 평화를 위해 활동하지는 않는다.

외국인이 이스라엘이나 유다 사회에서 인정받고 권리를 누리는 경우로는 모압 여자 룻을 들 수 있는데, 그녀는 혼인관계가 해체되었는데도 불구하고 시어머니 나오미를 따라 유다 땅으로 이주해 왔고,

---

34 Amélie Kuhrt, *The Ancient Near East c. 3000-330 BC*, vol. II (London and New York: Routledge, 1995), 488; 조르주 루/김유기 역,『메소포타미아의 역사2』(서울: 한국문화사, 2013), 102.

유다인이 되겠다고 맹세한다(룻 1:16-17). 룻의 선언은 이주의 문화적 (땅) 정치적(민족) 종교적(신) 측면을 잘 드러내어 보여주며, 소수자 외국인이 본래 정체성을 완전히 포기하고 유다 사람으로 귀화 및 개종하는 모습을 보여준다.35 이런 경우 가난이나 억압 때문에 이주해 온 사람이 기본 권리를 취득하기 위해서 본인의 정체성을 포기하고 있으므로 의와 자비에 기초한 윤리적인 평화가 실현되었는지 의문을 제기할 수 있다. 조금 다른 경우로 아람 사람 군대 장관이었던 나아만은 엘리사 예언자를 통해 기적적인 치료를 경험하고 여호와 하나님이 유일한 참 신임을 깨닫지만, 아람으로 돌아가서 아람 관례에 따라 사는 것을 허락 받는다(왕하 5:1-19). 나아만은 자신의 정체성을 포기하지 않았고 특별한 개종절차를 거치지 않고도 여호와 하나님을 계속 섬겼으며, 심지어 우상 앞에서 절을 하더라도 상관이 없다는 관대한 처분을 받는다.36 나아만은 룻과 달리 정치적 민족적 정체성을 포기하지 않았고, 오직 종교적 정체성만 여호와 하나님께 속하는 특별한 예를 남겼으며, 이스라엘의 종교적 전통이 화해의 문을 열었던 참된 평화운동으로 기억해야 할 것이다.

　예수는 인류 전체에게 선포할 복음을 들고 오신 성자 하나님으로 묘사되기 때문에 특정한 공동체의 일원으로 행동하는 경우가 많지 않다. 그러나 본인의 사역이 유대인들을 구하기 위해서라고 하셨으면서도 사역 도중에 이방인에게 구원을 베푸신 경우도 있었는데, 로

---

35 부시는 이 구절에 관해 룻이 인종적 국가적 종교적 결속을 초월하여 나오미에게 자신을 철저히 위탁하는 감동적인 선언을 했다고 설명한다(프레드릭 W. 부시/정일오 역, 『룻기, 에스더』, WBC 성경주석 9 [서울: 솔로몬, 2007], 149).

36 홉스는 나아만 사건의 보편적인 특성을 지적하며, 이러한 관점이 눅 4:27에 그대로 반영된다고 지적하였다 (홉스, 『열왕기하』, 180).

마 백부장의 하인(마 8:5-13; 눅 7:1-10; 요 4:43-54)과 두로 시돈 지방에서 가나안 여인의 딸(마 15:21-28; 막 7:24-30)을 고쳐주신 사건이다. 특히 이스라엘에 침입하여 다스리는 로마의 관리는 물론 이스라엘 지역 외부에 거주하는 이방인 여자의 사정까지 무시하지 않으셨다는 사실은 전통적인 종교적 질서나 약육강식이 상식인 정치적 질서를 넘어선 참된 평화를 성취하셨다고 평가할 수 있다.37 예수의 사역을 본받아 사도 바울과 초대교회는 정치적 종교적 문화적 장벽을 넘어 예수를 믿는 외국인들도 같은 공동체의 일원으로 인정하였다(행 15:19-21). 예수를 믿는 유대인 중 반대하는 사람들이 없었던 것은 아니지만, 결국 화해와 회복의 공동체를 세워가기로 결정하였다(갈 3:28). 이러한 태도는 로마 제국의 정치적 사회적 질서에 대항하여 사유재산을 공유하는 대안적인 신앙공동체를 발전시켜 나간 사실을 통해서도 잘 드러난다(행 2:43-47; 4:32-37).38

논의를 정리하면 사회의 일원으로 기능하던 개인은 느슨하고 평등한 정치제도를 유지할 수도 있고 사회적 갈등상황이 발생했을 때 타협과 계약을 통해 해결하기도 했지만, 대부분 정치적 도전을 허용하지 않고 초자연적인 기적이나 이적 또는 처벌을 통해 정치적 목적을 성취하거나 아예 전쟁을 일으키는 모습을 보여준다. 경제정책과

---

37 예수의 행적에 관한 연구는 아니지만 그의 가르침이 '로마의 평화(Pax Romana)'라는 기존 질서를 보존하거나 정당화하지 않고 구조적 폭력에 대항하는 행동을 명령했다는 주장은 뱅스트의 글을 참조하라(Klaus Wengst, *Pax Romana and the Peace of Jesus Christ* [SCM Press, 1987], 57-68).

38 로마 제국이 지배하는 땅에서 선포된 예수의 가르침과 그의 제자들의 행적을 평화운동이라는 관점에서 주석한 스와틀리의 책을 참조하라(Willard M. Swartley, *Covenant of Peace: The Missing Peace in New Testament Theology and Ethics*, Vol. 9 (Grand Rapids: Wm. B. Eerdmans Publishing, 2006).

관련해서 왕정 발달과 발을 맞추어 재력도 중앙으로 집중시키는 계급적 사회구조 정착을 추구하는 경우가 많았으며, 여성이나 하층민의 열악한 경제적 지위를 보장하려는 노력은 예외적으로 또는 법전에 선언적으로 나타날 뿐이었다. 공동체 안에서 종교는 사회통합을 성취하려는 매개체로 전락하는 일이 많았으며, 왕정 발달과 맞물린 강압적인 개혁으로 나타나곤 했다. 사회 안에서 소외된 계층을 대변하는 선지자들이 윤리적인 평화운동을 펼치기도 하였으나, 종교적 신념과 관련해서는 선지자들도 매우 엄정하게 자기 종교를 우선으로 내세우려 했다. 문화적 차이를 감수하고 살아야 하는 외국인들을 향하여 정치적 민족적 종교적 정체성까지 포기하고 개종해야 한다는 주장과 함께, 어느 정도 정치적 민족적 자율성을 인정하려는 태도도 발견되었다. 외국인을 향한 예수의 태도는 정의로운 평화와 치유하는 평화의 좋은 예를 보여준다.

3. 공동체와 공동체 사이의 평화

평화운동은 개인이 실천하면서 시작해야 하겠지만 평화는 집단과 집단 사이에서 성취해야 할 문제이기도 하다. 성서 본문 중에서 주인공이 되는 이스라엘 자손이 타 공동체를 인정하고 평화롭게 공존했던 예로 출애굽 공동체가 가나안 땅으로 이동하며 에돔과 모압과 암몬을 둘러서 행진한 사건을 언급할 수 있다(민 20:14-21, 21:10-20; 삿 11:12-28). 특히 에돔 왕에게 사신을 보내며 "당신의 형제 이스라엘"이라고 말하며(민 20:14) 선처를 바라는 모습은 공동체 간에 갈등을 최소화하고 화해하는 길을 택하려는 노력으로 평가할 수 있다.39

그러나 이해관계가 상충하는 집단들은 서로 타협하고 화해하기보다는 실력대결에 나서는 경우가 더 많다. 이스라엘 자손은 자신들을 막아서는 아모리 왕 시혼과 바산 왕 옥에 맞서 싸웠고, 가나안 땅을 무력으로 점령했다.[40] 이 사건에 관해 기록된 성서 본문을 해석하는 방법은 학자마다 다르지만, 성서 본문은 의심할 여지 없이 무력을 사용한 전쟁으로 묘사하고 있으며, 속임수를 사용한 기브온 주민들(수 9:1-15) 외에는 이스라엘 자손과 연합하여 같은 공동체가 된 세력이 없다. 이런 문맥은 이집트를 탈출한 이스라엘 자손이 거주할 영토가 필요하며 이스라엘의 하나님이 가나안 땅을 영토로 주셨다는 주장이 정치적 종교적 이념으로 변하였으며, 이 태도를 취하는 이스라엘 자손에게 양보와 타협으로 평화로운 관계를 정립하는 방법을 고려할 여지는 없다.

사사 시대에 와서도 이스라엘 자손들과 주변 민족들 사이에 갈등은 계속되는데, 흥미롭게도 성서 본문은 이런 갈등 상황이 어떤 이유

---

39 당시 외교문서에서 사용하는 전문용어로 아버지-아들은 종속 관계에 있는 국가 지도자들 간에, 형제는 동등한 관계에 있는 지도자들 간에 사용하는 호칭이었다. 그러므로 이스라엘 자손들은 에돔 왕과 동등한 입장에서 타협하기 위해 노력하고 있는 것으로 해석할 수 있다. 한편 이런 개념은 입다 사사가 암몬 왕에게 보낸 전언에도 언급되어 있는데, 암몬이 그모스 신이 준 땅을 차지한 것처럼 이스라엘 자손들은 여호와 하나님이 주신 아모리 족의 땅을 차지하겠다고 말하여(삿 11:24), 다른 민족의 영토는 물론 종교적 전통까지 인정하는 모습을 보여준다. 그러나 버틀러는 입다의 말이 외교적인 노력이었을 뿐이라고 묘사하고 있으며, 결국 이스라엘의 하나님이 심판해 주시기를 바랐다고 설명한다(트렌트 버틀러/조호섭 역, 『사사기』, WBC 성경주석 8 [서울: 솔로몬, 2011], 688-692).

40 이스라엘 자손은 아모리 족의 땅을 모두 점령했고(민 21:21-35), 가나안 땅에 들어서며 여리고를 점령했고(수 6:1-21) 중앙 산악지대와 서부 구릉지 그리고 갈릴리 지역까지 정복전을 계속했다(수 10-11장). 가나안 땅을 모두 점령하였다는 기록 바로 뒤에 점령하지 못한 지역이 언급되지만(수 13:1-7), 언젠가는 점령해야 할 영토로 이해하고 있다.

로 벌어졌는지 전혀 언급하지 않으며, 단순히 이스라엘 자손이 여호와 하나님이 보시기에 악을 행하고 우상을 숭배한 결과 외적의 지배를 받게 되었다고 묘사한다(삿 2:11-23).[41] 다시 말하면 집단 사이에 형성된 관계가 더이상 정의와 치유 또는 화해의 대상이 아니며, 종교적 제의적 행위의 결과로 묘사된다는 것이다. 그러므로 이런 문맥 속에서 참 평화를 정립한 예를 찾기는 어렵고, 사사들은 전쟁이든 암살이든 상관없이 집단의 이해관계를 관철시키는 영웅이 되어야만 했다. 이스라엘 자손이 왕을 옹립한 이후에도 사울과 다윗은 왕정을 확립하는 과정에서 수많은 전쟁을 치러야 했다(삼상 11:1-11, 13:1- 15:9, 17:1-58, 23:1-5, 30:1-20; 삼하 5:17-25, 8:1-14, 10:1-19). 그러나 역시 성서 본문은 어떤 이유로 전쟁을 했는지 상황을 자세히 묘사하지 않으며, 왕과 왕이 서로 대적하고 나라와 나라가 서로 싸우는 상황을 기정사실인 것처럼 상호 역학관계에 초점을 맞추어 묘사할 뿐이다. 어느 편이 정의와 치유와 화해를 추구하는지 확인할 수 없으며, 이스라엘 백성은 여호와 하나님을 섬기는 한 언제나 승리하는 집단이 된다.

왕정이 무너진 후 제국의 식민지에서 소수민으로 살게 된 이스라엘 자손들은 정치적으로는 도저히 대항할 수 없는 막강한 외세와 만나서 또 다른 관계를 맺고 살게 된다. 에스더서는 유다인 모르드개와 아각 사람 하만 사이에 불거진 개인적인 원한 때문에(에 3:1-6) 수도인 수사를 비롯해 페르시아 제국 전역에서 유다인들을 학살당할 위기에 처했다가, 에스더와 모르드개의 영웅적인 행위를 통하여 복수하였다고 기록하였다(에 9:16). 소수민 집단은 언제나 생존을 위협받

---

41 버틀러도 사사기 2장은 이스라엘 백성들이 종교적으로 불순종하며 일으킨 반란을 묘사하고 있다고 설명한다(버틀러, 『사사기』, 240-241).

으며 살기에 그런 위기의식이 이 이야기에 잘 드러나 있지만, 동시에 그런 위기를 대처하기에 급급한 나머지 어떤 방법으로 생존하느냐 돌아볼 여유가 없으며, 당한 만큼 복수하는 것이 정의라고 간주하는 모습을 볼 수 있다.[42]

이런 배타주의적인 신앙이 주류를 이루면서도 다른 한편에서 선지자라고 부르는 유대 묵시 문학가들이 또 다른 꿈을 꾸고 있었다. 에스겔이나 다니엘과 같은 선지자들이 목격한 난해한 환상들은 왕좌에 좌정하신 "옛적부터 항상 계신 이" 앞에 "인자 같은 이"가 하늘 구름을 타고 나와서 권세와 영광과 나라를 인계받는 장면이 나온다 (단 7:9-14). 이 환상은 여호와 하나님이 이스라엘 백성의 수호신일 뿐만 아니라 역사와 세계를 주관하는 유일신이심을 천명하며, 인자라고 부르는 메시아가 나타나 이스라엘을 포함하여 온 나라들을 다 다스리게 된다고 예언하고 있다.[43] 이런 개념은 다른 후대 예언서에도 등장하는데, 이제 더이상 이스라엘이라는 공동체의 이기적인 번영에만 초점을 맞추지 않고 타 공동체와 공존을 꿈꾸는 모습으로 해석할 수도 있을 것이다. 물론 타민족들이 예루살렘으로 와서 여호와 하나님을 섬긴다는 생각은 전통에서 벗어나지 않으나, 이스라엘이 회복되고 번영하는 그림 속에 타민족들도 동참할 여지를 남겨두고 있다는 사실만 해도 화해를 향한 큰 진전이라고 볼 수 있을 것이다.

논의를 정리하면 공동체와 공동체의 이해관계가 대립할 때 정치

---

42 부시는 유대인들의 폭력을 강조하는 것은 부당한 평가이며, 이들은 스스로 방어하기 위해서 정당한 행위를 했을 뿐이라고 주장한다(부사, 『룻기, 에스더』, 724, 745).
43 골딩게이는 이 본문을 설명하면서, 평화는 인간의 노력과 하나님의 개입으로 성취된다고 주장한다(존 E. 골딩게이/채천석 역, 『다니엘서』, WBC 성경주석 30 [서울: 솔로몬, 2008], 352-353).

적 사회적 문화적 종교적 차이로 인해 양자를 중재할 존재가 없으며, 특별한 경우에 공존을 추구할 때도 있지만 대부분 전쟁과 같은 실력 대결을 통해 문제를 해결하고 있다. 이러한 태도는 정치적 독립을 상실한 이후에도 계속되며, 박해에 대항한 배타적인 태도나 복수로 나타난다. 예외적인 경우로 묵시문학에서 보여주는 종말론적인 평화를 들 수 있는데, 자기 민족의 종교적 전통을 절대화하는 측면이 남아 있기는 하지만 그 종교적 이상 안에 다른 민족들도 동참시킬 수 있다는 주장은 새로운 가능성을 열어주고 있다고 평가할 수 있다.

III. 나가는 말: 평화와 공존의 가능성

성서 본문을 신과 개인과 집단이라는 범주로 나누고 평화운동이라는 관점에서 폭넓게 조망해 본 결과, 개인적인 평화가 성취되는 예는 많이 있지만 집단 간에 평화를 성취했던 경우는 드물며, 평화운동보다 이스라엘의 하나님을 바르게 섬기는 일이 훨씬 우위에 속하는 가치임이 드러났다. 성서는 기독교의 경전이기 때문에 어쩌면 당연한 결과이고, 하나님을 떠나서 참된 평화가 성취될 수 없다는 해석도 옳다. 그러나 좀 더 구체적으로 평화교육과 관련하여 고려해야 할 몇 가지 주제를 제시하면 다음과 같다.

첫째, 인간 개인은 하나님을 섬기면서 정치적 경제적 이익을 포기하거나 문화적 차이를 인정하며 타인과 평화로운 관계를 형성했던 예가 많았고, 때에 따라 종교적 신념이 달라도 서로를 인정하며 공존하는 태도를 보여주었다. 그렇지만 개인이 공동체의 일원이 되거나 공동체가 다른 공동체와 이해관계가 상충될 때는 그렇지 못했으며, 정치적 도전을 억압하고 사회적 갈등을 실력으로 제압하였다. 특히 정치제도가 왕정을 선택하면서 경제적 힘도 중앙으로 집중시키려는 시도가 많았고, 종교적 신념도 정치적 목적을 성취하기 위한 사회통합의 매개체로 전락하였다. 그러므로 평화교육은 개인을 대상으로 하되, 개인의 사회적 책임을 강조하고, 공동체와 공동체가 서로 격돌하는 현장에서 냉철하게 타협점을 찾는 자세를 훈련하는 방향으로 진행해야 할 것이다.

둘째, 인간 개인이 하나님을 섬기며 평화를 향해 노력하는 과정에서 가장 소홀히 하기 쉬운 덕목은 정의로운 사회를 향한 소망이었다. 개인이 종교적 의무를 다하고 신의 은혜로 성공하는 데 초점을 맞추면서 때때로 손해를 감수해야 한다는 사실은 간과하는 경향이 있었다. 그러므로 평화교육은 공동체 안에서 서로 다른 이해관계를 가진 구성원들이 정의로운 관계를 우선으로 추구하며 개인적인 손해를 감수할 수 있는 자세를 가르쳐야 할 것이다.

셋째, 위에서 살펴본 성서 본문에서 여성과 어린이와 경제적 취약계층을 향한 관심은 거의 예외적이라 할 수 있는 사건 몇 가지나 선언적인 법 규정에 그치고 있었으며, 선지자들의 날 선 비판 속에 남아있을 뿐이었다. 특히 민족적 문화적 차이를 무릅쓰고 살아야 하는 소수인들의 상황을 돌아보는 노력이 더 필요하다. 그러므로 평화교육은 여성과 어린이와 경제적 취약계층을 사회의 일원으로 인정하고 함께 살아가는 방법을 교육해야 할 것이다.

마지막으로 종교적 신념이 개인 생활을 벗어나서 공동체 내부 관계망에 진입할 때 정치적 이해관계를 관철시키는 매개체로 전락하는 경우가 많았다. 특히 이스라엘의 하나님을 향한 유일신 신앙을 촉진시킨다는 명분이 있으면 어떤 방법으로 종교개혁을 진행하는지는 고려하지 않았으며, 그런 개혁이 사회 전반에 걸쳐서 어떤 영향을 미칠지에 관해서도 세심하게 계획하지 않았다. 그에 비해 제국의 변방에 살던 선지자들은 지상의 온 민족들을 포괄하는 종말론적 평화를 꿈꾸기도 했다. 그러므로 평화교육은 교단이나 종교 단체 등 제도권에 진입한 기독교가 신앙을 도구화하지 않고 하나님의 뜻을 세상에서 실행해 나갈 수 있는 방법을 찾도록 가르쳐야 할 것이며, 기독교 종말론이 지향해야 할 하늘나라 운동을 실천할 수 있는 구체적인 방안을 교육해야 할 것이다.

위에서도 언급했지만 초대교회에서 예수를 믿는 이방 신도들이 할례를 받아야 하는지를 놓고 제자들 사이에 논란이 있었는데, 바울과 바나바는 예루살렘에 있던 사도들과 장로들과 논의하여 몇 가지 율법 조항을 지키는 대신 할례를 요구하지 않기로 합의한다(행 15:19-21). 예수의 복음 안에서 민족적 문화적 종교적인 장벽을 허물고 서로 다른 정체성을 인정하는 참 평화를 성취하는 첫걸음을 보여 준 것이다(갈 3:28).[44] 이러한 결정은 당시 로마 제국 안에서 이스라엘의 하나님을 섬기지만 개종하지 않고 그 가르침을 따르는 '하나님을 경외하는 자들'(행 13:16, 26; 고대 그리스어, φοβούμενος τον Θεόν θεοσέβής)을 인정하던 관습과 관련시킬 수 있으며, 이런 상황에서 율법 전체가 아니라 '노아의 7계명'만 지키면 된다는 유대교 전통과

---

44 갈 6:16에서 예수를 믿는 유대인과 이방인이 하나라는 사상이 '평강과 긍휼'이라는 말로 표현되었다는 주장은 빌의 글을 참조하라(Gregory K. Beale, "Peace and Mercy Upon the Israel of God: The Old Testament Background of Galatians 6, 16b," Biblica 80 [1999], 204-223.).

도 비교해서 관찰할 수 있다(탈무드, 산헤드린 59 앞면; Mishneh Torah, Hilkhot M'lakhim 9:1). 그러나 어떻게 설명하건 이런 관습은 결국 공동체 안에서 어떻게 평화를 성취할 수 있는지 보여주는 상징적인 사건이라고 정의할 수 있으며, 개인이 공동체의 일원으로 추구해야 할 방향을 잘 보여준다. 성서 본문이 평화롭게 공존할 수 있는 가능성을 보여주는 것은 여기까지이지만, 이 시대를 사는 예수의 제자들은 매일 자기 자리에서 자기가 속한 공동체가 종말론적인 참 평화를 향해 나아갈 수 있도록 노력해야 할 것이다.

동아시아와 한반도의 '평화', 역사적으로 가능한가
—2·8, 3·1운동 100주년, 한일기독교사의 관점에서

서정민*

I. 들어가는 말: 우리가 꿈꾸는 평화

우리 모두 평화를 참 좋아하고, 추구하면서도 어떨 때는 그것이 무엇인지 잘 모른다. 싸우지 않고 조용한 것이 평화인가. 아니면 서로 사이좋게 오순도순 오가며 잘 지내는 것이 평화인가. 아니면 아무 관계도 맺지 않고 멀리, 개인이든 공동체든 혼자 외톨이처럼, 아무와도 상관 않고 그렇게 살아가는 것이 평화인가. 헛갈릴 때가 많다.

나는 제자인 장교 덕분에 오래전 긴장의 한반도 중부전선 최전방

---

* 일본 메이지가쿠인대학교

초소를 방문했던 적이 있다. 군사분계선 비무장지대를 내려다보면서 여러 생각을 하게 되었다. 참 조용했고, 바람만 불었다. 인적이 드문 그곳은 자연도 여유롭고, 풍경도 오히려 고즈넉했다. 다만 남과 북의 총구가 서로를 겨누며 대치하였고, 번뜩이는 감시의 조준이 단 일초의 여유도 없는 숨 막히는 듯한 상태였다. 오히려 그것이 참 평화롭다고 느낄 정도로, 긴장 상황은 곧 '태풍의 눈'이었다. '거짓의 평화'였다.

내가 생각하는 평화는 얽히고설켜야 한다. 오고 가고, 서로 스치고, 서로 사귀고, 서로 말해야 하는 것이다. "이건 이렇고 저건 저러며, 나는 이렇게 생각하고, 너는 그렇구나"하면서 말이다. 그러다가 네 이건 나와 다른데, 그건 내가 볼 때 옳지 않다고 설득도 하고 다그치기도 해야 한다. 상대도 똑같이 자기 의견, 자기 입장을 자유롭게 주장할 수 있어야 함은 물론이다. 언성을 좀 높여 다투기도 할 수 있을 것이다. 물론 완력이나 폭력까지는 안 되지만, 핏대도 내며 결단코 자기 생각이 옳다는 강한 표현 정도까지는 괜찮을 것도 같다. 그러다가 마침내 조금씩 양보도 하고, 타협도 하며, 서로 간에 동의할 수 있는 만큼 물러나서 악수하는 것이 좋을 것 같다. 세상 모든 분야에 적용될 수 있는 일이겠지만, 우선은 극단적으로 대치되어 있는 모든 주체들 사이에서 한번 생각해 볼 상식적 이야기의 한 단편이다.

그런데 평화를 구축하기 위해 필요한 전제로서의 내용을 생각해 본다. 평화를 실현해야 할 나라들, 공동체들, 문화들, 사람들 그리고 종교 간에 공통점을 찾는 것이 중요할까, 차이점을 찾는 것이 중요할까. 지금까지 대개의 이론과 상식으로는 공통점을 찾는 것이 나을 것으로, 너나없이 생각해 온 것 같다. 나만 해도 새로운 사람, 새로운 문화, 새로운 나라를 만났을 때, 나와 우리와 같은 것이 무엇인지를 먼저 생각해 왔다. 거기에 따라 친근함, 선린(善隣) 등을 따질 수 있다고 생각해 왔다. "아, 종교적 신념이 같구나, 정치적 입장이 같구나, 문화적 정체성이 같구나, 사회경제적 신분이 같구나, 이데올로기가 같구나, 지향하는 가치가 같구나" 등등이다. 대개 사람들은 친구를 사귈 때도, 배우자를 정할 때도, 일을 함께하기 위한 동업자를 찾을 때도 그가 나와 같은 것이 무엇인가만 관심을 집중하는 경향이 있다. 나도 다름이 없었다. 그것으로 하나의 작은 평화가 이루어지고, 사이좋은 상호 동의가 진전되어 갈 것이라는 것은 틀림이 없을 것이다.

그런데 그렇게 이어지는 친밀한 관계와 작은 평화는, 그들 밖의 다른 사람, 다른 공동체와는 더 큰 담을 쌓는 단절의 시작이 된다는 것을 자주 깨닫는다. 그리고 더욱 심각한 것은 그렇게 공통점으로 이어지는 친밀한 관계는, 그 이후 세밀하게 발견되는 작은 차이만으로 금방 금이 가고, 반목(反目)하며, 상처를 받는다는 사실이다. 같은 것으로 이어진 관계와 평화는 멀지 않아 결별(訣別)하는 경우가 더 많다는 것을 차츰 배운다. 서로 동질감과 공통점이 많아 결혼한 부부는 살면서 곧 작은 차이들이 발견되면서 서로 다투고 상처받는 경우를 많이 본다.

평화를 위해서는 반대로 차이점을 발견하는 방법으로 생각을 해나가 보면 어떨까 한다. 사람과 사람, 나라와 나라, 문화와 문화, 이데올로기와 이데올로기 그리고 종교와 종교 간에 말이다. 차이점을 긍정적으로 생각하기 시작하면, 얼마나 재미있는지 모른다. 큰 차이점도 신기하지만, 작은 차이점도 참 흥미롭다. 친구도 차이점을 기준으로 사귀기 시작하면, 시간이 갈 수로 친구에 대한 매력이 더하고 더할 수 있다. 부부도 차이점으로 끈을 이어 만났다면 평생을 함께 살아도 항상 새롭고, 놀라울 수 있다.

그동안 나도 한국의 남과 북을 공통점의 끈으로 하여, 한 민족, 한 핏줄, 한 언어라는 것을 자주 거론했고, 다들 그것이 남과 북을 잇는 가장 중요한 평화의 출발선으로 생각해 온 것 같다. 그런데 요즘 점점 나는 그것만으로는 평화도, 교류도 어렵지 않을까 생각한다. 어쩌면 그렇게 한 민족인데, 생각도 다르고, 이념도 다르고, 문화도 다르며, 심지어 말투도 다를까를, 신기하게 여기면서 서로 이해해 나가지 않으면 안 되리라 여긴다.

한일관계도 그렇다. 사람들의 생김새도 같고, 결국은 공통적 문화와 역사적 연관성을 가지고 있는 사이이다. 그것을 통해 두 나라 간의 문제를 극복해 나가는 노력도 의미가 있다. 그러나 나는 요즘의 생각이 다르다. 한일 간 차이점을 적극적으로 찾아내고, 그것을 이해해 나가지 않으면 안 된다는 것이다. 그것을 통하지 않으면 두 나라 관계의 참된 이해도, 역사적 문제의 해결도 어렵다고 여긴다. 사실 이제 와 보면, 내가 참 존경하는 한일 간 평화와 화해를 위해 살아간 사람들의 행적은 줄기차게 두 나라의 차이점을 찾고, 그것을 적극적으로 이해해 나간 사람들이다.

공통점에 환호하는 태도보다는 차이점에 관심과 이해를 더해나가는 것이 평화로 가는 출발선으로서 훨씬 강력하고 지속적인 덕목임을 새삼 깨닫는다.

II. 제국주의와 아시아의 기독교

우선 그 개념과 역사를 종교개혁, 혹은 더욱 구체적으로 유럽의 산업혁명기 이후의 시대로 한정하면, 근대제국주의, 혹은 식민주의는 그리스도교와 밀접히 연관되어 있다. 선진 근대국가들은 정치 군사적, 혹은 경제적으로 자국의 영향력을 행사하여 이익을 최대한 획득하고, 구체적으로 여러 지역에서 식민통치 영역을 경쟁적으로 확장하였다. 이를 근대제국주의로 통칭하거나, 식민주의로 지칭할 수 있다. 15세기 후반부터 시작되고, 16세기에 범주가 확대되었으며, 일정 기간 소강 시기도 있었지만, 17-19세기, 심지어 20세기 중반에 이르기까지 전 세계의 여러 지역에서 지속 횡행한 현상이다. 특히 제국주의의 주축 국가 대부분이 서구 그리스도교 국가들이었고, 직간접으로 종교개혁 이후 그리스도교의 세계선교 프로그램과도 연동되었다. 이와 관련시켜 근대제국주의(식민주의)를 다음과 같이 크게 구분해 볼 수도 있을 것이다.

1) 가톨릭 제국주의(식민주의)

중심 국가는 스페인, 포르투갈, 프랑스 등이며, 대상 지역은 아프리카 일부, 아시아 일부, 중남미(라틴) 아메리카 대부분이다. 시기적으로 가장 앞서서 이미 15세기부터 식민지 개척이 시작되었고, 특히 중남미 경우에서 살펴지지만, 역사상 가장 혹독한 형태의 식민주의가 실행되었다고 볼 수 있다.

2) 프로테스탄트 제국주의(식민주의)

중심 국가는 영국, 네덜란드, 독일, 후발국가로 미국 등이 참여했다. 대상지역은 북미의 대부분 지역, 아프리카 여러 지역, 인도와 인도차이나, 말레이, 인도네시아 등등의 아시아 대부분, 오세아니아지역 등이다. 15-16세기 프로테스탄트 국가 중 해양무역의 강력한 주도국이던 네덜란드, 영국 등이 중심이었다. 한때 영국의 식민지는 전 세계에 널리 분포되어 '해가 지지 않는 나라'라는 별칭이 있을 정도였다.

3) 비(非)그리스도교 제국주의(식민주의)

중심 국가는 일본, 대상 지역은 한반도, 타이완, 중국과 아시아 일부였다. 가장 후발의, 짧은 시기의 제국주의였으나, 강력한 식민주의의 전형이었다.

이상의 구분에 의하면, 근대제국주의, 즉 식민주의 침략 루트와 그리스도교 선교루트가 같은 진로를 형성했고, 일본 제국주의는 반대로 '그리스도교 콤플렉스'를 드러내어, 서구 그리스도교 제국주의에 대한 극도의 경계를 보였다.

1945년 제2차 세계대전의 종식과 더불어 제국주의, 식민주의는 종언(終焉)을 말한다. 그러나 아시아, 태평양 지역 곳곳에는 아직 그 흔적이 남아있고, 종전과는 다른 형태의 제국주의, 곧 정치적, 경제적, 문화적 측면에서의 간접적 영향력의 지속은 실재(實在)한다고 볼 수 있다. 이런 관점에서 근대제국주의, 식민주의의 피해자, 혹은 가해자로서의 아시아와 한중일의 사례, 즉 아시아 그리스도교 연구와 관련된 역사적 주제로서 제국주의 문제는 중요한 항목이 아닐 수 없다.

그런데 제국주의 시대 함께 상정해야 할 문제가 식민지 민족주의의 저항문제이다. 사실 근대민족주의 이념도 유럽 서구로부터 기원하였다. 그러나 이것이 식민지 피압박민족에게 전파되면서 제국주의에 대한 투쟁이념으로 전개되었다. 그런데 크게 볼 때 민족주의는 두 가지 상반된 이념으로 나누어 볼 수 있다. 필자는 그중 하나를, 공격적 민족주의, 즉 '오펜시브 내셔널리즘'(Offensive Nationalism)으로 분류한다. 그리고 또 하나는 방어적 민족주의, 즉 '디펜시브 내셔널리즘'(Defensive Nationalism)이다. '오펜시브 내셔널리즘'은 우선 자신의 민족에 대한 우월감을 지니고, 나아가 세상 최고의 민족이라는 자긍심, 때로는 거만스러운 자신감을 지녀야 한다. 그래서 자신의 민족이 다른 민족을 지배하거나 계도하는 것은 어쩌면 당연한 일이고, 그런 일은 오히려 타민족에게도 도움이 된다는 일방적인 생각을 지니기 십상이다. 예들 들자면, 근대 유럽에서 횡행되었던 '나치즘'(Nazism)이나, 아시아에서는 일본의 '야마토(大和)민족주의'가 거기에 해당된다고 할 수 있다. 반면에 '디펜시브 내셔널리즘'은, 자기 민족의 우월감에 크게 사로잡히거나 자신들이 타민족을 지배하거나 계도해도 된다는 생각은 절대 지니지 않는다. 오히려 자신의 민족 역량이 부족할 수도 있다고 생각한다. 그러나 나름은 고유의 문화와 역사를 지니며, 그러한 민족 정체성을 지니고, 발휘하며 독립적으로 살고자 하는 이념이다. 오직 그들은 자신들의 독립성이 보장되고, 언어와 문화, 전통에 대한 상대적 존중이 있다면, 거기에 만족할 수 있는 민족주의이다. 제국주의 시대 피압박민족에게 발현되었던 식민지민

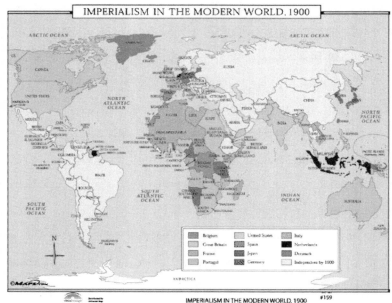

IMPERIALISM IN THE MODERN WORLD, 1900

1900년 당시 식민지 지형

족주의 대부분이 이러한 '디펜시브 내셔널리즘'에 해당한다고 할 수 있다. 현재도 중국의 소수민족 일부, 러시아와 아시아 일부의 소수민족들 중에 독립을 열망하며 투쟁하는 상당수의 소수민족이 지닌 이념적 기반이라고 할 수 있다.

이 방어적 민족주의의 가장 뚜렷한 전형이 일제강점기 시대의 한국에서 발휘되었고, 한국민족운동의 기반이 된 사상이 곧 이러한 민족주의였음을 부인할 수 없다. 그러나 현재 한국에서 제기되고 있는 민족주의적 경향을 여전히 방어적 민족주의, 곧 '디펜시브 내셔널리즘'으로 단정하기에는 여러 제한점이 있고, 재검토되어야 할 요소가 많다.[1]

III. 한반도를 둘러싼 근대사의 각축 ― 청일, 러일전쟁과
한일기독교

1894년에 일어난 청일전쟁과 1904년의 러일전쟁은 일본과 중국, 일본과 러시아의 전쟁이다. 그러나 그 전장(戰場)은 주로 한반도였다. 특히 한국의 서북지방은 외국 간의 전쟁 소용돌이에서 한국 민중은 목숨과 재산을 부지할 수 없었고, 양쪽 군대 모두에게 수탈과 학살을 당해야 하는 처지였다. 그러나 당시의 한국 정부는 자국민을 위기상황에서 지켜낼 힘이 없었다. 기록에 따르면, 특히 서북지역의 한국 민중들은 서구 선교사와의 관계 속에서 세워진 기독교회, 즉 '십자가 표식' 아래 오히려 몸을 의지했다. 미국을 비롯한 서구 국가의 영향력이 살아 존재하는 기독교회에는 일본군도, 중국군대나 러시아군대도 손을 대지 않았다는 이유에서였다. 그리고 교회로 피신하는 한국 민중에게는 적어도 교회 공동체가 제공하는 '일용할 양식'이 주어진다는 신뢰에서였다. 실제로 이 시기, 한국 민중의 기독교 개종자수가 급격히 증가한다. 이때 등장한 선교사 명명의 용어가 '라이스 크리스천'(rice Christian)이다. 이러한 전통은 한국기독교에 고스란히 남아있고, 현대사에서는 6·25한국전쟁 당시에 더욱 재현되었다. 그리고 그것이 한국기독교의 현세중심, 축복 중심 신앙의 한 흐름이 되었다고도 볼 수 있다. 즉 현실적 도움이 있는, 실제적 구원의 이익이 있는 '은혜론'이다.

---

1 제국주의와 아시아 기독교 부분은 필자의 논고, 「アジアキリスト教研究の主題―日中韓キリスト教の歴史とその展開過程の諸前提」, 『明治学院大学キリスト教研究所紀要』, 明治学院大学, 第50号, 2018.1 , 299-311; 「亜州基督教研究的主題」, 『濟南大学学報』, 濟南大学, 第28号, 2018.5, 63-68에서 발췌, 요약, 인용함.

청일전쟁 당시 한반도 상륙하는 일본군

　　이런 의미에서 한국 근대사 외세 침략과 전쟁 참상의 경험인 청일 전쟁과 러일전쟁은 한국기독교 역사와도 깊은 연관성을 지니고 있다. 이 시기 한국 민중의 기독교 집중과 교세 증가, 서구 기독교의 평화 이미지 형성, 현실적 '구원선'으로서의 역할 등등을 적극적으로 평가할 수도 있다. 그러나 한편으로는 한국기독교 신앙 특성의 한 전승, 현실 구원과 기복, 축복신앙이 중심이 되는 또 다른 특징을 형성한 계기로도 작용했다.

　　한편 초기상황이지만, 일본기독교의 주류는 청일, 러일전쟁에서 이른바 '의전론'(義戰論)을 주장하며, 근대 정부의 대외정책에 강력한 지지를 보냈다. 이는 일본 국내의 기독교에 대한 배제와 여론의 탄압을 벗어나고자 하는 자구적 노력이라고는 할 수 있으나, 일본에서 기독교가 평화보다는 전쟁을 지지하고 지원하는 노선에 길들여지는 출발선이 되었다고도 볼 수 있다.

IV. '한일강제병합'과 한일기독교의 반목

먼저 당시 일본기독교는 일본 국내에서 그 운신의 폭이 무척 좁았다. 수백 년간 지속된 일본의 기독교 콤플렉스로 가톨릭의 수난은 물론 프로테스탄트의 일본선교도 편안한 전개는 아니었다. 미국을 비롯한 서구 여러 나라와의 문호개방 조약과 개항장 설치 등등으로 기독교 선교금지령은 해제되었다. 그리고 우여곡절 끝에 메이지(明治) 정부의 종교정책안 신교(信敎) 자유로 방향을 잡았다. 즉 1891년 선포 된 일본 근대의 제국헌법 28조는 종교자유 항목을 포함하고 있다. 그러나 거기에는 조건이 붙어있었다. 즉 일본 국민은 천황의 '신민' 으로서의 의무를 다하는 조건으로, 또 하나는 국가사회의 치안 유지에 현저한 방해가 되지 않는 범위에서 그 자유를 가진다는 것이다. 이건 얼마든지 그 조건에 위배된다는 명목으로 종교자유를 제한 할 수 있는 헌법 조항이었다. 실제로 바로 그 시기 기독교인 우치무라 간죠(內村鑑三)의 그 유명한 '불경사건'이 발생하였다. 천황이 하사한 교육지표인 교육칙어 봉배식(받들어 절하는 행사)에서 당시 도쿄 제1 고등보통학교 교사이던 우치무라 간죠가 거기에 최경례로 경의를 표하지 않은 사건이 보고된 것이다. 크리스천인 우치무라 간죠는 천황의 교육칙어에 대한 종교적 숭배에 가까운 배례는 신앙 양심상 할 수 없었다는 것이다. 이에 대해 일본 사회는 몇몇 보수적 국수주의자들을 중심으로 교육과 종교의 충돌, 기독교와 일본 가치의 대립이라는 구도를 만들어, 사회적 여론가 분위기로 기독교에 대한 공격을 진행시켰다. 즉 기독교인들이 그러한 자세는 근대일본의 국민으로서의 자격이 없는, 곧 '비국민'(非國民)의 태도라는 것이다. 결국 이

사건은 우치무라 간죠의 개인적 수난에 머물지 않고, 국가사회가 기독교에 대한 법률 바깥의 부분에서 제압하고, 배제하는 상황을 만들어 낸 것이다.

이에 대한 대부분의 일본 크리스천들은 국가사회에 포섭되어 나가는 것을 지향하였다. 즉 국가사회가 기독교에 대해 우려하는 바를 불식시켜 나가는 데에 총력을 기울이는 것이다. 그에 앞서 일본 메이지 정부의 종교정책에는 중요한 특징이 이미 내포되어 있었다. 즉 국민이 모든 종교를 자유로이 선택할 수 있다는 자유를 명확히 하는 대신, 종교 위의 권위, 즉 '초(超)종교'를 창출했던 것이다. 그것은 바로 '근대천황제이데올로기'였다. 다시 말하면, 천황의 권위나 그에 대한 숭배는 종교 위의 것으로 모든 종교에 앞서 일본 국민은 의무적으로 따라야 할 가치로 자리매김을 한 것이다. 일찍이 근대일본은 그 목표를 이른바 '탈아입구'(脫亞入歐)로 정하였다. 곧 아시아를 속히 벗어나 유럽 서구 국가들과 어깨를 나란히 하는 근대국가를 건설한다는 것이다. 그러려면 서구국가들의 정신적 근간인 기독교를 적극적으로 받아들여야 하는 과제가 발생한다. 여기에 두 번째의 지침으로 '화혼양재'(和魂洋才)를 선포하였다. 이는 서구와 같이하며 수용하는 것은 기술문명 뿐이고 그 정신적 기초는 일본의 것으로 한다는 정책이었다. 문제는 이 '화혼'을 도대체 무엇으로 하느냐 하는 것이다. 여기서 탄생한 것이 천황숭배였다. 천황의 권위는 화혼의 실체였고, 그것은 모든 권위 위의 권위였던 것이다. 결국 일본 크리스천은 자신의 신앙 신념 위에 천황숭배라는 국가적 권위를 받아들여야 하는 처지가 된 것이다. 여기에 순교적 각오로 저항한 크리스천은 극소수였다.

그러면 이러한 근대일본의 종교, 기독교 정책에 대해 다수의 일본 크리스천은 어떻게 대응했는가. 즉 헌법적으로는 조건적으로 종교선택의 자유는 명기했지만, 사회적 압력으로 기독교에 대한 강고한 탄압은 지속되고 있는 상황이었다. 더구나 일본 근대국가의 기독교 콤플렉스는 여전하여, 사실은 '초종교'의 차원으로 '천황제이데올로기'를 설정하고, 신민(臣民)의 의무라는 명목으로 '국가종교'를 강요하는 정책이었다. 이것을 '화혼'으로 상정하여, 근대국가의 근간으로 삼은 것은 실제에 있어서 기독교에 대한 탄압을 위함이 깔려있었다. 원칙대로라면 크리스천은 여기에 처음부터 강력히 저항해 나가야 하는 일이었다. 기독교 신앙의 바탕은 하나님 이외의 권위, 예수 그리스도 이상의 권위를 인정하는 것으로 신앙의 근본이 흔들리는 것은 자명한 일이었다.

　　그러나 당시 일본 크리스천 다수의 선택은 현실론이었다. 즉 '천황제 이데올로기'를 수긍하더라도 기독교의 포교 자유, 일본 내에서의 기독교인 개인이나, 공동체의 지위 확장을 의도한 것이다. 그것은 곧 기독교를 천황제 이데올로기 아래 예속시키는 길이었다. 물론 소수의 저항은 있었으나, 대세는 역시 순응이었다. 그러기 위해서 일본 기독교계가 택한 방식은 일본 근대국가의 국가정책, 대외정책에 솔선하여 협력하는 일이었다. 그중에서도 청일전쟁, 러일전쟁 승리 후 더욱 구체적으로 근대 일본은 한국에 대한 식민통치를 추구하였다. 이는 사실 근대일본의 최대 국가목표이자, 현안이었다. 여기에 일본 기독교계는 적극적으로 협력하는 방향을 택했다. 심지어 일본의 한국 통치는 태초로부터 예정된 하나님의 섭리라는 '신의 병합론' 그리고 한반도는 일본에 베푸는 하나님의 은총이며, 그 땅은 일본에 약속된 땅이라는 성서적 구도마저 이용했다. 그리고 더욱 구체적으로 일본기독교 주요교파의 하나인 '조합교회'는 이른바 '조선전도론'을 창출하여, 실제 다수의 선교사를 파견했다. 이는 순수한 기독교 선교라기보다는 제국주의 선교, 식민지 회유정책의 일환이었다. 이는 조선총독부나 일본 기업들이 조합교회의 한국선교에 다량의 헌금과 지원 등으로 협력한 사실에서도 드러난다.

특히 일본기독교는 당시 민족의 주권 상실의 고난 상황에서 신앙적 결단으로 민족독립운동의 선봉에 나서는 한국 크리스천들을 정치적 모리배, 불순한 신앙으로 정죄하는 태도를 보였다. 한국기독교는 이른바 유치한 신앙단계인 '구약적 기독교'에 머물러 있다거나, 복음주의 기독교의 한 방향성은 '정교분리' 원칙에 위배된 태도를 보인다고 강력히 비판하였다.

아무튼 일본의 국가정책, 특히 한국에 대한 강제병합 과정에 적극 협력한 일본기독교는 일본 정부와 일본 주류여론에 의해 일정한 사회적 신뢰성을 회복하는 계기를 맞았다. 그 표적 증거가 1912년 일본 정부가 일본 내 주요 종교 지도자들을 초청하여 국가정책의 협력을 당부하는 이른바 '삼교회동'이 있었다. 여기에 일본기독교는 일본의 교파신도, 불교와 함께 삼대 종교의 하나로 초청을 받은 것이다. 이를 두고 일본기독교 주류 지도자들은 일본기독교가 드디어 일본 내 주요 종교로서의 지위를 확보했다고 자평할 정도였다. 그러나 식민지 초기에 이미 한일 기독교 관계는 서로의 처한 상황의 차이와 그에 대한 서로 다른 대응의 진로로 인해 갈등의 역사로 접어들고 말았다.

V. 2·8 동경유학생 독립선언과 평화 염원

2·8 동경유학생 독립선언은 가장 중요한 3·1운동의 선행적 사건이요, 기반이 되었다. 즉 동경유학생들의 독립선언 움직임과 중국에서의 독립운동 단체 그리고 국내의 독립선언 운동조직 간의 유기적 삼각연대의 결과가 3·1운동의 직접적 배경이었다.

그런데 동경유학생들의 독립선언, 그것은 그야말로 적의 심장부한 가운데에서 벌인 쾌거가 아닐 수 없다. 식민지 조선의 입장에서본다면, 주변으로부터 중앙, 제국주의의 본체, 본령의 한 가운데서과감하게 한국의 독립을 도모한 것이다. 도대체 2·8독립선언에서동경이 지닌 위치적 의미는 무엇이었던가.

2·8독립선언서의 초안자는 춘원 이광수(李光洙)로 알려져 있다.그는 훗날 이른바 친일파의 대표 격으로 역사적 비판을 받았으나, 한

2·8 동경유학생 독립선언 중심인물들

국 근대문학 선구자로서, 1919년 3·1운동 당시에는 2·8독립선언서의 기초, 그 후 중국에서의 독립운동 참여 등 빛나는 업적을 지닌 것 또한 사실이다. 이광수는 일찍이 일본에 유학하여 메이지학원(明治学院)에서 공부했고, 귀국 후 한 때 오산학교에서 가르치다가 제2차로 동경에 유학하여 와세다(早稲田)대학에서 공부했다. 특히 그가 기독교를 비롯한 서구의 선진사상을 처음 접한 때는 메이지학원 유학 시절이었다. 메이지학원은 선교사가 설립한 기독교계 교육기관으로는 일본 최초의 학교이다.

　내가 성경을 읽고 예배당에 다닌 것도 내 몸과 마음을 깨끗하게 할양이었다. 나는 마음에 있는 구린 것을 버리면 자연히 몸에서 향기가 날 것을 믿었다. 나는 내 얼굴과 손발과 몸매를 아름답게 할 수 없는 것이 슬펐다. […] 추운 겨울 밤 같은 때 길을 가다가 떨고 지나가는 거지를 보고 외투를 벗어

메이지학원 유학시절의 이광수, 뒤에서 두 번째 줄 오른쪽에서 세 번째. 참고로, 동급생이던 역사학자 문일평(文—平)은 같은 줄 왼쪽에서 두 번째.

준 일도 있고, 어떤 서양사람 거지에게는 스웨터와 주머니에 있는 돈을 온통 털어주고 내복만 있고 집에 돌아와서 여러 사람의 의심을 받은 일도 있었다. 바른손이 하는 일을 왼손에게도 알리지 말라 하신 예수의 말씀을 따라서 이러한 말은 아무에게도 일체 말을 하지 않았다.[2]

일본 동경에서 기독교사상, 그 가치를 접하고, 그것을 실천하고 한 이광수를 발견할 수 있다. 그 후 이광수 연구가나 평론가들에 의하면, 서구 철학, 특히 칸트에 심취했고, 러시아의 문호 톨스토이에 심취한 그를 볼 수 있다. 바로 이광수 등의 한국인 유학생들은 일본에서 일본인 교사로부터, 일본어 서적으로부터 근대사상, 인권, 자유에의 신념, 나아가 기독교까지 접했다. 즉 민족적 상황으로 보면, 조국의 주권을 빼앗고 폭압의 식민지 통치를 자행하는 일본제국주의의 한 가운데, 그 중심에서 미래, 희망, 새로운 가치, 자유에의 희원을 발견했다. 그것은 최팔용, 윤창석, 김도연, 이종근, 이광수, 송계백, 김철수, 최근우, 백관수, 김상덕, 최근우, 백인수, 서춘 등 동경 2·8독립선언의 주역들이 공통으로 경험한 일이었다.

마침내 이들 유학생은 동경의 한인 YMCA를 중심으로 조선유학생학우회 활동을 한다. 새로운 사상의 도전, 기독교 정신과 신앙의 접목, 동지적 연대와 자신감 그리고 마치 '태풍의 눈'과 같은 중심의 여유로서의 동경의 분위기가 2·8독립선언의 여건적 바탕이라고 볼 수 있다. 1918년 유학생 송년회에서 동지들의 같은 생각이 의기투합되고 1919년 1월 6일에 개최된 유학생웅변대회에서 구체적인 의견 통일이 이루어졌다. 그리고 그해 2월 8일 동경한인 YMCA회관에

---

2 이광수, 『나』(소년편) (문연사, 1947); 이광수, 『나의 고백』, 1948 등 참조.

400여 명의 유학생이 모여 조선의 독립을 선언한 것이다. 이러한 활동 전후, 사전 상호 교감한 중국의 신한청년단 대표 최용운과 장덕수가 일본에 파송되기도 했다.

> … 우리 민족은 유구한 전통 속에 고상한 문화를 지녀왔고, 반만년 이상 국가를 세워 경영해 온 경험을 지녔다. 비록 다년간 전제 정치하의 해독과 경우의 불행이 우리 민족의 오늘날의 수난을 가져왔으나 정의와 자유를 기초로 한 민주주의 선진제국의 본을 따라 신국가를 건설한 후에는 건국 이래 줄곧 문화와 정의와 평화를 애호해 온 전통을 지닌 우리 민족으로서 세계의 평화와 인류 문화에 공헌해 나갈 것임을 믿는다. … 3

여기에는 우선 우리 민족의 역사와 전통, 문화와 사상에 대한 자부심이 깔려있다. 그리고 정의, 자유, 민주주의에 대한 염원, 새로운 독립 국가를 세운 이후에는 세계 평화와 인류문화에 대해 기여할 것을 다짐하는 지극히 긍정적이고 미래지향적인 선언문이다. 이것은 그대로 3·1운동의 정신적 기반으로도 가장 중요한 바탕이 되고 있다.

그런데, 이 2·8독립선언문 말미에 수록된 결의문은 이 선언의 실천성, 구체성을 드러내고 있다. 이 결의 안에는 최후의 혈전까지를 선언하고 있으나, 실제로 그 궁극적 목표는 평화에의 염원, 비폭력 평화사상에 의거한 독립실현을 추구하고 있다.

> (1) 우리는 한일합병이 우리 민족의 자유의사에 의하지 않고, 우리
>   민족의 생존 발전을 위협하고 동양의 평화를 뒤흔든 원인이 됨으

---

3 『동경 2·8독립선언서』 중 (일부, 현대어로 고침).

로 독립을 주장한다.

(2) 우리는 일본의회 및 정부에 조선민족대회를 소집하여 대회의
    결의로 우리 민족의 운명을 결정할 기회를 만들어줄 것을 요구
    한다.

(3) 우리는 만국강화회의에 민족자결주의를 우리 민족에게 적용하
    기를 요구한다. 위 목적을 전하기 위해 일본에 주재하는 각국 대
    사에게 우리의 의사를 각각의 해당 정부에 전달하기를 요구하고
    동시에 위원 3인을 만국강화회의에 파견한다. 위 위원은 앞서 파
    견된 우리 민족위원과 함께 행동한다.

(4) 앞의 모든 항목의 요구가 실패할 때에는 일본에 대하여 영원히
    혈전을 선언한다. 이로써 발생하는 참화는 우리 민족이 그 책임
    을 지지 않는다.[4]

VI. 3·1운동에서 드러나는 한국기독교의 평화사상, 일본기독교 소수의 반성

3·1운동은 한국민족사 전체로 볼 때, 가장 출중한 역사적 사건이
며, 그 역사적 의의에 대한 평가는 사관(史觀)을 불문하고 달리 비교
할 사건이 없을 정도이다. 엄밀히 보면, 독립선언으로서는 당장의 결
과를 도출하지 못한, '현실적으로는 실패한 운동'인 이 운동이 그토
록 높은 역사적 평가를 받는 이유는 무엇일까. 사실 현재의 대한민국
헌법, 국가 설립의 정통성으로도 3·1정신은 그 기반이 되고 있는

---

4 『동경 2·8독립선언서 결의문』(일부, 현대어로 고침).

터이다.

그 역사적 의의를 정리해 본다. 첫째, 3·1운동은 동시대 세계사적으로도 식민지 민족운동의 가장 모범적이며, 확고하며, 강력한 운동으로 평가되고 있다는 점이다. 이는 종합적인 측면으로 그 이념, 방식, 절차를 모두 일러하는 특징이다.

둘째, 운동의 진행과 방법이 완전한 비폭력 평화운동이었다. 3·1운동의 참여 인원, 전국적 확산, 여기에 대한 일본 측의 무력적 대응 등의 양상을 볼 때, 이 운동이 끝까지 비폭력운동으로 전개되었다는 것은 불가사의할 정도이다. 비록 초기의 운동 방식과 노선의 결정이 비폭력 평화운동으로 결정되었다고 해도, 전개 과정에서, 특히 강력한 일제의 폭력적 제압을 당하면서, 양상의 변화를 보일 가능성이 농후하였으나, 전체적으로 끝까지 평화운동의 대오를 유지한 것이다.

3·1운동 전경

셋째, 3·1운동이 일어나기 2년 전인 1917년에 러시아에서 볼셰비키 프롤레타리아 혁명이 일어난 바 있다. 이후의 대부분 여러 대중운동과 혁명에서는 계급투쟁인 이 운동의 영향이 논의된다. 그러나 3·1운동은 단연코 계급운동으로 전도되지 않았고, 끝까지 순수한 민족독립운동의 범주를 지켰다. 즉 이 운동의 성격이 민족 내부의 계급갈등을 넘어서는 민족통합으로 독립선언운동으로서의 성격을 유지했다는 의미이다. 일부에서 3·1운동의 양상 중에 계급 투쟁적 요소를 분석하는 관점이 등장할 수 있을지 모르지만, 역시 전체적인 운동의 특성으로서는 사회주의 혁명 노선과는 확연히 구별되는 운동이었다.

넷째, 3·1운동이 평화운동의 기조를 지킬 수 있었던 제일 큰 요소를, 항의의 대상인 일본을 결코 적으로만 보지 않았다는 점에서도 찾을 수 있다. 즉 한국의 독립이 실현되는 것이 목적으로, 그동안 소의(少義)를 저지른 일본을 책하지 않는다는 선언이다. 오히려 독립 달성의 순간부터, 동양의 평화와 세계평화를 함께 추구해 나갈 협력자로까지 보는 관점이다. 이는 대의이며, 평화정신의 큰 바탕이다. 이러한 성숙한 정신성이야말로 3·1운동의 역사적 가치를 평가는 하는 척도가 아닐 수 없다.

다섯째, 3·1운동은 사실 앞서의 언급과는 달리, 관점에 따라서는 현실적으로도 실패한 독립운동이 아니다. 그 1개월 남짓 후 중국 상해에 대한민국 임시정부가 설립되었다. 제한 점은 있지만, 독립국가의 성립이 실행된 것이다. 그런데 중요한 것은, 이 대한민국의 정치체제와 국가기반의 사상 특성이다. 1910년 이른바 '한일병합' 직전의 한국은 군주제 국가였다. 엄밀히 말하면, 나라의 주인은 군주였고, 국민은 그의 백성이었다. 따라서 주권 독립을 상실한 국가가 독립운동을 전개한다 함은 대개 주권을 상실하기 이전의 상태로 주권 독립을 회복한다는 의미가 된다. 이에 의하면, 식민지 조선의 독립운동이란, 얼마든지 이 운동을 통해 나라를 되찾아 군주에게 되돌리는 운동이 될 수도 있는 것이다. 그러나 3·1운동의 정신과 그것을 바탕으로 새워진 대한민국 임시정부의 국가설립 바탕 기조는 '주권재민' (主權在民)에 있었다. 즉 나라를 빼앗기고 10년도 채 안 된 상태에서 거족적으로 일어난 3·1운동의 바탕 정신에는 '주권재민'이 깔려 있었던 것이다. 이러한 정치사상의 성숙, 진행을 서구 국가의 역사 변천이나, 그 밖의 경우와 비교해 본다면, 주권재민, 민주주의의 성립의 계기로서도 이 운동에 대한 또 다른 평가도 가능하다. 여기서 3·1독립선언서의 일부를 인용하여, 그 바탕 정신을 살펴본다.

> 일본의 소의함을 책하려 아니하노라. 자기를 책려하기에 급한 오인은 타의 원우를 가치 못하노라 현재를 주무하기에 급한 오인은 숙석의 징변을 가치 못하노라 금일오인의 소임은 다만 자기의 건설이 유할 뿐이오 결코 타의 파괴에 재치 아니 하도다. 엄숙한 양심의 명령으로써 자가의 신운명을 개척함이오. 결코 구원과 일시적 감정으로써 타를 질축배척(嫉逐排斥)함이 아니로다. (중략)

> 아아 신천지가 안전에 전개되도다. 위력의 시대가 거하고 도의의 시대가 도래 하도다. 과거 전세기에 연마장양된 인도적 정신이 바야흐로 신문명의 서광을 인류의 역사에 투사하기 시작하도다. 신춘이 세계에 도래하야 만물의 회소를 최촉하는 도다. 동빙한설에 호흡을 폐칩한 것이 피일시의

세라하면 화풍난양에 기맥을 진서함은 차일시의 세니 천지의 복운에 제하고 세계의 변조를 승한 오인은 아무 주저할 것 없으며 아무 기탄할 것 없도다.

아의 고유한 자유권을 호전하야 생왕의 락을 포향할 것이며 아의 자족한 독창력을 발휘하야 춘만한 대계에 민족적 정화를 결뉴할지로다. 오등이 자에 분기하도다 양심이 아와 동존하며 진리가 아와 병진하는도다 남녀로유 없이 음울한 고소로서 활발히 기래하야 민휘군상으로 더불어 흔쾌한 부활을 성수하게 되도다. 천백세조령이 오등을 음우하며 전세계 기운이 오등을 외호하나니 착수가 곧 성공이라 다만 전두의 광명으로 맥진할 따름인댜[5]

그런데, 바로 3·1운동이 종교인들의 주도였다는 점에 주목하지 않을 수 없다. 그중에서도 당시로 보면, 신흥 외래 종교에 지나지 않은 기독교가 그 중심에 있었다. 우선 기독교가 3·1운동에 기여한 점을 첫째, 운동의 이념, 준비 단계의 추진 동력에서의 공헌, 둘째, 운동의 진행을 위한 네트워크, 연통과 일치된 운동 확산의 연결축으로서의 공헌, 셋째, 운동 이후의 책임, 희생 감수의 사후 공헌으로 나누어 살필 수 있다.

첫째, 3·1운동은 제1차 세계대전 이후의 세계정세, 특히 윌슨 대통령의 민족자결주의 원칙, 1919년의 파리평화회의 개최 등의 조류 등이 국내외 한국 독립운동 세력에게 전달, 고무되면서 큰 반향이 나타났다. 그리고 이를 구체화 시켜나간 중국의 여운형과 신한청년

---

[5] 『3·1독립선언서』 중 (일부는 현대어로 고쳤으나, 원뜻과 운문 형 리듬을 살리기 위해 대부분은 그대로 옮겼다).

단, 일본 동경의 유학생학우회, 국내의 서북지역 운동세력 등이 삼각
점 주축은 대부분 기독교인이 주축인 공동체였다. 여기서 실제적인
3·1운동 계획, 사전 독립선언 준비, 조직의 연결과 확산, 운동의 방
향성과 방법론이 집약되었다. 이는 준비와 정신, 노선에서의 기독교
의 역할이다.

둘째, 일제 식민지 초기 10년, 즉 1910년부터 1919년까지의 통
치방식은 강고한 무단통치로 국내에서 한국인들의 자율적 조직이
나, 연통구조가 완전히 상실, 혹은 일제에 장악된 상태였다. 초기 조
선총독부는 강력한 통제로 교통, 통신 그리고 전국조직 등을 완전 장
악하였다. 이러한 상황에서 유일하게 빈틈을 노릴 수 있는 조직은 미
미하지만, 기독교의 교회조직, 기독교계 학교, 병원 등의 연계망이
었다. 더구나 여기서도 문제는 교회의 정치운동을 극렬히 반대하던
선교사들의 관여를 피해야 한다는 전제가 있었다. 아무튼 이러한 기
독교의 직간접 조직은 거의 유일한 3·1운동의 네트워크였다. 민족
대표 33인 중 16명의 기독교인, 대표적 기독교 학교인 연희전문의
김원벽, 세브란스병원의 이갑성, YMCA의 박희도 등으로 상징되는
전국의 기독교 조직이 가동되었다. 그리고 전국의 각 운동 거점이 되
는 대도시는 기독교 선교의 스테이션으로 모교회, 기독교학교, 병원
등이 세워져 있었다. 이곳이 대부분 3·1운동의 점화와 확산의 중심
이 되었다. 이러한 조직망이 가동하지 못했다면 3·1운동 자체가 진
행될 수 없었다.

셋째, 3·1운동은 현실적으로는 실패했다. 조선총독부는 이 운동
의 책임자들을 철저히 가려 처단하였고, 그 책임을 집요하게 물었다.
당연히 그 주목의 대상은 기독교인들이었다. 1919년 5월 총독부 통

계만으로도, 3·1운동으로 수감된 사람이 9,059명인데, 그중 기독교인이 2,036명으로 전체의 22.5%를 차지한다. 그리고 1919년 6월의 헌병대 보고에 따르면, 3·1운동으로 검거된 이들 중 종교인 중 기독교인 비율은 무려 52.9%에 달했다. 특히 여성 피검자 중 65.6%가 기독교인이라는 사실은 여성 크리스천의 참여, 희생의 폭을 말해준다. 아무튼 당시 인구 1천6백만 명 가운데 프로테스탄트 기독교인을 23만 2천 명 정도(천도교 약 1백만 명)로 추산하는데, 3·1운동 후 21만 명 정도로 줄었다는 통계가 있다. 그 밖에 평남 강서에서 기독교인 43명, 간도, 평북 정주, 의주 그리고 수원의 제암리와 화수리 등에서 군대에 의한 기독교인 집단 학살사건도 벌어졌다. 1919년 그 당해 연도에는 장로교, 감리교 불문, 지도자, 교인들이 감옥에 있어 총회와 연회가 제대도 열리지 못할 만큼 큰 피해와 희생을 치렀다.

한편 이 운동에 대한 일본기독교의 반응을 살필 필요가 있다. 우선 '조선전도론'을 실행하기 위해 한국에 주재하며 활동하던 와다세츠네요시(渡瀬常吉)와 같은 인물은 3·1운동을 한국기독교인들의 편협한 애국심과 유대주의적 미성숙의 신앙심에 야기된 소요사태로 진단했다. 한국기독교인의 신앙 양태가 이 문제를 일으킨 근본적 원인으로 본 것이다.

반면 요시노 사쿠조(吉野作造)와 같은 진보적 크리스천 정치학자는 단지, 조선총독부의 차별정책, 조선인에 대한 공정치 못한 정책으로 야기된 불만을 원인으로 보았다. 일부 식민통치에 대한 비판적 논의는 있으나, 근본적인 진단은 될 수 없는 견해였다. 이러한 진단은 결국 3·1운동 사후처리에 있어서도 식민통치의 방법론을 개선하는 선에서 권고하는 입장이 대부분 일본 크리스천의 3·1운동 인식이었다. 그러나 그중에서도 특별히 조합교회의 가시와키 기엔(柏木義円)은 와다세의 입장을 강력하게 비판했다. 그러나 한국인의 독립 열망의 지지하는 선까지는 나아가지 못했다.

그러나 제암리교회 사건이 알려지고, 즉 3·1운동 이후 일본 헌병과 조선총독부의 기독교인 학살사건 등이 터지자, 일부 그 입장의 전환을 보인다. 앞서 가시와키 기엔은 학살책임자에 대한 엄중한 문책, 죄악상에 대한 해명 등등을 강력히 요구하였다.

그리고 마침내 사이토 이사무(斉藤勇)와 같은 크리스천은 '어느 살육사건'이라는 참회와 경고의 시를 쓰기도 했다.

　… 만일 이것도 수치로 여기지 않는다면/ 저주받을진저, 동해 군자의 나라[6]

VII. 파시즘 절정기 한일기독교의 암흑시대

일본과 식민지 한국의 기독교는 점차 일제의 전쟁에 동원되고 협력하는 치명적 굴곡의 길을 걸어야 했다. 일본 근대사는 1930년대 중일전쟁을 전후하여 파시즘 절정기로 접어들며, 아시아태평양 전

---

6 斉藤勇「或る殺戮事件」『福音新報』'第1247号' 1919. 5. 22中. / 2·8, 3·1운동 부분은, 2019년 2월 9일 도쿄한국YMCA에서 개최된 2·8독립선언 100주년 기념 국제 심포지엄에서의 필자의 발표원고; 徐正敏「日本を責めなかった3·1独立宣言-ちょうど100年前'1919年の東京'ソウル'上海で起こったこと」
『https://webronza.asahi.com/ politics/articles/2019012500002.html』에서 발췌, 요약, 인용함.

쟁으로 치달았다.

전 아시아와 태평양을 휩쓴 전쟁과 그로 인한 피해, 식민지 한국의 일반적 수난의 역사 등은 논외로 하자. 다만 이 전쟁 시기 한일의 기독교의 형편은 어떠했는지를 중심으로 살핀다.

일본 제국주의는 일본 국내는 물론 식민지 조선에서도 동원할 수 있는 모든 역량을 전쟁에 이용하였다. 시차는 있었지만, 일본기독교와 한국 기독교는 차례로 국가의 강압에 대체로 순응하였다. 우선 국가의 종교정책에 따라 교회의 조직, 신조, 선교 행위의 방향을 모두 변형, 변질시켰다. 서구 교회와의 연계를 차단하여, 이른바 일본적 토착 교회, 국수적 교회로 변형하지 않으면 안 되었다. 점차 국가에 예속되는 교회 조직으로, 강압에 의한 교단 통합, 교회 조직의 국가 인허, 성직자의 등록 등등 교회의 자율은 황폐할 정도로 훼손되어 나갔다.

신사참배, 동방요배나 어진영경배 등의 천황숭배, 심지어 기독교 목사들 국가신도 신사 건축에 부역 강요하고 심지어 신사참배 강제

서울 남산에 세워진 조선신궁

후 신도식 세정의식에 참여시켰다. 그리고 교단 대표자들은 일본의 중요 신궁에 참배해야 하는, 국가주의 순례까지 강요받았다. 물론 일본교회의 극히 일부, 한국교회의 일부는 목숨을 건 저항을 결단하였다. 감옥에 가고, 소수는 순교의 길을 걸었다. 그러나 일제의 종교탄압, 전쟁동원, '초종교'로 명명한 천황제 이데올로기에 대한 강제는 더욱 혹심하였다. 국가정책에 어긋나는 협의, 소위 '치안유지법'이나, '불경죄 관련법', 때로는 전쟁반대 의심과 같은 항목은 '육군 형법'에 저촉되는 것으로까지 확대시켰다. 이런 법령을 바탕으로 기독교인들을 '예비검속'하여, 심문하고, 때로 고문했다. 질문은 대개 집약되었다.

천황폐하가 높은가, 예수 그리스도가 높은가?, 어느 쪽이 더 위대한가?[7]

기독교인은 종말의 때를 믿는가, 예수의 재림을 기다리며, 최후의 심판을 믿는가?, 그렇다면 바로 그때에 이르러, 천황폐하도 심판을 받는가, 그 날의 때에 대일본제국은 어찌 되는가?[8]

앞의 질문에 자유로울 수 있는 기독교인은 드물었다. 다수는 신앙에 위배되고, 신념에 반하는 대답으로 목숨을 부지했다. 그리고 극히 일부는 목숨을 걸고 신앙을 지켰다.
점차 교회는 현실을 받아들이고, 신앙 변질이 가속되는 길을 걸

---

7 「조정환 제1회 경찰심문조서」, 『불경죄보안법 위반사건 형사 제1심 소송기록』, 1942 중.
8 「박윤상 제1회 경찰 심문조서」, 『불경죄보안법 위반사건 형사 제1심 소송기록』, 1941 중.

었다. 일본과 식민지 한국기독교 어디에도 '평화의 복음'은 자취를 감추었다. 그 대신 '전쟁의 복음'이 난무하였다. 일본제국주의가 벌이는 '대동아전쟁'은 어느새 기독교회에서 '성전'(聖戰)으로 미화되어 있었다. 하나님의 뜻에 의한 전쟁이었다. 솔선하여, 혹은 반강제적으로 전국 교회당의 '평화의 종'과 촛대, 창틀, 문고리, 장식 등등, 쇠붙이는 모두 공출되어, 탄환과 포탄 등등 무기를 만드는 데 사용되었다. 무기를 쳐서, 보습을 만들라는 성서의 진리는 완전히 역행되었다. 마침내 일본기독교회도, 식민지 조선의 기독교회도 힘이 부칠 정도로 할당된 헌금을 모아, 전장에서 폭탄을 들이부어 수많은 인명을 살상할 폭격기를 진수하고, 국가에 헌납하기도 했다. 그중 한 대가 보무당당한 '조선장로호'이었다.

소수의 저항과 다수의 굴절로 이 암흑기에 일본기독교와 한국교회는, 평화와는 반대의 길을 처절하게 걸어야 했다. 아시아 기독교의 '중세 암흑기'였고, '십자군의 광기'였다. 이 시기 양국 기독교 다수는 떳떳할 수 없었고, 반복적으로 참회하지 않으면 안 될 역사를 지었다. 특히 피해자의식만으로 만만한 한국교회도 결코 자유롭지 못하다. 역사를 엄정히 분석할수록 한국교회의 죄과는 짙어진다. 얼마만큼 반복해서 고백하고, 참회해도 모자랄 지경이다.

VIII. 한반도의 분단과 전쟁, 갈등, 평화 염원의 혼재

8·15로 한국은 해방되었다. 일제가 물러가는 것만으로도 한반도의 '복음'이 아닐 수 없었다. "흙 다시 만져보자 바닷물도 춤을 춘

다"는 '광복절 노래'의 감격은 사실 그대로였다. 그러나 역사는 그렇게 단순하지 않았다. 38선을 그어 남북은 분단되었다. 남북한에 별도로 진주한 미군과 소련군은 이데올로기의 대립으로 좁은 한반도를 갈라놓았다. 각각의 정치세력은 권력 추구에 몰두하여 민족공동체의 미래를 염려하지 못했다. 한국기독교도 또다시 혼란과 수난의 형편에 들었다. 우선 북한이 다수인 한국기독교의 분포지역에 공산주의 정권이 들어섰다. 여러 이유로 기독교와 공산주의는 원만히 동거할 수 없었다. 다수의 북한 기독교인들은 남한으로의 피난 행렬에 가담하였다. 이에 남한의 기독교는 수적으로는 증가하였으나, 내용적으로 혼란이 가중되었다. 여기에 일제하의 협력과 저항, 그 밖의 신학적 논쟁으로 더욱 혼미를 거듭했다. 해방, 분단시대의 한국기독교는 분열과 갈등의 시대를 창출했다.

그래도 분단 상황 정도는 어떻게든 극복해 나갈 틈새를 보이는 것이었다. 여기에 업 친대 덮친 격으로 6·25한국전쟁이 발발하였다. 이 전쟁은 세계 전쟁사의 수위를 점할 정도로 참혹한 전쟁이었다. 단순히 전쟁으로 얼마나 많은 인명이 살상되고 전쟁의 재산상 피해가 컸는지 따지면 이 전쟁보다 더한 전쟁이 전쟁역사에 몇 개 더 기록되기는 한다. 그러나 그러한 인적 물적 피해가 벌어진 전장, 곧 공간의 넓이, 전쟁이 이어진 시간상의 길이 요소를 넣어 전쟁의 충격, 곧 트라우마(trauma)의 지수로 따지면, 인류 전쟁역사에서 6·25를 능가할 전쟁은 없다. 좁은 한반도 일부에서, 3년 남짓은 짧은 기간에, 인명만 해도 군인과 민간인을 포함 400만 명이 훌쩍 넘은 사람이 목숨을 잃었다. 여기에 그 참극의 요소 하나를 더하면, 6·25에서 맞붙은 전쟁의 상대, 곧 적은, 대개가 형제간이거나, 부모 자식, 친척, 동향, 동학 등등 근친이었다. 이 요소는 혹독한 내전에서 간혹 나타나는 특징이다. 필자는 전쟁을 집단적 살인사건으로 읽는다. 그렇다면 살인사건 중에 가장 가혹하고, 충격 스트레스가 큰 살인이 근친살인이다. 한국전쟁은 '집단적 근친 살인사건'이었다.

이 전쟁 참화에서 한국기독교의 긍정적 역할은 수없이 많다. 무엇보다 전쟁 피해상황의 민중들을 도왔다. 정신적 위로와 평화를 꿈꿀 수 있는 신앙적 은신을 제공하였다. 피난지 어디에서 교회는 평화를 선포했고, 영혼을 위로했다. 그뿐 아니라, 한국기독교의 전통의 한 맥락인 '제2의 라이스 크리스천 시대'를 열었다. 즉 굶주리고 헐벗은 민중이 교회로 몰려들고, 교회는 세계교회의 지원창구로서 그들을 먹이고 입혔다. 최소한 교회의 문안으로 들어서면 허기는 면할 수 있다는 신뢰가 있었다. 그리고 수많은 전쟁고아와 남편을 잃은 부인들을 교회가 돌보았다. 특히 전쟁고아의 경우 절대다수가 교회와 기독교계 기관에서 받아들였다. 전상자의 치료, 전쟁 폐허의 재건사업 등의 지원에서도 교회와 기독교사회 단체는 절대적 역할을 하였다.

또 이데올로기 전쟁이 바탕이었던 한국전쟁에서 기독교의 피해자로서의 역사도 무시할 수 없다. 전쟁 전후 북한 지역에서 다수의 기독교인이 공산주의자들의 탄압, 공격 목표가 된 것이 사실이다. 그것이 꼭 종교적 이유가 아니라, 사회 계급적인 갈등 양상일 수도 있지만, 결과적으로 다수의 크리스천이 수난을 입었고, 다수는 남한으로 피난하였다. 이어 전쟁 발발 후에는 공산군이 진주한 남한의 각지에서 기독교인에 대한 같은 수난을 확산되었다. 이는 다른 이유도 있지만, 한국기독교의 반공주의, 공산주의에 대한 증오와 원한을 낳은 중요한 원인이 되었다.

한국전쟁 당시의 소년병

그러나 이와는 별도로 한국기독교가 민족분단과 전쟁에 있어 부정적 역할을 한 측면도 간과하기 어렵다. 우선 북한에서 공산주의자의 탄압을 경험하고 남한으로 내려온 크리스천들은 극도의 공산주의 혐오와 콤플렉스를 지니게 되었다. 그들은 반공이데올로기로 무장하여, 남한에서도 이데올로기에 대한 과민한 반응과 활동을 벌였다. 특히 남한의 이승만 정권은 철저한 반공주의를 모토로 했다. 이는 이른바 '친일파' 그룹의 재기 명분이 되기도 하였다. 그들은 반공과 공산주의 척결에 앞장섰다. 곧 북한에서 공산주의자에 대한 탄압 체험을 한 피난 크리스천들이 이들과 제휴하였다. 대표적인 조직이 '서북청년단'이다. 이들은 이미 조직화되어, 6·25한국전쟁 이전에 이미 남한 여러 지역에서 활동하였다. 즉 조금이라도 공산주의적 성향의 혐의가 있는 이들은 물론 일반 민중들도 다수 그와 같은 혐의를 두고 사사롭게 처단하였다. 제주에서 벌어진 4·3 학살사건, 여수순

천 사건의 전모를 보면 이들의 관련성이 드러난다. 물론 남한의 군경이 주도한 일이기는 했어도, 대다수 크리스천으로 구성된 '서북청년단'의 사사로운 학살행위는 역사적 정리가 필요한 부분이다. 이러한 양상은 한국전쟁기 전후를 통해 우익 폭력, 학살로 이어지며, 한국기독교의 역사적 치부 일부분이 되었다. 그밖에도 휴전의 무조건 반대, 북진통일론, 북폭 지지, 전쟁 지속, 확산론 등은 분단과 전쟁 시기 한국기독교가 평화와는 거리가 먼 존재로서 활동해 온 어두운 측면이 아닐 수 없다. 이러한 일부의 흐름은 현재도 한국기독교 안에 잔존하는 것이 사실이다.

어쨌든 일제 아래 협력, 부역 세력으로서 한국기독교 흐름이 그대로 해방 후 한국 내 우익, 반공, 전쟁 지지 세력으로 이어지는 맥락에서 한국기독교의 '반평화'의 반성적 항목을 찾아내는 일은 어렵지 않을 뿐 아니라 역사적 반성이 필요한 측면이다.

IX. 1960년대 일본기독교의 대전환과 평화교육

일본기독교가 국가에 적극적으로 호응하며, 그것을 통해 일본 근대사회 안에서 자신들의 입지를 확보하고자 노력해온 과정은 이미 살핀 바 있다. 특히 파시즘 절정기, 구체적으로 아시아태평양 전쟁 시기에 이르면, 신학적 망발마저 서슴지 않았다. 즉 기독교 복음을 '전쟁의 복음'으로 설교하는가 하면, 일본이 수행하는 전쟁을 하나님의 뜻이 서린 '성전'(聖戰)으로 선전하였다. 당시의 기독교계 저널, 유력 지도자의 언설에는 그와 같은 용어가 가득했다. 그것은 그대로 식민지 한국교회에도 강요되었다.

8·15 이후 일본기독교는 일정 기간 침묵하였다. 그리고도 줄곧 자신의 반복음적 행태를 자성하거나 참회하는 움직임은 없었다. 이것은 개인이나 교회 공동체가 공히 마찬가지였다. 패전 1년 후인 1946년 가을 처음으로 일본기독교의 대표 격인 '일본기독교단'이 성명서를 발표했다. 즉 '신일본건설을 위한 일본기독교단 선언'이었다. 전체적인 요지는 전쟁의 폐허 위에서 일본을 재건해 나가는 데 있어 기독교도 적극참여하고, 솔선할 것이라는 내용이었다. 그리고 이 성명서에 주목할 만한 용어가 등장하는데, 곧 '평화의 복음'이다. 전쟁이 끝나기 직전, 불과 1년여 전만 해도 '전쟁의 복음'이 그 기조였던 입장에서, 어떤 과정과 전환을 거쳐, '평화의 복음'이 되었는지에 대한 설명은 전혀 나타나지 않는다. 이런 측면에서도 일본기독교단의 1946년 성명은 특별한 의미가 없다. 일본기독교의 대전환은 종전 후 20여 년이 지난 1967년에 진행된다.

1967년 3월 24일 부활절, '일본기독교단'은 교단 의장의 명의로 '제2차 세계대전 하에서 일본기독교단의 전쟁 책임에 대한 고백'을 발표했다. 골자는 '전쟁의 참혹한 과정에서 일본기독교단은 아시아의 민중, 일본의 민중에 대한 많은 죄과를 범했다. 전쟁을 적극 지지하고, 참여했으며, 이로 인해 많은 이들에게 피해와 고통을 가져다주었다. 더구나 기독교회는 혹여 국가가 정의롭지 못한 길을 가거나 불의한 선택을 할 때 예언자와 파수꾼의 역할을 다하는 것이 그 본분인데, 일본기독교단은 그 또한 감당못한 부끄러움을 고백하고 사죄'하는 내용이다. 문장도 명문이며, 그 내용도 바람직한 것으로 가득하다.

그러나 이 1967년의 일본기독교단 전쟁책임 고백이 단지 언어의 유희, 즉 성명서만으로 머물렀다면, 역사적 의의가 크지 않을 것이다. 이 성명을 발표한 이후의 일본기독교단의 진로는 확연히 변화하였다. 단적으로 이르면, 그동안 일본기독교는 국가, 기득권 세력과의 병진을 목표로 존재 방향을 운용해 왔는지 모른다. 스스로가 일본 내의 마이너리티로서 배제를 경험해 오면서 어떻게 해서든지 국가 사회와 다수 여론의 비위를 맞추며 존재 인정을 획득하는데 주안을 두어 왔는지 모른다. 그러나 패전 후 20여 년의 시간을 성찰한 이후 한 장을 고백서를 발표한 이후의 일본기독교단은 적어도 그 기본적 위치설정을 달리한 측면이 나타났다. 즉 그동안 주류에 기댄, 메이저를 지향한 방향성을 수정한 것이다.

전쟁책임 고백 발표 후 일본기독교단은 곧바로 교단 활동의 중요한 주제로 일본 사회 내의 소수 마이너리티와의 협력, 그들을 위한 선교 프로그램에 돌입했다. 그 대상의 첫째가 재일한국인이었다. 해방은 되었으나, 고국에 돌아가지 못하고 더구나 고국의 분단과 전쟁, 이로 인한 재일교포 사회의 분열 그리고 극심한 일본인들의 차별에 시달리는 재일한국인들의 상황은 이루 다 형언할 수 없는 고난 상황이었다. 우선 일본기독교단은 이들과 더불어 그들의 문제를 교회 안팎에서 함께 해결해 나가고자 하는 일에 발 벗고 나섰다. 그 과정에서 재일대한기독교회와도 깊은 협력 관계를 구축한 것은 물론이다. 그리고 당시 일본 사회의 또 다른 아킬레스건이었던 오키나와와 오키나와 인에 대한 문제에도 적극적으로 나섰다. 전쟁의 상처는 누구보다 깊게 경험한 그들이 당시로서는 아직 미군정 치하에서, 일본으로부터도 차별을 받는 처참한 상황이었다. 오키나와대책 프로그램은 당시 일본기독교단의 새로운 정체성 확립의 기회였고, 평화를 위한 여정이었다. 뿐만 아니라 일본 사회의 전통적인 차별계급이자, 인권유린의 한 항목인 브라크민(部落民) 문제에도 관심을 돌렸다. 별도의 거주 지역, 직업선택의 제한, 심각한 차별과 인권 침해 속에 있는 그들을 향해 교회가 손을 내민 것이다. 그리고 같은 맥락에서 일본의 원주민이자, 또한 차별받는 이들인 '아이누민'에 대한 대책도 함께 강구해 나갔다. 당시로서는 대표적인 피차별 소수자들과 함께 하고자 하는 일본기독교단의 실천 행보 자체가 그들의 참회 의지를 표현하는 진정성으로 나타난 것이다. 설교와 메시지를 통한 인식전환, 교회의 사회선교 프로그램을 통한 실제적 협력, 대 정부, 사회를 향한 투쟁까지 포함한 교회의 노력은 전쟁 이후 일본기독교의 변화를 단적으로 보여주는 일이었다.

일본기독교는 이 무렵부터 '평화운동'에 대한 더욱 구체적인 실천을 진행해 나갔다. 일본은 패전 후 안팎의 요구에 의해 이른바 '평화헌법', 즉 영원히 전쟁을 포기하는 국가로서의 이상적 헌법을 보유하게 되었다. 이는 그 자체만으로도 깊은 의의가 있으며, 오히려 미래의 이상적 평화국가로서 모범이 되는 헌법을 보유한 일이기도 하다. 그러나 일정한 시간이 지난 후 일본 내의 보수 세력, 과거로의 회귀를 꿈꾸는 구성원들은 지속으로 평화헌법의 개정을 요구하였다. 그들의 명분은 군대를 보유한 정상국가로의 회복이었으나, 실제로는 일본의 재군비와 맞닿아 있다. 여기에 대해 일본기독교는 적극적으로 헌법 조항 중 제9조, 즉 평화헌법으로서 영원히 전쟁을 포기하고, 군대를 보유하지 않는 헌법 조항을 지키는 운동을 지속적으로 전개해 왔다. 이 운동은 교파를 불문, 일본기독교계 전반의 대표적 평화운동으로 주목할 필요가 있으며, 이를 통한 일본기독교의 교회교육,

사회교육 그리고 기독교계 학교를 통한 학교교육 현장에서의 '평화교육'은 동아시아 대표적 평화교육의 장이 아닐 수 없다. 여러 교과, 교회에 설립되어있는 이른바 '9조회', 즉 헌법 9조를 지키기 위한 기독교 NGO, NPO 활동은 기독교가 평화를 실천하는 종교요, 그 이념의 보루라는 사실을 일깨워주는 활동이다.

X. 한국기독교 민주화, 통일 운동과 '도쿄'

해방 이후의 한국교회는 분단과 전쟁이라는 국가재난 상황뿐만 아니라 자체 분열의 혼미로도 심각한 위기를 경험했다. 그 과정에서 물론 국가사회에 대한 책임수행이나 지속적 성장의 동력을 보이기도 했으나, 역사적 과제에 대한 예언자적 역할에 아쉬움이 있었음은 사실이다.

특히 지나치게 반공 이데올로기에 경도되어, 기독교가 지닌 화해자로서의 치유, 혹은 정의실현의 사명 같은 부분에서 낮은 평가를 받지 않을 수 없는 길을 걸었다. 미 군정으로부터 시작하여 제1공화국 이승만 정권하에서는 기독교 우대의 사회적 분위기, 일부 특권의식까지 발동하여, 불의에 눈감았고, 자체의 안주와 부흥이라는 실과에만 눈이 멀었던 측면이 없지 않다. 하지만, 군사 쿠데타 이후 일부 교회의 각성이 있었고, 특히 박정희 정권의 삼선개헌, 유신헌법, 이후의 '신군부' 쿠데타로 민주주의와 인권이 현저히 유린되었을 때 진보적 기독교계를 중심으로 민주화 운동이 활발히 전개되었다. 한국기독교교회협의회(NCCK)를 중심으로 하는 에큐메니컬 계통의 교회는 기독교의 사회책임으로 민주화 운동, 나아가 남북통일운동으로 주안점을 두었다. 수많은 기독교 지도자와 교회들이 독재정권에 의해 수난을 입었다. 그러나 교회는 굴하지 않고, 이 운동의 선봉에 섰다. 이 무렵 사회운동에 있어 한국 프로테스탄트 교회와 가톨릭교회의 협력 또한 괄목할 만하다.

바로 이때 한일 간에 민주화 통일 운동에 대한 강력한 '팀 스피릿'(team spirit)이 전개되었다. 한일 기독교 간에 이루어진 최초이자 가장 바람직한 선한 목표의 협력 관계이다. 여기에 대해서는 최근 필자가 일본 아사히신문 인터넷판 저널인 '웹 론자'에 게재한 칼럼을 인용하여 이해를 더하고자 한다.

"재일교포 인권운동가이자 목사인 이인하(李仁夏)이다. 그는 오랫동안 도쿄와 가와사키(川崎)에서 목회했다. 특히 재일교포가, 일본인과 잘 어울려 살며, 나아가 다른 외국인이나 마이너리티들과 더

최근 도쿄에서 강연 중인, TK생 지명관(필자 소장 사진)

불어 사는 운동을 해왔다. 그뿐 아니라 한국의 민주화와 통일 운동에
도 크게 기여하였다. 그의 영향력은 아직도 재일교포, 한일 간에 큰
울림으로 남아있다.

한편 한일 간의 현대사에서, 가장 중요한 '팀 스프릿'(team spirit)
으로 한국인들의 군사독재정권에 대한 민주화 운동에, 일본의 동지
들이 적극적으로 협력한 일을 들 수 있다. 그 한 가운데 망명 교수
지명관(池明觀)이 있다. 민주화 운동 전력에 한국 귀국 후 신변이 위
험해질 수 있는 그를, 일본의 친구들은 도쿄에 머물게 했다. 그리고
무려 25년 이상 도쿄여자대학 교수로 가르치며, 자신의 일을 지속할
수 있는 기반을 마련해 주었다. 그는 이른바 '한국으로부터의 통신'
이라는 글을 잡지 「세계」에 비밀 필명 'T·K생'으로 연재하였다. 이는
한국의 자료를 받아 한국의 운동 상황과 그에 대한 인권탄압의 문제
등을 일본과 세계의 동지들과 여론에 전하는 내용이었다. 이는 그야
말로 한일 양국 동지들에게 있어 007작전을 방불(彷佛)하게 하는 일
이었다. 그 필자가 누구였는가의 비밀은 2003년 지명관 스스로가 밝
히기 전까지 아무도 알지 못하는, 천하의 의리 비밀이었다. 그들 한
일 동지간의 의리는 당시로서 악명이 높았던 한국의 중앙정보부
(KCIA)의 집요한 추적을 거뜬히 따돌릴 수 있었던 것이다. 이 때 함께
한일간 동지들의 힘을 모아 민주화와 인권, 통일 운동에 나선 이들로
오재식(吳在植), 김관석(金觀錫), 강문규(姜文奎) 등등 한국인의 이름
을 거론하지 않을 수 없다. 또한 이들의 친구이자 협력자로서 쇼지
츠도무(東海林勤), 모리헤이타(森平太, 본명 森岡巖) 등의 일본인을
떠올리지 않을 수 없다. 이들에게는 그들 한 사람, 한 사람이 모두
일본, 그 자체이자 또한 한국이었기 때문이다. 이 시대 도쿄에서 비

롯된 한일 협력의 지평을, 최근 지명관은 도쿄 메이지가쿠인대학의 강연에서, '도쿄는 가장 선한 기운이 잉태되고 발송된 아시아의 파리와 같았다'(2015년 6월 20일)라고까지 표현했다."9

그 이후도 한국의 민주화 운동과 통일 운동에서 일본기독교, 재일대한기독교의 역할을 창조적으로 지속되었다.

XI. 한국기독교와 시민혁명, 그 명과 암
  : '아시아 평화신학을 꿈꾸며'

한국은 새로운 시대를 맞이하고 있다. 무혈 촛불혁명에 의한 민주주의의 수호, 새로운 민주정권 수립이라는 괄목할만한 쾌거가 있었다. 그리고 이를 기반으로 수립된 새로운 정부는 특히 남북관계에 있어 획기적인 평화구축의 견인역할을 충실히 감당하고 있다.

해방 후 한국 한국현대사에서 전혀 경험해 보지 못한 상황을 맞이하는 것이다. 남북의 정상은 거듭 만나고 있으며, 군사적 긴장 관계도 상당 부분 해소되어 가고 있다. 만일 이것이 한반도의 비핵화와 평화협정, 나아가 통일기반까지 조성된다면 한반도를 둘러싼 새로운 평화시대는 도래할 것이 분명하다.

그러나 아직은 넘어서야 할 변수가 적지 않다. 무엇보다 남북 간의 문제뿐만 아니라, 한반도를 둘러싼 주변국과의 관계, 국가 간 이

---

9 필자, "도쿄는 아시아의 파리와 같았다", <아사히웹론자>, 2018. 12. 2, 徐正敏「東京はアジアのパリのようであった」- 玄海灘を渡った人々─「日韓はひとりの友からはじまる」.
  https://webronza.asahi.com/politics/articles/2018112600011.html 중.

분단의 경계를 넘어서는 남북 정상

익의 충돌 등을 남북의 지도자들이 지혜롭게 풀어나가지 않으면 안 될 것이다. 분명히 새로운 지평으로 나아간 것은 확실하지만, 앞으로의 경과가 더 중요한 역사의 길목에 서 있는 것이다.

그렇다면 현 상황에서 한국의 기독교는 어떤 위치에 있는가. 다수의 기독교가 남북의 화해와 평화무드에 동참하며, 그 실현을 위해 헌신하고 있는 반면, 또 다른 쪽의 한국기독교 세력은 극단적 반대, 과거 회귀적 태도를 고수하고 있다.

곧 새로운 평화의 기운이 또 다른 반목과 분열의 이유로 작용하는 것이다. 정치적으로 극보수, 수구 세력과 결탁된 한국기독교 보수층의 진로는 교회 내적인 문제뿐만 아니라 한국 사회 전체의 문제로 전개되고 있음이 분명하다. 이것을 어떤 형태로라도 극복하는 것이 한반도 평화신학의 가장 큰 과제로 대두되고 있다.

그리고 이를 해결하는 한 방법으로 한국교회 내부만의 토론이 아니라 적어도 '아시아 평화신학'의 지평에서 아시아 기독교의 에큐메

촛불혁명 전경

새로운 남북화해 시대를 반대하는 보수기독교와 수구세력의 집회

니컬, 나아가 세계교회와 연결된 토론의 장에서 공통적 합의를 도출하는 것이 중요하다. 그것을 기반으로 한반도의 새로운 평화시대에 걸맞은 아시아, 동아시아 평화신학을 구축하는 것이 우리들의 과제가 아닐 수 없다.

2부

평화교육

어린이와 함께하는 평화교육
— "샬롬 포레스트(숲)" *

이진원**

I. 들어가는 말

파커 파머(Parker J. Palmer)는 현대를 살아가는 생물학자들이 피비린내 나는 경쟁이라는 이미지를 버렸는지는 모르지만, 여전히 학교에서는 서로 싸우는 교육을 제공하고 있다고 하였다. 이는 가르침의 현장에서까지 발견되는 오늘날의 문제성에 대해서 잘 지적해주

---

* 이 글은 본인의 장로회신학대학교 대학원의 신학박사(기독교교육학) 학위 논문인 "파편화된 시대의 분단으로 인한 단절을 극복을 위한 기독교평화교육 모델 연구"(2018)에 기초하여 어린이 평화교육으로 요약 재구성한 글임을 밝힌다. 어린이 평화교육 과정은 성서적이고 신학적인 기독교교육 과정에 충실하게 삼위일체의 신학에 근거하여 1단계 공감의 숲, 2단계 포용의 숲, 3단계 참여의 숲으로 구성된 샬롬의 평화교육 체계로 운영되도록 하였으며 교육 명칭은 "샬롬 포레스트"로 명명하였다.
** 대한예수교장로회 총회교육자원부

고 있는 말이다.[1] 이러한 현대의 교육적 난제들 가운데에 시대적으로 한국 땅에서 오늘을 사는 우리에게 한 가지 급박하게 요구되는 것은 다가올 통일에 대한 교육적 사명과 과제이다. 따라서 본 글은 이러한 비평화적인 시대 속에서 이를 극복할 수 있도록 하는 교육적 과제와 요구를 전제로 하여 앞으로 통일시대를 살아가게 될 어린이들의 평화 마인드를 일구는 기독교평화교육을 제안하고자 한다. 함석헌은 "우리는 하나님 동산의 농부다. 우리는 선의 씨를 가꾸기 위해 끝없이 돋아나는 미운 풀과 싸워야 한다"[2]고 하였다. 평화라는 선의 씨를 가꾸고자 하는 기독교교육적인 노력을 통해 어린이들이 이 땅을 살아가는 그리스도인으로서의 평화정체성과 마인드를 소유하게 되는 실천적 교육을 함께 모색하여 보도록 하자. 요컨대 본 글은 오늘날 포스트모더니즘의 영향으로 인해 파편화된 시대 상황과 통일시대에 당면하게 되리라 예측되어지는 어려움들을 대비하는 어린이 평화교육을 제안한다. 이는 새로운 도전으로의 교육이며 미래를 준비하는 교육이다. 예수 그리스도를 따라 이 땅에 사는 기독교인의 정체성을 가지고 통일시대를 기대하며 평화를 지향하는 기독교교육적 통일 준비와 평화 배움의 교육모험을 시작해 보도록 하자.

---

1 Parker J. Palmer, *To Know A We Are Known: A Spirituality Of Education*, 이종태 역, 『가르침과 배움의 영성』(서울: 도서출판 IVP, 2014), 24.
2 함석헌, 『한국의 기독교는 무엇을 하려는가』(서울: 한길사, 2009) 일러두기 참고.

II. 어린이 평화교육의 필요성

포스트모던 시대의 파편화와 나쁜 세계화의 영향으로 오늘날의 어린이들은 비평화적인 사회의 구조와 문화에 직간접적으로 노출되어 있다. 이러한 시대적 상황 속에서 기독교평화교육에 대한 필요성은 점점 더 높아져 가고 많은 사람이 평화에 대해 갈망하게 되지만, 여전히 현실은 어렵기만 하다. 심지어 피로사회와 위험사회로 불리는 현대 사회에서 살아가는 현대인들에게는 파편화되고 개별화된 인간관계의 형성과 함께 무관심과 회피 현상까지 두드러지게 나타나고 있다. 당연하게 해야 할 일을 맞닥뜨릴 때, 고개를 돌려버리는 인간의 반사적인 행위이자 회피의 전형적인 형식이 바로 무관심이다.[3]

따라서 기독교평화교육은 먼저 이러한 크고 작은 비평화적인 어려움이 야기되고 양성될 수 있는 상황 속에서 무관심과 회피를 벗어나는 시대적 과제를 전제한다. 이는 평화 마인드의 초석을 놓는 교육인 기독교평화교육이 어린 시절부터 제공되어야 함을 의미한다. 즉, 기독교평화교육은 선택적인 교육이 아니라 이 시대를 살아가는 그리스도인 모두가 평화의 사명을 가지고 참여하는 기본교육이 되어야 한다는 것이다.

평화교육은 일상의 삶 가운데 폭력이나 비평화적인 것들을 극복하고 어릴 때부터 서 있는 자리에서부터, 나로부터의 평화를 확장하고 실천하는 그리스도인으로 자라가도록 하는 데 의미가 있다. 더불어 평화가 말만 반복될 때 진정한 평화가 아닌 겉치레 평화만 넘치게

---

3 손규태, "한국 개신교 평화윤리 서설," 한국기독교윤리학회 편,『폭력과 전쟁 그리고 평화』, 한국기독교윤리학 논총 제4집, 19.

된다고 지적한 기독교 평화학자 정주진의 말에 주의를 기울일 필요가 있다. 하여 본고는 실제로 어린이들과 함께 각 교회교육현장에서 실천할 수 있는 기독교 평화교육의 실천적 모델에 주목한다.

III. 어린이 평화교육의 이론적 기초

1. 기독교평화교육의 성서적 토대: '샬롬'으로의 평화

어린이와 함께하는 평화교육을 위해서는 먼저 평화에 대한 성서적인 개념을 분명하게 하는 것이 중요하다. 성서에서 평화를 의미하는 용어는 구약성서의 '샬롬'(שׁלום), 신약성서의 에이레네(εἰρήνη)이다.[4] 구약성서에 등장하는 '샬롬'으로서의 평화는 하나님께서 이 세상을 만드신 창조의 이야기로부터 시작된다.[5] 바로 이 창세로부터 시작된 태초의 모습에서 '샬롬'으로서의 평화를 발견할 수 있다. 또 신약성서에서 에이레네로의 평화의 뜻 안에도 구약성서에서 사용되는 '샬롬' 안에 담겨있는 포괄성이 담겨있다. 에이레네 역시 구약시대의 인사말로 사용되던 '샬롬'처럼 신약시대에 유대인들이 사용하던 고대 그리스어의 인사말이다. 이러한 점에서 신약성서에서 평화의 개념인 에이레네의 쓰임과 뜻이 구약성서에서 평화인 '샬롬'과 유사하게 쓰이거나 뜻에 있어서도 거의 비슷한 내용을 내포하고 있음

---

4 나채운, "공관복음서에 있어서의 평화개념," 대한예수교장로회교육부 편, 『성숙한 교회와 평화교육』(서울: 대한예수교장로회총회출판국, 1988), 54 참고.

5 김도일. "우리교회, 우리 마을 이야기: 지역사회 생태계 살림과 회복," 「교육교회」 제259권(2016), 13.

을 알 수 있다.6 또 구약성서에서의 '샬롬'과 신약성서에서의 에이레네 둘 다 그 의미에서 공통적으로 찾을 수 있는 것은 예수 그리스도가 평화의 의미 속에 내포되어 있다는 점이다. 요컨대, 평화의 개념과 의미의 초점이 예수 그리스도에 있다는 것이다. 따라서 어린이들과 함께하는 평화교육을 모색함에 있어 창조주 하나님의 사랑하심과 성육신하신 예수그리스도의 은혜와 항상 함께 하여주시는 성령님을 전제로 하는 실천적 교육을 살펴보려 한다.

2. 어린이 평화교육의 신학적 이해와 함의

시대적 과제를 성서적으로 그리고 신학적으로 바라보는 시각은 20세기 전반을 통해 공적신학 사상과 공적신학 운동으로 나타났다. 그리고 오늘날에 이르러서는 기독교교육학적으로도 공적 과제의 논의가 실천적으로 확장되었다. 따라서 어린이와 함께하는 평화교육도 오늘날의 시대적 분단으로 인한 단절과 비평화적인 환경을 극복하고자 하는 기독교평화교육의 저변에 흐르는 공적신앙과 공적신학 그리고 공적 과제로서의 기독교교육학의 관점을 적용한다. 공적 과제로서의 기독교평화교육의 신학적 기초를 놓기 위하여 공공신학을 주창한 라인홀드 니부어의 신학사상과 신학의 공적인 기능을 강조한 위르겐 몰트만의 신학 사상의 간략히 살펴보면 다음과 같다.

니부어는 낙관적인 평화주의에 대하여 비판하면서 현실적인 입장에서 교회가 해결해야 할 과제로서의 공공신학을 주창하였다. 그

---

6 나채운, "공관복음서에 있어서의 평화 개념," 대한예수교장로회교육부 편,『성숙한 교회와 평화교육』, 54-55 참고.

는 사회 현실에 대해 책임 있는 기독교의 관점과 해결책을 제시하고
자 노력하였다. 또 니부어는 인간 이해에 있어서도 성서적이고 현실
적인 관점을 모두를 적용하였다. 반면 몰트만은 하나님 나라의 지평
속에서 성서와의 끊임없는 대화와 소통 가운데 존재하는 하나님 나
라의 실천적 신학에 초점을 맞추었다. 몰트만은 이 시대를 살아가는
사람들이 현실적으로 겪는 고난에 성서적이면서도 실존적인 프락시
스로 참여하고 동시에 하나님 나라의 신학을 가지고 사회의 공적인
문제들을 해결하고자 노력할 것을 주장하였다.

3. 어린이 평화교육의 기독교교육적 통찰: 통전적 평화정체성
   에 대한 통찰

존 콜만(John Coleman)은 "두 가지 교육: 제자직과 시민직"(The
Two Pedagogies: Discipleship and Citizenship, 1989)에 대해 언급하면
서 시민직이 제자직과 함께 실천될 때 주는 유익에 대해서 이야기하
였다. 이는 기독교인의 정체성에 대한 통합적인 사고를 제공해 준다
는 점에서 의미가 있다.[7] 많은 이가 한쪽 눈으로만 살아가고 있다.
우리는 지성의 눈에 의존해서 실재에 대한 이미지를 형성한다. 그러
나 오늘날 점차 많은 이들이 다른 쪽 눈, 즉 지성의 눈은 보지 못하는
실재를 볼 수 있는 마음의 눈을 떠가고 있다. 한쪽 눈만으로 충분하
지 않다. 우리에게는 '온전한 시각'(whole-sight), 즉 '두 눈이 하나가
되어 바라보듯이' 지성과 마음이 하나가 되어 세계를 보는 시각이 필

---

7 김도일, "청년부 발달단계에 따른 새교육과정 지침", 『GPL 커리큘럼: BUILD UP』,
  (서울: 한국장로교출판사, 2014), 356 핵심요약.

요하다. 우리의 시각이 곧 우리의 존재를 형성한다. 우리가 온전하게 볼 수 있을 때에야 비로소 우리와 우리의 세계는 온전해질 수 있다.[8] 파머는 우리의 시각이 한쪽 눈만 가진 교육에 의해 형성되었고, 지금도 다른 쪽 눈을 뜨지 못하게 하는 조건 아래 있다면, 우리의 시각과 존재를 온전하게 만들어 주는 훈련이 절실히 필요하다고 하였다.[9] 기독교교육의 역사적인 흐름 속에서 살펴볼 때 시민직과 제자직에 대한 기독교교육의 무게 중심은 시대적 상황과 신학적 성향에 크게 영향을 받으며 어느 한쪽에 강조점을 두며 각각 다르게 나타났다. 오늘날 파편화되고 세계화된 시대의 부정적 영향 중 도드라진 것은 사사화 된 종교적 실천성을 들 수 있다. 이의 영향으로 기독교인의 정체성인 시민직과 제자직은 보다 더 분리되고 단절되고 있는 현실이다. 이런 때일수록 시대적인 과제를 수행할 수 있는 통전적인 융합 정체성을 확립시켜 주어야 한다.

IV. 기독교평화교육 모델: "샬롬 포레스트"

어린이와 함께하는 기독교평화교육의 모델명은 "샬롬 포레스트"이다. 기독교평화교육에 포레스트(숲)의 개념을 가져옴으로써 파커 파머가 말하는 공간의 형성처럼 하나님의 나라를 지향하는 기독교인들이 평화의 사명을 수행하는 평화교육의 공간을 상상하였다. 기

---

8 Parler J. Palmer/이종태 역, 『가르침과 배움의 영성』(*To know As We Are Known: Education As A Spiritual Journey*), (서울:IVP, 2014), 35.

9 Parler J. Palmer, 『가르침과 배움의 영성』(2014), 41.

독교평화교육 모델의 전체적인 틀거리 구성은 삼위일체적인 신학에서 찾아낸 기독교평화교육의 3가지 기본원리인 공감원리, 포용원리, 참여원리를 적용하여 샬롬 포레스트의 교육구조체계를 전개하였다. 각각의 공간을 창조하는 '샬롬 숲'교육 단계 안에서 운영되고 진행되는 교육방법으로는 제1단계에서 머리로 공감하기, 가슴으로 공감하기, 공감을 표현하기를 통한 공감의 평화 공간 창조와 제2단계에서 머리로 포용하기, 가슴으로 포용하기, 포용을 표현하기를 통한 포용의 샬롬 공간 창조 그리고 제3단계에서 머리로 참여하기, 가슴으로 참여하기, 참여를 표현하기를 통한 참여의 샬롬 공간을 창조하는 교육으로 운영된다. 나아가 핵심교육원리와 함께 "샬롬 포레스트"모델의 기독교평화교육과정으로서의 평화교육목적과 평화교육의 방법 그리고 평화교육의 영역을 소개하겠다.

1. "샬롬 포레스트" 모델의 평화교육 원리와 구조
   : 3가지 숲 교육 체계

통일을 준비하는 평화마인드를 가진 샬롬의 사람으로 자라가기 위한 기독교평화교육을 수행하기 위해서 평화교육의 핵심인 "샬롬 포레스트"의 3가지 단계로서의 평화교육체계는 숲이라는 공간 개념을 통해 역동적인 평화교육을 수행할 수 있도록 하는 교육공간을 창출한다. 즉, 샬롬 포레스트의 교육이 수행되는 평화교육 단계는 첫 번째 단계인 '제1 원리로서의 공감의 평화 공간 창조의 단계'와 두 번째 단계인 '제2 원리로서의 포용의 평화 공간 창조의 단계' 그리고 세 번째 단계인 '제3 원리로서의 참여의 평화 공간 창조의 단계'로 이뤄진다.

이렇게 공감과 포용과 참여의 평화공간을 창조하는 평화교육의 단계 운영에 있어서 파커 파머의 영혼의 마음가짐에 대한 제안은 공감의 공간을 창조하고, 포용의 공간을 창조하며, 참여의 공간을 창조하는 데 있어서 의미 있는 개념으로 작용하며, 평화교육의 원리를 실천하는 자세를 갖는데 좋은 제안으로 적용된다.[10] 또한 파머의 저작들을 살펴보면 이것이 단순한 마음가짐에 그치는 것이 아니라 온전한 삶의 형태와 삶을 변모시키는 가르침과 배움에 대한 것들로 표현되며 이는 실천적인 그리스도인의 공동체의 의미와 비폭력적인 사회변화에 대한 교육으로 전개된다.

파머는 이 사회 안에서 개인의 내면을 비판적으로 성찰하고 혼자 살아가는 이 시대를 대표하는 시조어로서의 욜로(YOLO)의 마음가짐이 아니라 공동체로 함께 더불어 살아가는 마음가짐을 제시하고 있다. 샬롬 포레스트에서 운영되는 이 세 가지의 교육원리 단계에서 창조되는 공간은 파머가 말한 대로 가르침이 존재하는 모든 자리로서의 공간으로서의 평화의 공간을 창조하는 것을 의미한다. 이 공간에서 폭력성을 극복하고 영혼을 살리는 공감과 포용과 참여의 평화교육이 이루어지며, 폭력성을 지양하고 공동체를 생존하게 하는 공감과 포용과 참여의 공동체 평화교육이 수행되는 것이다. 이러한 평화의 공간을 창조하는 기독교교육의 도전과 수행과 훈련은 오늘을 살아가는 우리가 이 세상을 만드신 창조주 하나님의 샬롬으로서의 평화로 나아가게 하며 또한, 성육신하셔서 우리와 함께 하시고 참 생

---

10 Parker J. Palmer/윤구상 역, 『온전한 삶으로의 여행』(*A Hidden Wholeness, The Journey Toward On Undivided Life*), (서울: 해토출판사, 2004), 247.

명을 주시고 삶 가운데 우리와 동행하시는 에이레네의 평화를 소망하게 한다.

1) 제1단계: 공감의 샬롬 숲 교육

공감의 평화공간을 창조하는 단계의 평화의 공간 창조단계이다. 이 단계는 샬롬 포레스트의 첫 번째 바퀴로서 폭력성을 기독교교육적인 측면에서 극복해야 할 공적인 과제로 인식하고 공감하며 평화를 향한 첫걸음을 내딛는 단계이다. 오현선은 기독교교육에 있어서 공감의 중요성을 나타내는 표현으로 하나님의 연민에 대해 응답의 고백을 하는 것이라고 하면서 그 중요한 기독교교육의 과제를 실천하는 길(journey)이 이 땅에서 영원한 이주민으로 살아가는 나의 정체성의 집(home)이라고 하였다. 즉, 기독교교육을 통하여 가르치는 일들을 행하면 할수록 기독교교육의 참 중요성을 절감하게 되고 하나님의 연민을 느끼는 공감의 마음을 갖게 된다는 것이요, 또한 그 공감하는 마음을 표현하는 응답으로서의 고백으로 기독교교육에 임하게 된다는 말이다. 나아가 우리를 향하신 하나님의 연민에 공감하게 될 때, 기독교교육을 통하여 응답하게 되고 그 응답으로서의 연대 행동인 기독교교육은 삶 그 자체이자 신앙고백이라고 하였다. 이러한 하나님의 마음을 공감하고 응답으로서의 삶으로 이웃을 사랑하는 마음들을 신앙고백적인 공감과 실천적인 삶으로 펼쳐가는 것이야말로 공감의 평화공간을 만들어가는 좋은 모델이 될 것이다.

이는 현시대를 살아가며 공적 과제를 수행하는 기독교인들에게 기독교교육에 있어서의 공감의 중요성을 다시금 생각하게 해준다.[11]

미국 고선대학에서 교육학을 가르치는 애슐리만(Kathryn Aeschliman)
은 평화를 위한 첫걸음은 각각의 개인이 하나님과 화평 하는 것이며
각 개인이 하나님 안에서 내적인 평화를 누리지 못하면서 타인들과
의 평화를 누리면서 상생(相生)하는 것을 꿈꿀 수는 없다고 하였다.
즉 하나님과 수직적(vertical) 관계가 사람들과의 수평적(horizontal)
관계에 선행하는 것이다.[12] 이 단계는 상대주의적인 것과 다원주의
적인 특징으로부터 발생하는 폭력성에 문제의식을 가지게 되고, 잘
못된 것을 깨닫게 되고, 잘못된 폭력성에 분노하고 아파할 줄 아는
공감평화의 감각이 되살아나는 공간이 창조되는 단계이다. 나아가
본질적이고 보편적인 삼위일체의 평화를 추구하는 진리의 발견으로
공감하게 되는 단계이기도 하다.

　이처럼 다름을 존중하고 받아들이는 진정한 공감을 위해서는 내
입장에서 생각하고, 느끼고, 이해하는 것을 넘어서서 하나님의 마음
으로 생각하고, 느끼고, 이해하는 것이 필요하다. 하나님의 마음으
로 생각하고, 느끼고, 이해하기 위해서는 이해하기에 앞서 먼저 스스
로의 입장에서 가지고 있는 이해의 틀을 말씀 앞에 내려놓는 것이
필요하다. 따라서 제1원리의 단계는 내가 이해하고 생각하고, 느끼
고, 이해하는 방식이 아닌 하나님의 마음자리에서 생각하고, 느끼고,
이해하는 교육가운데 머리로 공감하고 가슴으로 공감하며 또한 공
감한 내용을 동작으로 표현해보는 공감의 평화 공간을 창조하는 교
육이 수행된다.

---

11 오현선, "하나님의 연민과 인간의 연대: 지역공동체와 기독교여성교육", 「기독교
　교육논총 제47집」 (2016. 9. 30.), 214.

12 김도일, "평화교육의 과제와 프로그램 개발을 위한 연구", 고용수 외 6인, 『평화와
　기독교교육』, (서울: 장로회신학대학교 기독교교육연구원, 2007), 172.

2) 제2단계: 포용의 샬롬 숲 교육

두 번째는 포용의 평화 공간 창조의 단계이다. "인간"이라는 말에 담겨있는 의미는 그 안에 이미 "서로를 서로가 필요로 하는 상호 의존적인 존재"임을 가리킨다고 하였다.[13] 서로가 허용되고 서로의 마음의 담이 허물어지는 공간이 바로 포용의 공간이다. 넬슨은 용서를 배울 수 있는 유일한 길은 용서받는 것이라고 하고 이를 위해서는 용서가 기대되고 실천되는 공동체가 필요하다고 하였다.[14] 이처럼 상호 간의 관계의 계속적인 흐름 가운데에서 폭력을 극복하고 평화를 향하여 나아가기 위해서는 먼저 공감된 마음에 서로를 허용하고 서로의 사건에 관여하며 개방성을 가지고 대화와 소통의 장을 창조하는 것이 필요하다. 2단계의 포용의 단계에서는 폭력성에 대하여 의문을 제기하고 폭력이 일어나도록 방치된 사회적인 구조에 대해서도 변화를 위한 대화를 시도하도록 한다. 이처럼 포용을 위해서는 서로가 소통하는 상호소통이 중요하다.

소통의 대상이 사람이어도 되고 사건이어도 가능하다. 평화교육에 함께 참여한 사람들이어도 되고 지도하는 교사와 참여한 어린이 사이의 소통이어도 가능하다. 대화가 각자의 독백이 아닌 바른 공감과 관계 형성을 이루기 위해서는 타인을 진지하게 생각하는 것이 중요하다. 르우엘 엘 하우(Reuel L. Howe)는 대화는 우리들로 하여금 상호 간에 사랑의 관계 안에서 진리와 서로 직면하게 하기 때문에 대화

---

13 이규민 외 6인 공저,『기독교교육에 생기를 불어넣는 일곱 주제』(서울: 장신대기독교교육연구원, 2009), 125.
14 C. Ellis Nelson, Where Faith Begins, 박원호 역,『신앙교육의 터전』, 105.

의 기적을 기대할 수 있다고 하였다.[15] 이러한 대화를 통하여 자신만이 아닌 타인에게도 정직하게 대하고, 정직하게 말하며, 정직하게 응답하게 될 때, 각자는 상대방을 향해서 점차 움직여 나가게 되고 그를 포용하게 된다는 것이다.[16] 포용의 대화는 허용이고 사귐이며 하나님 안에서의 포용의 대화를 통해서 상호 간에 의견을 나누고 정화되어지는 것과 더불어 자신과 타인 그리고 하나님과의 재결합과 포용의 공간을 재창조하게 되는 것이다.

이러한 대화 이해를 샬롬 포레스트의 두 번째 바퀴인 제2의 원리 단계에 적용해 본다면 포용의 공간을 창조하는 원리에 담겨있는 정신은 기독교인들이 예수 그리스도 안에서 온전하게 성육신의 정신을 가지고 포용의 단계에 참여하는 것을 의미한다. 이를 통해서 성령의 열매로서 포용의 평화 공간이 창조되는 것이다.[17]

3) 제3단계: 참여의 샬롬 숲 교육

세 번째는 참여의 평화 공간 창조의 단계이다. 이는 참여 평화의 공간이 창조되어 참여적 변화가 일어나고 실재적인 평화로의 신앙적 결단으로 이어지는 생명력 있는 기독교평화를 실천하는 단계이다. 따라서 본 단계를 통하여 개인적인 측면에서는 폭력성을 극복하는 평화의 사람이 되도록 하는 결단을, 공동체적인 측면에서는 하나님의 나라를 지향하는 평화의 공동체를 이루는 사회적인 변혁을 이

---

15 Reuel L. Howe, 김관석 역, 『대화의 기적』(*The Miracle of Dialogue*) (서울:대한기독교교육협회, 1991), 119.

16 Reuel L. Howe, 『대화의 기적』(1991) 에서 핵심 참고.

17 Reuel L. Howe, 『대화의 기적』(1991), 119-120에서 핵심 참고.

끌어내는 것이 기독교평화교육으로의 사명이다. 그룹은 기독교종교교육의 목적에 있어서 개인의 영혼을 구하는 것에 그치는 것이 아니라 하나님의 나라에 궁극적인 목적이 있음을 피력하며 하나님의 주권 가운데 있고 예수 그리스도 가운데 있는 하나님의 나라로 인도하여 내는 것이라고 하였다.

2. "샬롬 포레스트" 어린이 평화교육 과정

1) 교육 목적: 평화마인드를 지닌 샬롬의 그리스도인으로 자라가게 한다.

기독교평화교육의 궁극적인 목적은 어린이가 하나님 나라의 실현에 참여할 수 있게 평화실천의 마인드와 능력을 키우는 일이다. 이러한 목적달성을 위해 평화교육은 단편적으로 평화에 대한 지적인 정보를 제공하는 것을 넘어서서 어린이가 실제로 평화를 만드는 (peace-making) 삶을 살아갈 수 있도록 평화의 공간을 경험하도록 하는 것이다. 이는 지식, 태도 그리고 기술의 습득을 통전적으로 매개하며, 지, 정, 의의 모든 영역들에서 상호 연결되도록 돕는 입체적인 학습을 의미한다.[18] 무어(M. E. Moore)는 자신의 저서 『심장으로 하는 신학과 교육』(Teaching From The Heart)에서 교육의 목적은 '사람이 자기 자신과 타인, 하나님과 세계 그리고 지구 위의 모든 것들과 건강한 관계 형성하는 것'이라고 말하였다.[19] 세상의 모든 것들과

---

18 B. Clauβen, "Zur Didaktik Der Friedenserziehung", Ch. Küpper, Friedenser-Ziehung, 146. 고용수 외 7인, 『평화와 기독교교육』, 145에서 재인용.

상호 연관을 가지면서 성장하고, 참여하고, 감사함으로써 하나님께 응답하도록 돕는 것을 교육의 목적으로 본 것이다. 이러한 관점에서 볼 때, 평화교육은 기독교교육 자체와 거의 동일하게 그 틀을 가진다고 할 수 있다. 그래서 평화교육은 단지 기독교교육의 한 영역이 되는 것이 아니며, 기독교교육은 그 자체로서 평화교육이어야 함을 확인할 수 있다.

따라서 기독교교육으로서의 "샬롬 포레스트" 평화교육의 목표는 다음과 같다. 첫 번째, 파편화된 시대의 비평화적인 문제들을 평화의 사명으로 극복하고자 하는 통전적 기독교인의 제자직과 시민직의 융합된 평화정체성을 먼저 형성하도록 한다. 두 번째, 기독교평화교육의 운영체계인 "'샬롬 포레스트" 3단계에 따라서 1단계 공감의 숲, 2단계 포용의 숲, 3단계 참여의 숲에서의 평화운영체계에 따라서 평화교육과정에 참여하고 교육되도록 하여 평화 마인드를 가지고 평화를 실천하는 그리스도인으로 세워지도록 한다. 세 번째, 분단된 나라의 고통에 응답하고 통일을 소망하는 평화의 사람이 되도록 평화교육이 필수적으로 교회공동체를 통하여 이루어지고, 일회성에 그치는 것이 아니라 영아, 유아, 유치, 아동전기, 아동 후기에 이르기까지 어린이들에게도 단계적이고 점진적으로 진행되어지도록 하여야 한다. 어린이뿐만 아니라 나아가 평생교육과정으로 샬롬 포레스트의 평화교육을 필수로 진행하는 것을 거시적인 기독교평화교육의 비전으로 제시한다.

---

19 M. E. Moore, Teaching From The Heart (New York: Trinity Press International, 1998), 2.

2) 교육 방법: 평화원리에 따른 숲 교육 "샬롬 포레스트"

어린이와 함께하는 기독교평화교육인 샬롬 포레스트의 교육은 지성과 감성과 행동이 어우러진 온전성을 이루는 교육이다. 온전성이란 지, 정, 의가 모두 통합될 때 형성되는 인성을 의미하며, 이성적인 부분과 감성적인 부분 그리고 행동의 부분이 온전하게 통합될 때에 형성되는 사람됨을 의미한다. 일반적인 평화교육의 측면에서 평화학습 모델을 제시한 선행연구 중 대표적인 사례로는 바트케(A. Battke)의 평화학습에 관한 모델을 들 수 있다.[20] 그는 평화학습의 모델을 다섯 단계로 제시하는데, 첫 번째 단계에서 어린이는 평화의 문제와 만나며 그것을 개인적이며 실존적인 차원으로 내면화하며 공감하고, 두 번째 단계에서 그것에 관한 비판적이며 분석적인 이해로 초대된다. 세 번째 단계에서는 어린이가 평화문제에 대해 해결 가능한 실천적인 전략과 계획을 숙고하며, 네 번째 단계에서는 그것에 대하여 실험적 실천의 과정을 걷게 된다. 그리고 마지막 다섯 번째 단계에서는 그것에 관한 평가와 비판을 통해서 다음 단계의 학습으로 나아갈 수 있게 만든다. 바트케의 일반적인 평화교육에 비추어서 "샬롬 포레스트"모델의 평화교육체제인 3가지 단계에 각각의 평화교육 방법을 적용시켜보는 것은 실제적인 기독교평화교육을 수행하는데 의미 있는 작업이 될 것이다.

제1단계 "공감의 평화 숲"은 바트케가 제시한 일반 평화학습법의

---

20 A. Battke, Kooperatiom Fur Den Frieden(Waldkirche: Waldkircher Verlagsgesellschagf, 1979, 34. 고용수 외 7인, 『평화와 기독교교육』, 145에서 재인용.

첫 번째에 해당하며 내면화와 공감의 단계이다. 그러나 바트케가 평화에 대한 공감으로만 학습자를 이끄는 데 반해서 기독교평화교육에서는 참여한 어린이에게 하나님의 말씀을 함께 제시함으로써 머리로의 인식과 가슴으로의 느낌과 행동으로의 표현을 통해 함께 공감하도록 한다. 즉, 샬롬 포레스트의 제1단계에 속한 공감의 특성은 평화에 대한 일반적인 마음으로부터의 공감만을 지칭하는 것이 아니라 하나님 나라의 백성으로서 하나님의 아파하시는 마음과 안타까워하시는 마음을 함께 공감하고 함께 아파하며 함께 안타까워하는 마음과 평화를 추구하는 하나님 나라를 지향하는 평화의 거룩한 공감의 마음을 말한다. 따라서 바트케의 공감이 평화적인 공감이라면 샬롬 포레스트의 공감은 말씀을 통해 하나님의 아픔에 대한 공감으로 시작되는 역설적인 공감이요, 거룩한 공감이라 하겠다. 즉, 인지적인 차원에서의 지적인 공감 공간 창조 활동에서 감정적인 차원의 가슴으로의 공감 공간 창조 활동 그리고 공감을 표현함으로써 행위적인 활동으로 공감의 공간을 창조하고 경험하는 공감의 교육방법을 적용하는 단계이다.

제2단계 "포용의 평화 숲"은 바트케의 평화학습법에서의 두 번째에 해당하는 비판적이고 분석적인 이해로의 초대에 해당하는 단계이다. 샬롬 포레스트의 교육 체계에서는 포용의 공간 창조를 위하여 머리로서의 비판적이고 분석적인 이해와 가슴으로서의 포용적인 이해 그리고 행동으로서의 개방적인 표현이 이루어지는 공간이다. 바트케의 이론이 평화학습을 위하여 비판적이고 분석적인 자리로 나아가는 데 그친다면 샬롬 포레스트의 제2단계에서는 성육신적인 포용으로서 마음에 낮아짐의 자리, 개방의 자리, 받아들임의 자리가 열려지는 단계이다. 즉 포용의 과정으로 성숙한 의미를 가진다 하겠다. 또한 포용의 마음을 행위로 표현할 수 있는 평화 공간을 창출하여 평화를 추구하고 하나님의 나라를 지향하는 평화정체성을 심어주는 평화 교육에 대한 갈망을 갖게 되는 단계이기도 하다.

제3단계 참여의 평화 숲은 바트케의 학습법에서의 3단계와 4단계에 해당하며 해결 가능한 전략과 실험적인 실천의 과정 모두를 포함한다. 즉, 참여의 평화 숲을 통하여서 실천적으로 폭력성을 극복하고 평화의 자리로 나아가기 위한 실제적인 전략과 계획을 수립한다. 이는 소극적으로는 기독교 평화의 자리를 경험하도록 평화 교육 역할극, 평화 선포, 기도문 작성 등에 참여하는 평화교육을 수행하거나 적극적으로 평화를 수행하기 위해 현실적인 참여의 자리로 나아가도록 교육하는 것을 의미한다.

기독교평화교육은 기독교교육의 한 부분이 아니라 그 자체로 가장 본질적인 기독교교육이고, 하나님의 나라를 구현하려는 기독교의 가장 중심적인 사명과 연계된 개념이다. 그러므로 평화교육은 일회적인 혹은 일시적인 교육이 아니라, 모든 기독교인이 평생동안에 동반해야 하며, 가정으로부터 시작해서 교회, 학교 그리고 사회에서 함께 실행되어야 하는 교육 여정이다.[21]

3) 기독교 평화교육의 영역

기독교평화교육의 장으로 샬롬의 네 가지 영역을 바라본다.[22] 첫

---

21 양금희, "통전적 기독교 평화교육 연구," 고용수 외 7인, 『평화와 기독교교육』, 155에서 핵심인용.

째, 자기 자신을 중심으로 한 샬롬 영역이다. 둘째, 다른 사람과의 관계를 중심으로 한 샬롬 영역이다. 셋째, 공동체를 통한 기독교평화교육의 영역으로 가정과 교회 등의 기독교 공동체에서의 영역과 더불어 기독교 공동체 밖에서의 샬롬 영역이다. 넷째, 생태계적인 기독교 평화교육 샬롬 영역이다. 각각의 평화교육의 영역들이 생명망의 교차점으로 평화의 교육을 이룰 때 통전적인 평화의 영역이 실천적으로 확장될 수 있다.23 요컨대 기독교평화교육은 자기 자신의 개인적 영역뿐만 아니라 다른 사람과의 관계 영역과 공동체 영역과 생태의 영역까지 모두 생명망으로 포함하는 교육이다.

이처럼 기독교평화교육의 영역을 나와 타인, 가정과 교회와 공동체 그리고 생태계의 영역까지 확장해가고자 할 때 몇 가지 유의할 것들이 있다. 첫째로, 샬롬 포레스트의 3가지 단계에 따른 공감의 평화 숲과 포용의 평화 숲 그리고 참여의 평화 숲 교육이 체계적으로 운영되도록 할 뿐만 아니라 각 단계마다 시대적인 과제로서의 평화교육을 인식 할 수 있도록 기독교인의 평화 마인드와 바른 그리스도인의 정체성 형성이 함께 수행되어야 한다는 점이다. 이처럼 그리스도인의 정체성 교육을 간과하지 않을 때 본질적인 부분에 대한 평화교육과 잠재적인 부분의 교육까지도 포괄적으로 고려한 평화마인드 교육이 이루어지는 것이다. 둘째로, 어린이들의 발달 단계에 따른 대상 이해의 차원에서 내용이 균형 있게 배열되고 체계화되어야 한다. 셋째로, 어른들의 돌봄 가운데 양육되는 어린이들을 대상으로 하는

---

22 기독교 커뮤니케이션 포럼 편, 『기독교 커뮤니케이션』, 132.참조.

23 양금희, "통전적 기독교 평화교육 연구", 고용수 외 7인, 『평화와 기독교교육』, 139-45 참조.

교육이므로 가정과 교회와 공동체의 유기적인 연계성이 단절되지 않도록 해야 한다.

V. 어린이와 함께하는 "샬롬 포레스트": 대상별 어린이 평화교육 설계

어린이와 함께하는 기독교평화교육을 위해서 평화교육모델인 샬롬 포레스트에 제임스 파울러(James Fowler)의 신앙발달 이론을 적용시켜서 어린이의 발달단계에 맞는 평화교육을 설계하였다. 파울러는 심리학적인 접근으로 신앙의 발달을 단계별로 분류하여 그 특성을 제시함으로서 신앙을 전달하고 교육하고 평화를 교육하는데 효과적인 틀과 통찰력을 제시해 주고 있기 때문이다. 또한 파울러는 피아제의 인지발달이론과 콜버그의 도덕발달이론 그리고 에릭슨의 사회심리 발달이론을 기초로 해서 신앙발달이론을 확립하였기에 샬롬 포레스트 교육과정에서는 파울러의 이론을 중심으로 하여 유치기와 아동기 어린이의 대상 이해를 적용하였다. 그러나 기독교평화교육이 파울러의 신앙발단단계 이론의 도움을 받아 연령이나 대상별로 단계적으로 교육구조적인 형태를 갖는다는 것이 평화교육의 연계성이 단절된 것을 의미하는 것은 아니라는 점에 주의하여야 한다. 본 장에서는 파울러의 어린이 대상 이해를 적용한 실천적 평화교육모델로서 유치기 어린이와 함께하는 평화교육은 "샬롬 포레스트 키즈", 아동기 어린이와 함께하는 평화교육은 "샬롬 포레스트 스카우트"로 소개하겠다.

1. 신앙 발달 단계에 따른 어린이 대상 이해

샬롬 포레스트의 평화교육은 일회적인 교육으로 그치는 것이 아니다. 전 생애에 누구나 모두에게 필요한 필수의 교육이다. 파울러는 신앙 성장이 전 생애를 통해 일어나며 발달할 수 있다고 보았다. 그는 신앙의 성장에 있어서 일평생을 통하여 일곱 번의 질적 변화를 겪으면서 단계적인 성장이 가능하다고 제안하면서 전 생애를 통해서 지속적으로 성장해 갈 수 있도록 뒷받침해주는 것을 목적으로 해야 한다고 하였다.[24] 즉, 파울러는 신앙이 성장해가면서 단계적인 특성이 있는 것을 연령에 따라서 신앙의 발달단계로 전개하였고 점진적인 변화를 신앙교육의 중요한 핵심으로 본 것이다.

파울러의 신앙발달단계를 살펴보면 0단계를 시작으로 하여 7개의 단계로 각각의 특징을 가지고 제시된다.[25] 0단계는 영아기의 미분화된 단계로 용기와 신뢰와 사랑과 희망의 씨앗들이 혼재되어서 돌봄에 의지하여 시작되는 미분화 되어있는 신앙단계이다. 1단계는 유치기에 해당하는 시기로 언어와 사고의 연합이 가능해지고 상징 사용이 가능해지지만 비논리적이고 자아중심적인 성향을 보이는 직관적이고 투사적 신앙의 단계이다. 아동전기에 해당하는 2단계는 귀납적이거나 연역적인 추리가 가능해지는 실험적인 성향을 갖는 시기로 상상력이 크게 발달하고 일시적이지만 신뢰할 만한 자기의 세계

---

24 박원호, 『신앙의 발달과 기독교교육』(서울: 장로회신학대학교 출판부, 1996), 201.
25 파울러의 신앙발달 단계는 0단계를 포함하여 총 7개의 단계이다. 0단계는 미분화된 신앙의 단계, 1단계는 직관적-투사적 신앙의 단계, 2단계는 신화적-문자적 신앙의 단계, 3단계는 종합적-관습적 신앙의 단계, 4단계는 개별적-성찰적 신앙의 단계, 5단계는 접속적 신앙의 단계, 6단계는 보편화된 신앙의 단계이다.

를 구성할 수 있게 되는 신화적이고 문자적인 신앙단계이다. 아동 후기에서 청소년기에 해당하는 3단계는 정서적이고 육체적인 생활 속의 혁명기로 표현되는 종합적이고 인습적인 신앙의 단계이다. 개인적인 경험을 중심으로 형성되던 신앙에서 점차 가족뿐만 아니라 또래들과 다양한 사회의 현실과 종교까지도 확대되는 시기로 보았다.

2. 유치기 어린이와 함께하는 평화교육: "샬롬 포레스트 키즈"26

1) 유치기 어린이의 발달적 이해에 따른 평화교육

유치기 어린이와 함께하는 평화교육에 대해서 살펴보자. 피아제 (J. Piaget)는 유치기를 인지 발달적 측면에서 "전조작기"(pre-operational Stage)로 분류하고 이 시기의 특징으로는 사물표현을 위한 상징 이용 능력의 발달과 논리성보다 느낌에 충실, 즉 육감에 충실하고 자기중심적이며 중심화 사고를 한다고 하였다. 또 언어와 상징적 표현이라는 새로운 도구들을 사용하는 시기이며 인지적으로는 일차적으로 관련된 성인들의 가시적 분위기, 행동, 이야기에 의하여 강력하고 항구적으로 영향받을 수 있는 환상으로 가득 찬 모방의 시기라고 하였다. 에릭슨(Erik Erikson)은 유치기 어린이 시기는 자신을 과도하게 조작할 준비가 되어있는 시기이며 점진적으로 도덕적 책임감을 발달시키는 시기라고 보았다. 또 이 시기는 정서가 강하게 나타나는

---

26 이진원, "유치부 발달단계에 따른 새교육과정 지침", 『GPL 커리큘럼: BUILD UP』, (서울: 한국장로교출판사, 2014), 235-252에서 유치기 어린이 대상연구에 대한 본인의 글을 핵심 요약 및 인용.

시기로서 강한 공포, 질투와 그로 인한 울음 및 떼를 쓰는 것이 특징이다. 이 시기는 정서가 보다 분화되고 또 정서의 표현 유형도 더욱 쉽게 알아볼 수 있다. 이 시기의 정서의 일반적 특징을 보면 먼저 정서 상태의 지속 시간이 짧다는 것이다. 또 정서 상태의 반응이 폭발적이다. 유치기 어린이들끼리 잘 놀다가 금방 싸움이 벌어지다가도 다시 금방 사이좋게 노는 데서 관찰이 되듯이 기분이 잘 바뀌며 정서의 표출 또한 매우 빠르고 짧지만 자주 나타난다고 할 수 있다.[27]

2) 유치기 어린이의 신앙적 특성에 따른 평화교육

이 시기는 직관적 투사적 신앙의 특징을 갖는다. 이 시기의 아동은 감각 경험을 의미 있는 대상들로 조직하기 위하여 언어와 상징적 표현이라는 새로운 도구들을 사용한다. 또 인지 발달의 관점에서 볼 때 아동의 사고는 유동적이며 주술적이다. 그것은 연역적이고 귀납적인 논리를 결여하고 있다. 따라서 이 단계는 일차적으로 관련된 성인들의 가시적 신앙의 실례들, 분위기, 행동, 이야기에 의하여 강력하고 항구적으로 영향받을 수 있는 환상으로 가득 찬 모방적인 단계이다. 이 단계에서 부상되는 힘은 상상력의 탄생이다. 경험의 세계를 이미지들로, 또한 아동의 직관적 이해와 감정을 실존의 궁극적 조건들과 연결시켜 주는 이야기들에 제시된 대로 통일하고 파악하는 능력이 탄생하는 것이다. 유치는 아직 환상과 사실을 구분하지 못하며 환상의 세계를 실제의 세계로 여기며 주로 자신의 감정을 사용하여 세상을 대한다. 따라서 아직 세상과 자신이 구분되지 않으며 다른 사

---

27 김경희, 『유치기 어린이 심리학』, 185~186.

람이나 대상이 자신과 분리된 실체가 아니라 자신의 일부로 생각한다. 아직 논리적이거나 이성적인 방식이 아닌 감정적이고도 도덕적인 범주들이 사용된다. 즉, 사랑, 미움, 두려움, 선함 악함 등의 감정들이 주로 선호된다. 특히 상상력의 사용은 가장 중요한 도구이며 이때 형성된 이미지들은 오랫동안 영향을 끼치게 된다. 반면 이 시기 유치들이 갖기 쉬운 위험은 유치의 상상력으로 인하여 공포와 파괴의 이미지에 사로잡힌다거나 더 나아가 금기들과 도덕적이고 교리적 기대들의 지나친 강요에 의하여 유치기 어린이의 상상을 고의적으로 또는 부지중에 악용할 수 있다는 점이다.

3) 유치기 "샬롬 포레스트" 키즈 교육 개요: 상상력을 통한 샬롬의 기초적 이미지 형성 교육

유치기 어린이와 함께하는 평화교육은 상상력을 통한 샬롬의 기초적 이미지 형성 교육으로 이를 통하여 평화의 사람으로 잘 양육되어지는 초석을 세우는 시기이다. 따라서 유치기 어린이의 시기에 양육되고 훈련받아야 할 기초적 평화교육을 바르게 가르치도록 힘쓰고, 샬롬의 사람으로 기본을 다지는 평화의 기초적 교육을 균형 있게 실시하는 것은 유치기 어린이 평화교육의 과제라 하겠다. 또한 유치기 어린이와 함께하는 샬롬 교육은 평화의 분위기와 신뢰를 바탕으로 구체적인 이미지를 형성하는 교육을 실시하는 것이 중요하다. 따라서 샬롬의 하나님, 사랑과 평화의 왕으로 오신 예수 그리스도, 하나님께서 기뻐하시는 거룩한 평화의 사명을 가진 교회, 하나님 사랑과 이웃사랑의 샬롬의 이야기가 담겨있는 하나님의 말씀인 성경, 하

나님께서 창조하신 자연과의 샬롬, 사람의 하나님이 만드신 세상과 하나님나라 자녀들, 소중한 나와 가족과 친구와 사람들 가운데의 사랑과 평화에 대한 중심 이야기를 통해 평화를 사랑하고 평화를 좋아하는 기본적인 이미지를 심어주는 샬롬 교육이 이루어지도록 힘써야 한다. 이를 위해서 유치기 어린이를 대상으로 하는 샬롬 교육은 평화의 분위기를 통한 오감 활용의 교육과 평화의 단어 활동을 통한 오감 활용의 상상력을 활용한 평화교육 방법을 각 단계별로 적용하여 진행할 수 있다.

4) 유치기 키즈 평화교육과정: 샬롬 포레스트 교육의 3단계 평화 숲 교육

어린 시절부터 평화의 분위기와 상상력을 통한 평화의 기초적 이미지를 건강하게 형성한 하나님의 사람으로서의 유치기 어린이 평화교육을 실시하는 것은 전 생애 어느 때보다도 전인적인 측면에서 평화의 사람으로 자라가기에 중요한 영향력으로 자리 잡게 되리라 여겨진다. 따라서 유치기 어린이들과 함께하는 샬롬 포레스트 키즈 교육은 상상력과 이미지라는 발달 단계적 특성을 교육 체계에 적용하여 평화를 사랑하는 사람의 샬롬 이미지 교육으로 제시하고자 한다. 유치기 신앙교육의 실천을 위한 평화교육의 핵심원리는 샬롬 포레스트 운영체계에 따라 제1단계 공감 제2단계 포용 제3단계 참여의 샬롬 숲 교육이 진행된다. 유치기의 특성에 따라 오감을 활용한 감각적인 교육과 창의적인 표현을 유도하는 상상력의 활동 위주의 교육방법으로 공감과 포용에 적합한 이야기를 듣거나 그림을 보는

교육 그리고 파워포인트와 비디오를 시청하는 일 등이 학습에 도움이 된다. 더 나아가 부모와 함께하는 연극 등의 재현과 인형극 등의 대리 재연 등은 더 큰 효과를 가져올 수 있다. 평화의 이야기가 담겨져 있는 스토리 카드를 활용한 풍성한 정보와 친밀한 관계성을 중심으로 한 평화교육방법들을 활용하여 각 단계별로 교육하게 된다.

1단계 공감교육인 상상력 활용을 통한 평화 공감교육은 독특한 신앙 특성을 지닌 유치기 어린이들과 신앙의 메시지 사이에 교량 역할의 틀거리를 제시한다. 2단계 포용교육에서는 신앙의 기초적 이미지를 풍성하게 형성하고, 신뢰하는 평화의 관계를 위해서 유치기 어린이 특징인 상상력을 통한 신앙교육을 활용하면 효과적인 교육을 수행할 수 있다. 3단계 참여교육에서는 다양한 오감 활동을 통해서 직, 간접적으로 성육신적인 실천으로서의 평화활동 참여 교육을 진행한다.

3. 아동기 어린이와 함께하는 평화교육: "샬롬 포레스트 스카우트"[28]

1) 아동기 어린이의 발달적 이해에 따른 평화교육

아동기 어린이와 함께하는 평화교육에 대해서 살펴보자. 피아제 (J. Piaget)는 아동기를 인지 발달적 측면에서 구체적 조작기(7세~11

---

28 이진원, "아동기 신앙교육: 자람교육", 『영적부흥으로 민족의 동반자 되게 하소서』(서울: 한국장로교출판사, 2019), 234-249에서 아동기 어린이 대상연구에 대한 본인의 글을 핵심 요약 및 인용.

세)에서 형식적 조작기(12세 이상)의 단계로 성장해가는 시기로 분류하였고 논리적인 사고와 가설적인 추론 능력과 추상적인 사고도 점점 확대되어 할 수 있게 되는 시기라고 하였다. 에릭슨(Erik Erikson)은 사회심리 발달적으로 아동기 어린이를 학령기로 분류하였다. 학자들의 연구를 중심으로 살펴보면 이 시기의 아동들의 대표적인 특징은 발달 속도가 무척 빠르다는 것이다. 무엇보다 신체적으로도 큰 변화가 나타나는 외모적인 특징과 소근육과 대근육이 고르게 발달하여 행동이 다소 민첩해지고, 손과 발의 미세근육을 사용하는 활동들도 잘할 수 있다. 또한 외견상의 신체 변화만큼이나 내면에서도 커다란 변화가 나타나는 시기이다. 따라서 신체적으로 유연하고, 호기심과 모험심까지 더해져서 활발한 신체활동에 대한 욕구가 강해지는 시기이며 정서적인 발달과 성격적인 발달에도 큰 변화를 이루는 시기이다. 어른들을 본받고 따라 하던 모습에서 점차 스스로 다양한 반응을 하게 되고 관계적인 측면에서도 또래 집단이 중요한 공동체로 등장하면서 가까운 어른인 부모나 교사들과의 관계에도 새로운 국면을 맞이하게 되는 시기다.

2) 아동기 어린이의 신앙적 특성에 따른 평화교육

아동기 어린이의 신앙적 특성을 살펴보면 아동전기는 초등 저학년에 해당하는 어린이를 지칭하는 시기로 가정에 기본 뿌리를 두고 있으면서도, 학교와 지역사회 등의 또 다른 넓은 세상 속으로 삶의 영역을 확대하는 때이다. 따라서 부모와의 관계에서만 머무는 것이 아니라 친구와의 관계로 사회적인 관계가 확대되는 시기이기도 하다. 교회교육에 있어서도 신앙 교육적 측면에 따라 가정의 범위 안에 머무는 것이 아니라 다양한 신앙공동체에 참여하게 됨으로써 그리스도인의 정체성에 대해 본격적으로 교육을 실시할 수 있는 시기이므로 교회나 가정에서의 정체성 형성을 위한 특별한 교육적 배려와 관심이 필요한 시기이다. 따라서 구체적인 신앙공동체 안에 소속되고 또한 그 일원으로서 갖게 되는 정체성을 본격적으로 형성하도록 하는 교육이 필요하다. 아동 후기는 초등 고학년에 해당하는 아동들을 대상으로 한다. 이 시기의 아동들은 아동기의 특징을 여전히 가지고 있으면서도 한편으로는 청소년기의 특징들을 나타내기도 한다. 근래에는 이 시기에 사춘기 때에 나타나는 2차 성징이나 변성기를 경험하는 아동들이 늘고 있다. 따라서 이 시기의 신앙교육은 과도적인 변화를 시작하는 시기임을 주목하고, 객관적인 신앙교육에서 고백적이고 인격적인 신앙교육의 방향으로 구성해 가야 한다.[29]

3) 아동기 "샬롬 포레스트" 스카우트 평화교육 개요

아동기 어린이를 대상으로 하는 평화교육은 예수그리스도의 제자로서의 평화 마인드와 시민으로서의 평화지킴이로 자라가는 지도자요, 스카우트 평화 정체성 교육으로 구성하였다. 아동기 교육에서는 무엇보다도 자신에 정체성을 찾아가는 그리스도인으로서 '나는 누구인가?'에 대한 물음과 '무엇을 하기 위해 이 세상에 살고 있으며 존재하고 있는가?'의 물음에 대한 답을 찾아가는 꿈 교육이 이루어

---

29 고원석, "아동부 발달단계에 따른 새교육 과정 지침", 『GPL 커리큘럼: BUILD UP』, (서울: 한국장로교출판사, 2014), 283-301에서 핵심 참고.

지는 시기이기 때문이다. 요컨대 아동기 어린이와 함께하는 평화교육은 예수 그리스도의 제자로서의 평화 마인드와 이 세상 시민으로의 평화를 지켜가는 지킴이의 꿈이 자라가도록 하는 평화교육이요, 평화 정체성을 형성하는 세움 교육의 시기이다. 아동기 어린이를 대상으로 하는 샬롬 포레스트의 기독교 평화교육은 자람과 세움에 초점을 둔 3단계 공감과 포용과 참여의 숲 교육 과정을 통하여서 평화 정체성을 바르게 세워가도록 교육하고 평화의 사람으로 자라가도록 교육해야 한다.

특별히 분단으로 나눠져 있는 나라에서 자라고 있는 어려운 현실 속에서 통일의 시대를 맞이하기 위해 준비하는 평화의 사람으로 아동기 어린이들이 자라갈 수 있도록 어린이 때에 맞는 요구와 신앙적 특성에 필요한 신앙 적기교육을 위한 통전적이고 전인격적인 다양한 교육방법들을 개발함으로써 믿음의 어린이들이 평화 마인드를 가지고 평화지킴이로 세워져 가는 질적인 성장이 이루어질 수 있도록 하는 교육이 이루어져야 한다. 이런 관점에서 아동기 어린이 평화교육은 거룩한 하나님 나라의 제자로서의 샬롬의 사람과 이 세상 가운데에 평화의 시민으로 살아가는 평화 지킴이로의 평화정체성을 형성하는 교육을 실시해야 하는 교육적기라 하겠다. 요컨대 아동기 어린이를 대상으로 하는 평화교육이 일생의 신앙여정 가운데에서 유치기 어린이나 청소년 시기와는 구별되는 질적인 고유성이 있다는 점에 유의하여 제자로서 그리고 시민으로서 평화 정체성을 형성하는 신앙 적기교육이 핵심적으로 이루어질 수 있도록 하는 것이 중요하다. 파울러도 신앙이 발달하는 단계마다 각각의 고유한 특성이 있기 때문에 그 시기에 알맞게 충실한 교육이 이루어져야 하고 이를 통해서 전 생애에 지속적으로 성장해 갈 수 있도록 뒷받침해주는 것을 그 목적으로 해야 한다고 하였다.[30]

이 땅에 살아가는 하나님 나라 평화의 사람으로 바르게 자라가도록 하기 위해서 아동 어린이 시기에 평화 정체성이 형성되는 교육 과정인 공감, 포용, 참여의 샬롬 숲을 통한 평화마인드 배움과 익힘의 핵심교육에 힘써야 한다. 평화를 전하는 지도자로 자라갈 수 있도록 그리스도인으로서의 정체성과 이 땅에서의 사명에 대한 평화의 사람으로서의 초석을 다지는 것이 아동기 어린이와 함께하는 평화교육의 과제이다. 따라서 아동기 어린이 평화교육은 거룩한 샬롬 소명자로서의 제자직(discipleship)과 통일 시대 평화 지킴이로의 사명자로서의 시민직(citizenship)이 단절되지 않고 균형 있고 조화롭게 하나로 융합(convergence, band)된 평화마인드를 지닌 샬롬 정체성으로 형성되도록 하는 교육을 실천하는 것이다.

4) 아동기 평화교육과정: 샬롬 포레스트 스카우트 평화교육의 3단계 교육방법

통일시대에 평화의 사명을 실천할 하나님의 사람으로서의 아동기 어린이 평화교육은 거룩한 샬롬 마인드를 가진 제자로서의 정체성과 평화의 사람으로 살아가는 시민으로의 정체성이 이루어지도록 하는 자람과 세움의 평화교육을 실시해야 한다. 따라서 아동기 어린이를 대상으로 하는 샬롬 포레스트 교육의 3단계 평화 숲 교육에서는 평화 정체성을 형성하는 신앙 적기교육으로서의 스카우트 교육

---

30 박원호, 『신앙의 발달과 기독교교육』(서울: 장로회신학대학교 출판부, 1996), 201.

을 제시하고자 한다. 아동기 신앙교육의 실천을 위한 평화교육의 핵심원리는 샬롬 포레스트 운영체계에 따라 제1단계 공감 제2단계 포용 제3단계 참여의 샬롬 숲 교육이 진행된다. 아동기의 특성에 따라 평화의 이야기가 담겨져 있는 스토리카드를 활용한 평화교육방법들을 활용하여 각 단계별로 교육하게 된다. 각 단계 안에서 운영되고 진행되는 교육방법으로는 제1단계에서 머리로 공감하기, 가슴으로 공감하기, 공감을 표현하기를 통한 공감 경험하기, 제2단계에서 머리로 포용하기, 가슴으로 포용하기, 포용을 표현하기를 통한 포용 체험하기, 제3단계에서 머리로 참여하기, 가슴으로 참여하기, 참여를 표현하기를 통해 참여 체험을 할 수 있도록 한다.

제1단계 공감 샬롬 숲 교육은 하나님 사랑의 공감 교육이다. 샬롬의 하나님의 마음을 주제로 제시되는 것을 통해 알게 되고, 깨닫고, 느끼는 성찰이 이루어지는 과정으로 하나님의 사랑을 알고 깨닫고 체험하며 예수님 닮은 어린이로 자라가고 평화의 사람으로 세워지는 교육이다. 특별히 우리를 향하신 하나님의 사랑과 샬롬의 평화에 대하여 하나님의 말씀을 통해 공감하고 예수 그리스도 속죄와 구원의 역사를 기도와 고백과 스토리로 공감하는 시간을 가지며 하나님의 마음에 공감하는 평화의 정체성을 가진 사람으로서의 샬롬의 응답과 샬롬의 고백을 체험하게 된다.

제2단계 포용 샬롬 숲 교육은 이웃사랑의 포용교육이다. 소통과 대화를 통하여 개방되고 하나님 사랑과 공감을 통해 가진 샬롬의 품으로 다른 사람을 수용하고 대화하고 포용하는 어린이로 자라가는 샬롬 교육이다. 포용의 대화라는 것은 단순한 소통을 의미하는 것보다 더 깊은 것으로 포용의 대화는 허용이고 사귐이다. 하나님 안에서의 포용의 대화를 통해 상호 간에 의견을 나누고 정화되는 것과 더불어 자신과 타인 그리고 하나님과의 재결합과 포용의 공간을 재창조하게 되는 것이다. 르우엘 하우는 이러한 속성을 가지고 있는 대화를 성령의 출현과 역사를 위한 조건이요 또한 관계라고 하였다. 성령은 사람들로 하여금 대화하도록 하고 또한 할 수 있도록 하며 이 대화에서 대화의 열매 즉 사랑과 기쁨과 화평과 인내 그리고 친절과 선한 행실과 충성과 온유 및 자기억제로 표현되는 성령의 열매가 나오게 된다고 하였다. 서로 서로가 허용되고 서로서로 마음의 담이 허물어지는 공간이 바로 포용의 공간이다. 무어(M. E. Moore)는 자신의 저서 『심장으로 하는 신학과 교육』(*Teaching From The Heart*)에서 교육의 목적은 '사람이 자기 자신과 타인, 하나님과 세계 그리고 지구 위의 모든 것들과 건강한 관계 형성하는 것'이라고 말하였다.[31] 세상의 모든 것들과 상호 연관을 가지면서 성장하고, 참여하고, 감사함으로써 하나님 안에서 포용하고 소통하는 것은 중요한 평화 교육의 원리이다.

제3원리 참여 샬롬 숲 교육은 평화를 위하여 희생하고, 평화를 희망하며 약속하는 참여 교육이다. 하나님 사랑의 공감과 이웃사랑의 포용이 평화의 사람으로 자라가고 세워져 가는 성육신적인 실천의 교육이다. 참여적 변화가 일어나고 실재적인 신앙적 결단으로 이어지는 생명력 있는 평화교육을 실천하는 것이다.

---

31 M. E. Moore, *Teaching From The Heart* (New York: Trinity Press International, 1998), 2.

〈유치기와 아동기 어린이와 함께하는 평화교육 모델〉

샬롬 포레스트 스카우트	1단계 공감의 샬롬 숲	2단계 포용의 샬롬 숲	3단계 참여의 샬롬 숲
유치기 샬롬 교육 개요	상상력 활용을 통한 평화 공감교육	신앙의 기초적 이미지와 신뢰를 형성하는 따뜻한 가슴으로의 포용교육	다양한 오감활동을 통해서 직간접적으로 평화활동 참여 교육
아동기 샬롬 교육 개요	그리스도인으로서 평화의 정체성을 형성하는 공감교육의 공간이다. 하나님의 마음을 느끼고 고백하며 평화마인드를 갖게 되는 샬롬 정체성 교육이다.	이 땅 가운데 살아가는 시민으로서의 평화정체성을 형성하는 포용교육은 "이웃 사랑"의 교육이다. 대화와 소통과 역할이해를 통해 상호작용이 있는 관계 샬롬 교육이다.	평화를 위한 실천적 활동들을 찾아보고 평화의 삶을 위한 규칙 및 평화의 활동에 참여하는 교육이다.
평화교육 방법	토마스 그룹의 머리-가슴-동작으로 배우고 표현하는 통전적 교육 방법을 적용한 인지적인 교육- 정서적인 교육- 행동적인 평화교육으로 샬롬 교육의 3가지 핵심 원리중심으로 공감과 포용과 참여의 단계로 운영한다.		
어린이 신앙교육 방법	1. 머리로 공감하기 2. 가슴으로 공감 느끼기 3. 동작으로 공감 표현하기	1. 머리로 포용 인식하기 2. 가슴으로 포용 느끼기 3. 동작으로 포용 표현하기	1. 머리로 평화 참여 활동 생각하고 인식하기 2. 가슴으로 평화 결단하기 3. 행동으로 평화 실천하기

IV. 나가는 말

오늘날 지구촌 곳곳에는 수많은 사람이 평화를 빼앗긴 채 고통 가운데 살아가고 있다. 평화를 빼앗긴 사람들은 저마다 자신의 의지와는 상관없이 비평화적인 상황과 고통스러운 환경 속에서 시달리며 살아가곤 한다. 그들에게 평화를 되찾아주기 위하여 힘쓰고 있는 사람들도 많이 있지만 파편화된 시대에 점점 더 심각해져 가는 갈등과 단절과 다양한 폭력과 평화를 깨뜨리는 일들로부터 평화를 되찾기 위해 애쓰는 노력은 더할 나위 없이 부족한 상황이다.32

이러한 상황 속에서 기독교평화교육에 대한 필요성은 점점 더 높아가고 많은 사람이 평화에 대해 갈망하지만, 기독교 평화를 실천하는 것에는 여전히 어려움이 있다. 또 평화교육이 부분적으로 특정한 상황과 특정한 사람들에 국한해서 진행되고 있는 것이 현실이다. 어린이와 함께하는 기독교 평화교육은 이 시대를 살아가고 있는 기독교인 모두가 반드시 동참해야 할 공적 사명이 있음을 인식하고 어린 시절부터 기독교 평화교육을 통해 평화의 사람으로 자라가고 세워져 갈 수 있도록 연구하는 보편적이고 필수적인 교육이다. 또 우리나라의 특수한 분단 상황에서 겪게 되는 단절과 비평화의 슬픈 현실 가운데 미래 통일시대를 향해 나아가는 어린이가 먼저 평화의 사람으로 준비되고 평화 정체성을 가진 그리스도인으로 자라가도록 교육하는 것은 더욱 큰 의미를 갖는다.

본 글은 분단된 시대를 살아가면서 점점 더 강화되어 가고 있는 시대적 문제인 단절에 대해서 문제의식을 가지고 '우리는 이렇게 분단의 현실 속에서 평화통일을 준비하는 그리스도인으로서 평화의 교육을 어떻게 실천해야 하는가'라는 문제를 제기하고 어린이와 함께하는 실천적이고 통전적인 기독교 평화교육의 모형인 "샬롬 포레스트"의 평화 숲 교육을 제안함으로서 통일 시대를 이끌어갈 평화의

---

32 정주진,『세상의 평화 나의 평화』, (서울: 대한기독교서회. 2012), 18-19.

사람으로 자라가도록 어린이들을 세워가고자 하는 평화의 노력과 우리의 서 있는 자리에서부터 하나님의 나라의 샬롬을 지향하는 제자이자 시민으로서의 그리스도인으로 평화 마인드를 장착하고, 적극적인 평화를 실천에 참여하는 교육을 실천적으로 모색하였다.

"샬롬 포레스트"의 평화 숲 교육은 성육신하신 예수 그리스도의 평화 사역에 공감과 포용과 참여의 샬롬 숲 핵심단계교육으로 교육에 함께한 어린이들이 평화의 사람으로 양육되고 교육되는 기독교 평화교육이다. "샬롬 포레스트"의 실천적인 평화교육방법은 지식 전달 위주의 기독교교육의 모습을 탈피하여 공공신학적인 과제의 한 복판에 뛰어 들어가 함께 애통해하고 함께 춤을 출 줄 아는 살아있고, 통전적이고, 지속 가능한 평화교육의 실천적 가능성을 제시하고 있다. 본 글에서 제시된 어린이와 함께하는 기독교평화교육의 "샬롬 포레스트" 평화교육의 실천적 방법과 예시 외에도 실시하고자 하는 공간과 대상과 상황에 따라 다양한 측면을 고려하고 적용하여 현장에 적합한 기독교평화교육의 적합한 커리큘럼 및 공과 교재를 효율적으로 확장하여 수행되도록 가능성을 열어두었다.

마지막으로 분단된 나라에서의 단절을 극복하고 통일 시대를 향해 평화의 사람으로 세워져 가기 위해서 어린 시절부터 장년과 노년에 이르기까지 한국의 기독교교육 전반에 걸쳐서 평화교육을 위한 평화의 사람 세우고자 하는 샬롬 포레스트의 실천들이 이루어지고 확장되기를 기대해본다.

청소년과 함께하는 예술적 평화교육
— 평화감수성 형성*

조은하**

I. 들어가는 말

미국의 교육운동가이자 사회운동가인 '파커 J. 파머'는 그의 저서 *The Courage to Teach*에서 현대인들의 문화의 특성중 하나를 "단절된 삶"이라고 설명한다. 사람들이 단절의 구조 속에서 살게 되는 이유는 바로 그런 구조가 인간의 내면 깊숙이 자리 잡은 공포로부터 보호해 주기 때문이다. 내면에 자리 잡은 공포는 첫째 "타자와의 만남"에 관한 공포이다. 타자와의 만남에서 자신이 싫어하는 이야기와 내용을 수용해야 하는 상황을 두려워하며 사람들은 자신의 생각을 관철시킬 수 있는 관계를 원하고 그 결과를 자신의 마음대로 통제하기를

---

* 이 글은 「신학과 현장」 제28집(2018)에 게재된 논문을 수정 및 보완한 것임.
** 목원대학교 기독교교육학 교수

청소년과 함께하는 예술적 평화교육 _ 조은하 | 127

원한다. 둘째, "다양성"을 두려워하는 공포이다. 다양한 삶의 현상 속에서 사는 것 같지만 실은 내면에 자신의 관점, 경험, 방법은 유일한 것이 아니라는 것을 인정하기 두려워한다. 셋째, "정체성 상실"의 공포이다. 많은 사람이 자신의 생각이 곧 자신의 정체성이라고 생각하고 만남을 통하여 자신의 생각이 도전받는 것을 자신의 정체성을 상실하는 것과 같은 위기로 느낀다. 이러한 이유로 인하여 만남은 경쟁적 만남, 피상적 만남의 성격을 갖게 되고 사람들은 "단절의 구조" 속에서 살아가게 된다. 이러한 단절의 구조는 서로 다른 가치와 사상을 가지는 타인에 대하여 적개심을 갖게 되고 서로 의견이 갈등을 일으킬 경우는 폭력적인 모습으로 대하게 되는 것이 오늘의 현실이다. 이것은 미시적으로는 개인과 개인과의 문제이며 좀 더 넓게는 학교와 직장, 사회에서 벌어지는 가치관과 이념, 세대와 세대, 지역과 지역에서 벌어지는 가치 충돌의 문제로 확대되며 국제적인 차원에서는 인종과 이데올로기 및 경제적 사회적 이익의 충돌이 있을 경우 협상과 대화보다는 충돌과 전쟁으로 바로 치닫는 경우들을 현실에서 볼 수 있다.[1]

특별히 우리 한반도의 상황이 평화의 분위기가 무르익는 상황에서 청소년들이 통일을 대비하고 앞으로 통일한국의 주역이 되기 위하여 소통과 공감, 설득과 양보, 용서와 이해 등과 같은 평화감수성을 갖도록 하는 것이며 교육현장에서는 그러한 평화감수성 함양을 위한 교육을 해야 한다. 따라서 본 논문에서는 이러한 평화감수성 함양을 위한 교육을 위하여 다음과 같은 질문을 살펴보도록 하겠다.

---

1 파커 J. 파머, 이종인 역, 『가르칠 수 있는 용기』(서울: 한문화, 2000), 69-113.

1) 청소년들이 당면한 비평화적 상황은 어떠한가?
2) 청소년들에게 평화감수성교육은 왜 중요한가?
3) 평화감수성 교육의 구체적인 프로그램을 어떻게 설계할 수 있는가?

II. 청소년들의 비평화적 상황과 평화감수성 필요성

대한민국 청소년들의 삶의 자리가 위험하다. 최근 연이어 보도되고 있는 청소년 폭력의 형태는 상식을 넘어서서 우리 사회 청소년교육에 새로운 접근과 형태가 필요하다는 것을 보여주고 있다. 2017년 부산에서 발생한 여중생 폭력사건은 가해자와 피해자, 동조자와 방관자라는 폭력 상황이 그대로 반영되어있는 것을 볼 수 있다. 머리가 깨져서 봉합 수술이 필요하고 수혈이 필요할 정도로 피를 흘리고 있는 친구를 보면서도 그 누구도 말리거나 그 상황을 중지시키고자 하지 않았다. 동조하거나 방관하였고 피해자는 어떠한 도움도 받지못한 채 그렇게 폭력에 노출되고 있었다. 이뿐만 아니라 여중생 한 명을 가두고 집단 폭행한 고등학생들, 집단 성폭행 사건들이 모두 청소년사회에서 일어나고 있는 상황이다.[2]

즉, 저항할 수 없는 한 명을 두고 집단으로 이러한 행동을 한다는 유사성을 보면서 청소년들이 그 상황에 대한 부당함 인식, 폭력에 저항할 수 있는 담대함 그리고 "아니다"라고 그 집단에서 나올 수 있는

---

2 http://news.khan.co.kr/kh_news/khan_art_view.html?artid=201806201639011
&code=940202. 2018년 9월 30일 검색.

실천적 용기를 낼 수 없었다는 것이다. 이러한 상황들이 발생하고 또한 여러 가지 대책과 처벌이 있음에도 불구하고 이러한 현상들이 반복되는 것은 어떠한 이유 때문인가? 이러한 폭력에 대하여 저항할 수 있는 도덕적, 인권적 감수성, 함께 살아가는 공동체 연습을 우리 청소년들은 배우지 못한 것인가? 하는 질문을 던져야 한다.3

또 청소년들의 이러한 일상 속에서의 폭력이 미시적인 차원의 비평화적인 측면이라면 우리의 오늘날 역사적 정황 속에서 분단과 휴전의 상황에 대한 우리 청소년들의 인식도 살펴볼 필요가 있다. 한국청소년정책연구원의 조사에 따르면 통일 필요성을 '매우 필요하다'고 인식하는 청소년이 2008년에는 42.8%에서 2010년 23.3%로 급감하였다. 이러한 원인은 우리 청소년들이 경쟁위주의 입시교육의 영향으로 '남과 더불어 사는 능력이 매우 취약한 것으로 나타나고 있으며 교육현장에서 입시위주의 역량강화에 힘쓰다 보니 통일교육의 시수도 제대로 채우고 있지 못하고 있는 현실적인 문제점 때문이다.4

이러한 젊은 층의 통일인식은 2018년 보고서에서 더 심화되는 것으로 나타났다. 20대는 안보 이슈에서 고령층(60세 이상)보다 더 보수적 입장이었다. 2017년 조사에서 20대는 북한을 실질적인 위협세력이라 하였고 대북 경제지원에도 강경한 입장이었다. 이러한 인식은 전통적인 안보 보수층인 60세 이상의 대북 인식과 유사한 것이다. 그러나 20대와 60대의 대북 통일인식에서 있어서 결정적인 차이는 60세 이상이 북한을 우리의 민족으로 본 반면 20대는 북한을 타

3 M. 스캇 펙/김민예숙 · 김예자 역, 『스캇펙 박사의 평화 만들기』 (서울: 열음사, 2006), 169-170.
4 서정배, 『젊은 세대 통일인식 개선 시급』 (서울: 통일부, 2011).

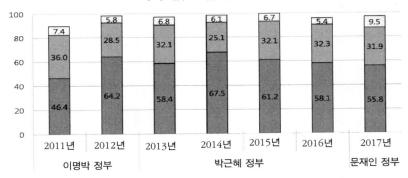

[그림 1] 2017년 한국인의 대북 인식 (단위 %) 우호: 적대

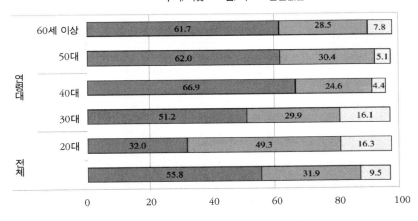

[그림 2] 2017년 연령대별 대북인식(단위 %)

인 또는 적으로 간주한다는 점이다. 20대는 통일에 대한 관심도 적
었으며 통일의 효과를 60대 이상은 민족동질성 회복으로 보았다면
20대는 전쟁의 위협에서 벗어나는 것을 기대했다. 이러한 인식을 기
반으로 하여 20대를 포함한 청소년들의 평화교육 계획을 설계하는

것이 필요하다.5그림 2에서 보는 바와 같이 20대가 북한을 적으로 간주하는 의식이 가장 강했으며 40대가 북한에 대하여 가장 우호적이다. 특히 20대 중에서도 여성(32%)보다 남성(68%)이 더 북한에 대한 적대심이 강했다. 국방의 의무를 져야 하는 20대 남성에게 북한의 핵, 미사일 등의 문제는 실질적인 위협이 되었을 것이다. 또 젊은 김정은 위원장이 절대 권력을 행사하는 모습에 대한 거부감도 북한에 대한 적대감의 한 요소가 된 것으로 분석할 수 있다.6

	2011 년	2012 년	2013 년	2014 년	2015 년	2016 년	2017 년
전체	**30.0**	16.1	18.5	17.4	**14.5**	16.5	17.8
20 대	**35.6**	**22.9**	**27.6**	**28.2**	**23.6**	**25.9**	**23.0**
30 대	33.4	18.2	24.2	24.2	19.3	24.5	**31.3**
40 대	22.8	16.0	12.8	18.3	14.0	13.6	10.1
50 대	27.8	12.8	14.7	10.1	11.1	11.0	12.7
60 세 이상	**31.4**	11.1	14.6	8.3	7.3	10.5	14.9

〈표 1〉 연령대별 통일에 대한 무관심 (단위 %)

위의 〈표 1〉에서 보는 바와 같이 20대가 2016년까지 통일에 대하여 가장 무관심한 연령대였다가 2017년은 30대가 가장 무관심한 것으로 조사되었다. 20대는 북한을 실질적인 위협세력으로 느끼며 대북 경제지원 같은 부분에서도 강경한 입장을 보였고 통일의 필요성에 대하여도 전통적인 안보 보수층인 60대보다도 낮은 비율을 보이고 있다. 즉, 20대는 통일에 대한 인식이 2010년 조사 때 보는 양상보다도 더 보수화되고 무관심이 심화되어 있는 것으로 볼 수 있다.

하버드대학의 허버트 켈먼(Herbert Kelman) 교수는 분쟁국이 협

---

5 김지윤 외,『젊은 층의 대북-통일 인식』(서울: 아산정책연구원, 2018), 2.
6 김지윤 외,『젊은 층의 대북-통일 인식』(2018), 3-6.

상과 대화의 상황으로 접어들 때 필연적으로 실존적 갈등을 경험하게 되며 이것은 희구지심으로 표현된다고 한다. 이스라엘과 팔레스타인의 평화 협상을 연구한 켈먼 교수에 따르면 평화를 위한 대화나 협상 시 접근적 태도와 회피적 태도가 동시에 나타나는데 접근적 태도는 긍정적이고 희망으로 상황을 인식하며 대화와 협상을 지지한다. 그러나 회피적 태도를 지닌 사람은 적대감을 가지고 대화를 할 경우 상대의 속임수와 책략으로 말려든다 생각하고 결과적으로 대화와 협상을 자기 파괴적인 행위이며 손해를 보게 되는 어리석은 정책이며 과정이라고 생각한다.7

　통일과 비핵화과정 어느 것이 더 우선적이라고 생각하십니까?
　저는 평화가 우선이라고 생각합니다.

　한미대화를 위한 방미 중 기자에게 받은 질문에 대한 문재인 대통령의 대답이다. 바로 통일의 거시적 차원에서도 평화를 우선으로 해야 한다는 것은 명료한 절차이며 그렇기에 20대를 대상으로 하는 통일교육은 적개심을 없애고 상생하고 협력해 갈 수 있는 평화감수성 교육에서부터 출발해야 한다.
　그렇다면 평화감수성이란 무엇인가? 평화감수성은 평화롭지 못한 상황을 인식하고 그것의 부당함을 비판적으로 성찰하며 비평화의 상황을 평화적인 상황으로 만들어가고자 하는 실천적 의지라고 할 수 있다.8 즉 우리의 일상 속에서 평화와 관련된 문제들을 알아차

---

7 박주화, 『평창 동계올림픽 이후 평화 공감대 형성을 위한 과제』(서울: 통일연구원, 2018), 2.

리고 고리를 끊어낼 수 있는 방안을 생각할 수 있는 능력을 의미하는 것이다. 이러한 평화감수성은 평화와 관련된 다양한 상황에 대하여 인식할 수 있는 민감성 그리고 그것을 해석할 수 있는 비판적인 성찰의 능력 그리고 평화를 실천하기 위하여 노력하고 행동할 수 있는 실천력이다.

III. 평화감수성 형성을 위한 예술적 평화교육

1. 비폭력 대화 훈련을 통한 평화감수성 교육

비폭력대화는 삶의 언어, 연민의 대화라고도 하며 우리의 일상적 언어가 다른 사람들을 좀 더 깊이 이해하고 유대관계를 맺을 수 있으며 자기 자신이 폭력적인 상태에서 벗어나서 연민과 평안함의 상태를 유지할 수 있는 대화 방법이다. 비폭력 대화는 마셜 로젠버그에 의하여 창시되었는데 그는 "인간이란 서로의 삶에 기여함으로써 기쁨과 행복을 느끼는 존재"라고 믿으며 오늘날 현실의 폭력 속에서도 인간성을 잃지 않고 연민을 유지하는 방법은 무엇인가에 대하여 고민하게 된다.

이러한 두 가지를 연구하면서 로젠버그는 우리의 일상 속에서 대화할 때 쓰는 언어와 대화 방법이 자신의 정체성을 형성하고 인간관계의 평화를 유지할 수 있는 것으로 보며 평화적인 대화법으로 비폭력 대화를 제시한다. 비폭력 대화는 ① 사람들은 진정성 있는 관계를

---

8 한나 아렌트, 김정한 역, 『폭력의 세기』(서울: 이후, 1999), 101.

원한다. ② 모든 사람의 욕구는 같다. ③ 세상에는 사람들의 기본적인 욕구를 충족하기에 충분한 자원이 있다. ④ 우리의 행동은 욕구를 충족하기 위한 것이다. ⑤ 우리의 감정은 욕구가 충족되거나 그렇지 않음을 알려주는 것이다. ⑥ 모든 사람은 사랑과 연민의 능력이 있다. ⑦ 우리의 삶은 우리의 선택 안에 있다. ⑧ 우리는 상호의존적 존재이다.

이러한 기본적인 전제에서 출발하여 다음과 같은 대화의 기본적인 위에 네 가지 요소에 유의하여 대화한다.

(1) 관찰: 상황을 있는 그대로 본다.
(2) 느낌: 그 상황에서 자신의 느낌을 있는 그대로 감지한다.
(3) 욕구: 느낌에 깔려 있는 자신의 욕구를 발견한다.
(4) 부탁: 상대가 기쁜 마음으로 들을 수 있도록 부탁을 한다.

이러한 비폭력 대화를 중심으로 한 평화감수성 프로그램을 위하여 좋은 교사운동에서는 경험적이며 참여적인 교육 프로그램을 제안하였는데 실제적이며 구체적이다.9

그 프로그램 두 가지를 이곳에서 소개한다.10 이 프로그램은 학교에서나 교회, 수련회와 같은 모임, 혹은 다양한 소그룹집단에서 사용할 수 있다. 그러나 단회적으로 끝나기보다는 4회~10회에 이르는

9 박숙영, 『비폭력대화를 중심으로 한 평화감수성 프로그램 개발』(수원: 경기도교육청, 2012), 99-105.
10 박숙영, 『비폭력대화를 중심으로 한 평화감수성 프로그램 개발』, 101-103. 자기 자신 사랑하기, 마음으로 주기, 연민을 방해하는 말, 있는 그대로 관찰하기, 느낌, 욕구, 네 개의 귀, 부탁하기, 분노 온전히 표현하기, 감사하기, 방학계획 세우기.

연민을 방해는 말			
학습목표		빙고게임을 통해 학교에서 이루어지는 말들을 살펴본다	
학습 준비물		PPT, 학습지, 빙고판	
단계	학습명	학습 내용	
1	학교에서 주로 이루어지는 말	■ '빙고'판을 모둠(4인 1조)별로 나누어 준다. ■ '학교에서 주로 이루어지는 말'로 빙고판을 채운다. ■ 빙고놀이를 한다. ■ 빙고놀이를 통해 평소 사용하는 언어 습관을 돌아본다.	
2	듣기 좋은 말/ 듣기 힘든 말	■ 평소 '듣기 좋은 말'과 '듣기 힘든 말'을 각각 5가지 정도 적어본다 ■ '듣기 힘든 말'의 종류를 살펴본다.	
3	연민을 방해하는 말들	도덕주의적 판단	■ 자신의 가치관과 맞지 않는 다른 사람의 행동을 나쁘다거나 틀렸다고 하는 것이다. ■ 비난, 모욕, 비하, 비교, 분석, 꼬리표 붙이기
		비교하기	■ 판단의 한 형태 ■ 자신의 삶을 불행하게 만드는 가장 쉬운 방법이다.
		책임회피 · 부정	■ '해야만 한다,' '느끼게 만든다,' 같은 표현은 자신의 행동에 대한 책임을 모호하게 하고, 자신의 느낌과 생각에 대한 책임을 손쉽게 부정하게 한다.
		강요하기	■ 요구를 들어주지 않으면 벌이나 비난이 따를 것이라는 위협을 암시적으로든 분명하게든 내포한다. ■ 강요는 상대방에게 죄책감이나 죄의식에 의해 행동하게 하고, 결국에는 저항감을 키우게 된다.
4	꼬리표 찾기	- 우리가 친구들이나 주변 사람에게 사용하는 꼬리표에는 어떤 것이 있는 살펴본다. - 꼬리표는 그 사람에 대해 알지 못하면서, 그 사람의 일부분을 가지고 그 사람 전체를 평가하는 말이다. 자칫 꼬리표는 상대를 존재 그대로 보지 못하게 함으로, 상대방에게 꼬리표를 사용하는 나의 의도를 생각해보도록 한다. 예) 천사, 왕따, 찐따 등	

자기 자신을 사랑하기		
학습목표	1. 의사소통의 어려운 점을 인지하기 2. 비폭력대화의 의미 알기	
학습 준비물	PPT, 욕구카드, 학습지	
단계	학습명	학습 내용
1	서로를 알아가기	■ 자신에게 중요하거나 필요한 것을 욕구카드에서 고른다. 　→ 자신에게 중요한 것에 대해 생각할 여유를 준다. ■ 선택한 욕구카드로 자신을 소개한다. [예] "존중이 중요한 oo입니다." ■ 돌아가면서 말한다.
2	비폭력 대화란	■ '흙손'(윤석중의 시)을 한 단락씩 모둠별로 나누어 소리 내어 　읽는다. ■ 자신의 의도와 상관없이 억울한 말을 들었던 경험을 나누어보자. [예] 그 때 기분은? ■ 비폭력대화 　- 연민의 대화(Compassionate Communication) 　- 우리 마음 안에서 폭력이 가라앉고 자연스러운 본성인 　　연민으로 돌아가 상태를 가리켜 말하는 것이다. 　- NVC 우리가 날 때부터 지닌 연민이 우러나는 방식으로 　　방식으로 다른 사람들과 유대관계를 맺고, 우리 자신을 　　더 깊이 이해하는데 도움이 되는 구체적인 대화 방법이다.
3	나는 내가 좋아!	■ "나는 ~~한 내가 좋아!"의 형식으로 자신을 소개한다. 　→ 자기 자신에게 만족하는 모습에 대해 생각할 시간을 주고 나서 　　5개의 문장을 써보도록 한다. 　[예] 나는 떡볶이를 좋아하는 내가 좋아, 나는 시험을 못 봐도 울지 않 　　　는 내가 좋아, 나는 수영을 할 수 있는 내가 좋아, 나는 동생이 　　　있는 내가 좋아, 나는 방정리를 잘하는 내가 좋아. ■ 네 명이 한 팀을 이루어서 1번 학생이 2번 학생에게 말하고, 　2번 학생은 들은대로 말하기를 3번 학생에게 한다. (2번→3 　번, 3번→4번, 4번→1번 순서대로 5회를 돌아가며 활동한다. 　[예] 1번 학생: 나는 수영을 할 수 있는 내가 좋아! 　　　2번 학생: 너는 수영을 할 수 있는 네가 좋아? 　　　1번 학생: 응! 내가 좋아!
4	NVC로 만나기	■ 지금 나의 느낌은 어떤가요? 각자 느낌을 기록하고 돌아가며 　말한다. ■ 네 줄 일기 쓰기 방식 안내 　→ 그날 하루 있었던 일 중에 생각나는 것을 간단히 적고, 그때 자신의 　　느낌과 욕구를 찾는다. 그리고 자신의 욕구를 만족시키기 위해 내가 　　할 수 있는 일들이 무엇인지 '자기부탁'을 한다.

지속적이며 연속적인 프로그램으로 운영될 때 더욱 효과적일 수 있다. 비폭력 대화 방법은 분노를 표현하지만 폭력적이지 않게 하며 갈등을 해결할 때에 자신의 입장을 연민을 가지고 표현하며 상대방의 입장에 충분히 경청할 수 있도록 하며 연민을 방해하는 말들을 성찰하여 제거하고 연습과 훈련을 통하여 연민과 공감의 대화를 할 수 있도록 이끌어 가는 것이다. 이러한 교육을 통하여 학생들은 자신의 감정을 솔직하게 표현할 수 있음을 발견하게 되고 분노를 왜곡되게 폭력적으로 표현하던 것에서 솔직하게 자신의 감정과 사실에 근거하여 객관화시켜 대화할 수 있는 방법을 배워갈 수 있다.[11]

2. 영화와 음악을 통한 평화감수성 교육

이념도 체제도 시처럼 자유롭게 주고받을 수 있는 날, 그때 다시 만나요.[12]

예술은 다양한 생각과 가치 그리고 이념과 체제까지도 뛰어넘을 수 있다. 말없이 대화할 수 있으며 상처를 극복하고 연대할 수 있고 단절과 피상성을 연대와 소통, 공감과 협력으로 이어가도록 하는 전령사의 역할을 할 수 있다. 최근 평창 동계올림픽에서의 단일팀 구성 그리고 북한 예술단의 방문과 공연 등은 정치적 차원에서 풀 수 없는 민족적 공감대와 동질성, 또한 평화의 연대와 지속적 화합의 필요성들을 느끼게 해준 중요한 시간이었다.

예술은 시간을 뛰어넘어 역사의 아픔을 공감할 수 있도록 해줄

---

11 박숙영, 『비폭력대화를 중심으로 한 평화감수성 프로그램 개발』 (2012), 104-105.
12 영화 "적과의 동침" 참고.

수 있으며 타자의 입장에서 이해하고 인식할 수 있도록 하는 기능을 할 수 있다. 그리하여 예술은 세대를 넘어, 국경을 넘어 이념을 넘어 인간의 연민과 공감 등을 자극하고 자신의 생각을 자유롭게 표현하고 다른 이의 생각과 감성들을 읽어 갈 수 있는 교육이다.[13]

또 예술은 자신을 표현하는 중요한 도구이며 동시에 다른 이와 소통하는 과정이기도 하다. 그리고 다른 사람의 생각과 감정을 이해하고 공감할 수 있는 중요한 매체이다. 다른 사람의 감정과 입장을 이해할 수 있다면 협동과 존중과 사랑과 이해 등은 결과적으로 따라오는 행동과 태도의 변화가 된다.

예를 들면 평화감수성 교육을 위하여 다음과 같은 다양한 예술교육을 실시할 수 있다.

〈영화를 통한 평화감수성 교육의 사례: 적과의 동침〉

이념도 체제도 시처럼 자유롭게 주고받을 수 있는 날, 그때 다시 만나요.
_ 영화 〈적과의 동침〉 대사

인민군장교 전웅이 설희의 책 속에 "메기의 추억" 스케치와 함께 남긴 작별의 말이다. 6·25한국전쟁 시 평택 석정리를 배경으로 인민군과 마을주민 사이의 전쟁과 이념, 체제와 마음, 두려움과 애틋함의 교차 속에서 벌어지는 코미디 영화이다. 함께 독립운동을 하던 아버지의 자녀였던 정웅(김주혁 분)과 설희(정려원 분)은 분단과 함께 남

---

13 사라 리틀/사미자 역,『기독교교육 교수방법론』(서울: 대한예수교장로회 총회출판국), 123-137.

과 북으로 헤어져 있다가 6·25한국전쟁 시 인민군 장교와 마을주민으로 만난다. 그리고 같이 머물면서 서로가 무장해제 되고 적과 동지가 뒤죽박죽되는 석정리의 모습이다. 평택 석정리 방공호를 중심으로 전개된 이야기는 코미디 영화임에도 불구하고 우는 시간이 더 많은 영화이다. 사실을 근거로 만들어진 영화이기에 그 당시의 사회적 정황과 사람들의 마음도 같이 살펴볼 수 있는 영화이다. 영화 속에서 들려지는 "메기의 추억" 노래는 세대 간 교감을 나눌 수 있는 중요한 음악의 모티브가 되며, 백석의 시 또한 독립과 시대의 역사에 대한 문학적 접근을 동시에 할 수 있도록 한다. 즉 영화 한편을 통하여 공감각적인 차원에서의 '전쟁과 평화'의 차원을 접근할 수 있는 것이다.

교육 방법

1) 영화 관람 후 영화에 대한 소감 발표, 이러한 논의를 심화시켜 "평화를 일구어 갈 수 있는 중요한 모티브에 대한 소그룹 토론하기.
2) 영화 속에 나오는 백석의 시 함께 읽어보기.
3) 영화의 주제음악 "메기의 추억' 같이 불러보기.
4) 세대와 이념이 다른 사람들을 감성과 사상에 공감하는 점들을 토론한다.
5) 낯선 이들과 더불어 살아가는 것의 좋은 점 10가지, 어려운 점 10가지 조별로 논의하고 난민, 다문화 등의 사회적 이슈들에 대한 의견을 나누며 평화로운 삶에 대하여 토론한다.

이러한 영화뿐 아니라 음악, 문학작품, 그림 등을 통하여 평화감수성 교육을 다양하게 할 수 있다. 또 놀이를 통한 평화감수성 교육이 있다. 기독교교육학자 호레이스 부시넬은 '하나님 나라를 가르치고자 한다면 놀이를 하게 하라'는 유명한 교육적 명제를 이야기한 바 있다.[14] 놀이는 협동을 배우며 규칙을 배우고 양보를 배우며 또한 도전을 배우는 중요한 교육적 역할을 한다. 놀이를 통하여 규칙 안에서 함께 즐기는 것을 배울 수 있고 패배하여도 품위 있게 받아들이는 것을 배우며 떳떳하게 승리하는 법을 배우기도 한다.[15]

3. 생명존중 이야기를 통한 평화감수성 교육

평화감수성 교육을 위하여 평화감수성을 가르칠 수 있는 교육과정이 정기적이고 규칙적이며 연계적이고 체계적으로 확립되어야 한다. 1년에 한두 번 가량의 평화주제를 다루는 교육과정이 있어야 하고 이를 위하여 교회에서 사용되는 교재에 평화를 주제로 하거나 갈등, 소통, 공감, 자기이해 등의 주제를 다루는 교육내용이 포함되어야 한다. 연구자가 자살예방교육을 위하여 몇 년간 자살예방주간에 배포한 인터넷교육의 내용은 평화감수성 차원에서도 교육해야 하는 내용이다. 그 내용을 소개하면 다음과 같다.[16]

○ 잘 지내고 있니? 우리 마음!
(왕상 19:1-8, 살전 16-18)

---

14 호레이스 부시넬/김도일 역, 『기독교적 양육』 (서울: 장로회신학대학 출판부, 2006), 330-331.
15 고재학, 『부모라면 유대인처럼』 (서울: 예담, 2010), 134-139.
16 조은하, "잘 지내고 있니? 우리 마음!" 『라이프 호프 자살예방교육 교육자료』. 2015.

〈이야기 속으로: 우리도 마음을 뒤집어 살펴볼까요?〉

지난 여름 한 사춘기의 소녀 이야기가 연일 화제였다. 바로 영화 〈인사이드 아웃〉(Inside Out)이다. 영화의 주인공 와일리는 열한 살이 되면서 사춘기에 들어섰다. 기쁨이, 슬픔이, 버럭이, 까칠이, 소심이가 그의 마음속에서 살아간다. 기쁨이가 감정 컨트롤 본부에서 가장 적극적으로 이 감정들을 조절해가고 간다. 어린 시절부터 아름답고 즐거웠던 추억들은 기쁨의 감정들로 마을을 이루어 존재하고 있다. 그런데 이사하면서 새로운 환경에 적응해야 하는 라일리는 심한 스트레스로 인하여 감정이 요동치기 시작하는데 이러는 사이 기쁨이와 슬픔이가 감정컨트롤본부에서 떨어져 나오게 된다. 기쁨이가 컨트롤본부에 돌아가기까지 라일리는 감정의 소용돌이 속에서 견뎌내지 못하고 가출까지도 시도하게 된다. 천신만고 끝에 기쁨이가 감

정컨트롤본부에 들어가 감정들의 중심에 서게 됨으로서 라일리는 다시금 마음의 평정을 찾게 된다는 이야기이다.

키가 자라고 몸이 자라는 것처럼 우리의 마음도 자라야 한다. 우리의 마음이 자라기 위해서 때로는 성장통을 겪기도 한다. 마음이 감기에 걸린 듯 이유 없이 화가 나기도 하고, 불안하기도 하고, 짜증이 나기도 하는 것은 우리가 자라는 가운데 겪는 당연한 일이다.

지금 나의 마음은 어떠한가요? 우리의 마음도 한번 뒤집어서 꺼내어 살펴볼까요?

거룩한 수다 Talk, Talk, Talk

1) 지금 나의 감정은 기쁨이, 슬픔이, 까칠이, 소심이, 버럭이, 누가 나의 중심에 있는 것 같은가요?
2) 기쁨이가 감정 컨트롤 중심에 오게 하기 위해서는 우리의 도움이 필요해요. 지내오면서 가장 기뻤던 일들을 한번 이야기해볼까요?

○ 하나님의 이야기 속으로 — "내 마음이 왜 이러지? 엘리야도 마음이 우울했어요

하나님의 종 엘리야는 바알의 선지자 사백오십 인과 갈멜산에서 대결하게 된다. 하나님인가, 바알인가? 신앙의 갈림길에서 머뭇거리고 있는 백성들에게 하나님의 살아계심을 보여주고자 하는 시간이었다. 바알의 선지자 사백오십 인이 먼저 칼과 창으로 몸을 상하면서 바알에게 부르짖었다. 그러나 응답은 없었다. 엘리야는 하나님 앞에

단을 쌓고 송아지로 번제물을 드리고 그 위에 물을 부었다. 엘리야는 백성들과 바알선지자들이 보는 앞에서 다음과 같이 기도하였다.

> 여호와여 내게 응답하소서 내게 응답하소서 이 백성으로 주 여호와는 하나님이신 것과 주는 저희의 마음으로 돌이키게 하시는 것을 알게 하옵소서 하매(왕상 18:37).

마음을 돌이키게 하시는 하나님께 조용히 올린 기도는 응답되었다. 하늘로부터 불이 내려와 번제물을 태우는 역사가 일어났고 모든 백성들이 하나님이 여호와 하나님이 살아계신 하나님인 것을 고백하게 되었다. 또한 가뭄으로 고생하던 사마리아 땅에 큰 비까지 내리게 된다. 그러나 이 사건으로 인하여 바알을 섬기는 이세벨에게 목숨의 위협을 당하는 위기를 겪게 된다.

하나님이 살아계신 것을 증거 했던 승리의 자리, 그러나 다시금 도망자가 되어야 하는 위기의 시간. 엘리야의 시간은 모든 사람이 그러하듯 기쁨과 슬픔, 자신감과 두려움, 소심함이 교차되는 시간이었다. 이러한 때 엘리야는 광야로 들어가 로뎀나무 아래에 앉아 차라리 죽기를 간구한다.

그때에 하나님의 천사가 나타나 로뎀나무 아래서 두려움과 허탈함으로 그 마음을 잃고 우울해하고 있던 엘리야를 어루만지신다.

> 로뎀나무 아래 누워 자더니 천사가 어루만지며 이르되 일어나서 먹으라 하는지라(왕상 19:5).

기운을 차리고 일어난 엘리야의 머리맡에는 숯불에 구운 떡과 물이 있었다. 천사는 다시 나타나 엘리야를 어루만져 주었고 엘리야는 일어나서 먹고 마시며 그 힘을 의지하여 사십 주야를 행보하여 하나님의 산 호렙까지 갈 수 있게 된다. 그리고 그곳에서 하나님의 새로운 사명을 받게 된다. 혼자의 몸으로 사백 오십 인의 바알 선지자를 물리치기도 하는 엘리야였지만 그 마음속에서는 두려움도 슬픔도 무기력함도 모두 있었다. 우리가 마음속에 기쁨과 슬픔, 당당함과 소심함, 편안함과 두려움 이 모든 것들이 자리 잡고 있듯이 엘리야도 그러했다. 다만 우리의 마음의 중심에 누가 있도록 할 것인가가 중요하다. 더욱 중요한 것은 우리 마음의 이러한 갈등과 고통가운데 하나님은 우리에게 찾아오신다는 사실이다. 천사를 보내시어 어루만져 주신 것(touch)을 기억하라. 우리의 마음이 힘을 잃고 주저앉아 있을 때 천사를 보내시어 어루만지신 하나님께 나아오라. 세미한 음성 중에 엘리야를 만나 주셨듯이 우리를 만나주실 것이다.

말씀과의 수다 Talk Talk Talk

1) 하나님께서는 우리의 상한 마음을 만져주시고 치유해 주시는 분이세요. 내 마음속에 있는 힘든 점들을 고백해 볼 수 있나요?

2) 내 주변에 힘들어 하는 친구에게 하나님의 천사가 엘리야를 찾아왔던 것처럼 찾아가서 어루만져 준 것이 있나요? 이야기를 들어주고, 마음에 공감을 해주고, 격려를 해줄 수 있나요?

○ 우리들의 이야기 속으로 — "우리의 마음이 자라고 있어요. 아끼고 사랑해주세요"

우리 마음의 감정은 뇌에서 관장한다. 인간의 뇌는 12~14세까지 자란다. 뇌가 자라는 과정에서 사춘기는 뇌가 발달하는 과정이다. 편도체(amygdala)는 즉각적이고 강렬한 감정을 처리하는 뇌 부위다. '인사이드 아웃'에서 버럭이, 까칠이, 소심이가 사는 곳이라고 보면 된다. 전전두엽 피질(prefrontal cortex)에선 논리적으로 생각하고, 전체적으로 조망하며 성찰하는 기능이 이뤄진다. 그런데 사춘기 때, 편도체에 비해 전전두엽 피질은 늦게 성장한다. 사춘기의 뇌는 이렇게 불균형하기 때문에 감정과 본능에 더 민감하고, 쉽게 흥분하거나 좌절하게 된다. 쉽게 화를 내기도 하고 슬퍼하기도 하며 눈물도 많고 웃음도 많고 까칠하게 인간관계를 하는 것도 이 때문이다. 그래서 사춘기를 '질풍노도의 시기'라고 이야기한다. 사춘기의 뇌는 전전두엽 피질 뉴런이 충분히 연결되지 않는다. 보통 20대 중반이 돼서야 기본적 연결망이 완성되는데 이것은 무한한 발전 가능성이 있다는 것을 말하는 것이고 또 연결망이 어떤 유형이 되느냐에 따라서 성격도 결정된다.

사춘기 때 슬픔을 느끼는 감정도 더욱 미세하고 복잡하게 발전한다. 외모에 관심을 갖게 되는 것, 위험한 일에 적극적으로 참여하는 것. 한곳에 집중하기보다는 여러 방면에 관심을 갖기에 산만하다고 보여지는 것 모두가 뇌성장 과정의 자연스러운 모습이다. 중요한 것은 우리의 마음을 관장하는 뇌가 빠른 속도로 성장하고 있는 청소년기에 우리의 뇌를 잘 보살피는 것이다. 청소년기에는 약물이나 알코

올이 뇌에 영구적인 손상을 입힌다. 반면 적절한 운동은 기억의 핵심 중추인 해마(hippocampus)의 크기를 증가시킨다.

내 마음은 지금 어떠한가? 잘 자라고 있는가? 예쁘고 건강하게 자라기 위해서 긍정적인 생각, 다른 사람들을 칭찬하고 격려하는 습관, 나를 소중히 여기는 자존감 그리고 적절한 운동, 하나님 앞에서 기도하며 마음의 숨결을 고르는 시간. 이 모든 것이 필요하다.

우리들의 수다 Talk Talk Talk

1) 우리들의 마음은 지금도 자라고 있어요. 외모만큼 중요한 것이 마음의 모습입니다. 내 마음이 예쁘게 자랄 수 있도록 내 마음에 '기쁨의 언어'를 세 가지만 이야기 해주세요.
2) 친구의 마음이 예쁘게 자랄 수 있도록 도와줄까요? '기쁨의 언어'로 친구를 축복해 주세요.

〈참고〉 인사이드아웃 예고편
https://www.youtube.com/watch?v=1UieozYEuH8.

IV. 나가는 말

평화교육은 평화에 대하여 가르치는 것이 아니라 평화롭게 사는 것을 가르치는 것이다.[17] 그렇기에 평화는 사람마다 다른 차이점을

---

17 고병헌, 『평화교육사상』 (서울: 학지사, 2006), 25-39.

차별로 인식하지 않고 현대 사회의 다양성을 관용과 포용으로 대화하며 살아갈 수 있는 기본적인 정체감의 태도를 형성하는 것부터 출발해야 한다. 그렇기에 평화는 미시적 관점에서 거시적 관점까지, 종교적, 사회적, 문화적 다양성에대한 고찰에서부터 시작하여 개인 자신의 정체감에 대한 질문까지 포괄적이며 다양하게 이루어져야하며 비평화적인 상황을 인식하고 비판적으로 성찰하는 것에서 시작하여 평화적 삶으로 전환하는 실천까지 아울러야 한다.

그렇기에 평화교육은 일상의 언어가 바뀌는 비폭력 대화에서 시작하여 자신과 사회 및 문화와 정치경제를 성찰할 수 있는 대화와 경험을 통한 교육, 직접 만나지 못하거나 경험하지 못해도 간접적으로 경험하고 연민과 공감을 통해 상황을 인식할 수 있는 예술을 통한 교육 등으로 그 방법과 층위를 다양화해야 한다. 최근 평화교육에 관한 관심이 늘고 있지만 여전히 교재와 교육과정 개발이 부족하며 교회교육현장에서 평화교육은 거의 전무한 상태이다. 앞으로 지속적인 연구가 이루어져야 함을 제안한다.

청년과 함께하는 평화교육
: 삼위일체적 진리의 커뮤니티*

양승준**

I. 들어가는 말

인공지능까지 등장한 4차 산업혁명 시대에 인간이 직면한 가장 긴급한 이슈는 '어떻게 함께 살아갈 것인가?'이다. 신자유주의 시대를 살아가면서 개인의 이득과 기업의 이윤, 국가와 민족의 무한 이기주의를 가장 큰 목표로 내세우고 있다. 이런 시대에 함께 살아가는 공동체의 의미를 생각하고 실천하기란 매우 어려워 보인다.[1] 소셜미디어와 개인화된 검색엔진은 네트워크 내·외부가 제거된 절대적인 인접공간을 수립한다. 이곳에서 사람들은 자기 자신 그리고 자신을

---

* 이 글은 「선교와 신학」 제49집(2019. 10.)에 게재된 글을 수정 및 보완한 것임.
** 협성대학교 교수/기독교교육학
1 강남순, 『코즈모폴리터니즘과 종교』(서울: 새물결플러스, 2015), 251-252.

닮은 사람들을 만난다. 여기에는 변화를 가능하게 할 어떤 부정성도 존재하지 않는다. 이러한 디지털 이웃사촌의 공간은 참여자에게 마음에 드는 세계의 단면만을 제공함으로써 공론장, 공적 영역, 비판적 의식을 해체하고 세계를 사적인 장소로 만들어 버린다. 그 결과 개개인의 경계 밖에서 일어나는 의미 있는 사회적 상호작용의 의의를 파괴하며 타자와의 만남이 아닌 자기 자신만을 볼 뿐이다.[2] 이는 인간의 소외와 단절을 촉발하며, 극도의 개인주의와 이기주의를 야기하는 요소들로써 작용한다. 근대를 열었던 데카르트의 오랜 전제 '나는 생각한다, 고로 존재한다'가 21세기에는 '나는 관계한다. 고로 존재한다'로 변해야 한다.[3]

종교 또한 이기적이고 자기중심적 기복신앙을 넘어, '함께 살아감'에 대한 과제와 임무를 감당해야 한다. 자본주의 시대와 신자유주의 시대는 자신의 이익을 위해 타인을 지배하고자 하는 모습이 두드러졌다. 타자가 배제되었고, 다른 이들을 품는 마음과 공간이 비좁아졌으며, 자신이 원하는 것을 강요하며 지배하다가 공동체의 파괴를 야기하기도 했다. 미래학자들은 인공지능 시대에 많은 일자리가 없어지고 인간 소외와 단절, 혼란을 예견하면서 이를 극복하기 위해서는 함께 어울리며 놀이하고 공부하는 협업의 공동체를 제안한다.[4] 이처럼 관계성이 와해된 한국 사회에서 기독교교육이 관심 가져야 할 영역은 관계적 역량 강화를 위한 평화감수성 교육이다. 이는 타인과의 관계를 맺기 위한 예술적, 놀이적, 대화적 접근들을 포함한다.[5]

---

2 한병철,『투명사회』, 김태환 역, (서울: 문학과 지성사, 2013), 74-77.

3 EBS 특별기획 통찰. 2016년. 7월 5일.

4 정지훈,「내 아이가 만날 미래」(서울: 코리아닷컴, 2013).

5 이윤희, "관계적 역량 강화를 위한 평화감수성 교육 연구",「기독교교육논총」55집

이처럼 무한 이기주의, 극심한 개인화에 따른 소외와 단절, 자기 중심성으로 인해 '나', '자아', '주체'는 풍요해졌으나 '너', '타자', '공동체'는 결핍되거나 상실되어 가고 있다. 이 시대 청년들의 평화교육을 위해서는 무엇보다 관계성 속에서 생각(Thinking)하고 판단(Judging)하며 행동(Acting)하는 방법을 배울 수 있는 공동체 구축이 필요하다. 그리고 결핍이 아닌 풍요를 향해 가는 교육을 위해 덜 개인적, 덜 경쟁적이고 더 공동체적이 되어야 한다.[6] 그러므로 본 연구는 청년들의 평화교육을 위해 진리의 커뮤니티 안에서 삼위일체적 공동체 구축을 제안한다.

청년들을 위한 공동체의 형성과 추구를 위해 2장에서는 공동체의 결핍과 상실을 야기한 교육의 문제를, 은행식 교육과 인식의 객관론 신화의 방식을 지적한다. 3장에서는 공동체를 회복하는 진리의 커뮤니티와 기독교의 삼위일체적 공동체 구축을 연구한다. 4장은 공동체를 이루는 삼위일체적 진리의 커뮤니티와 그 안에서 할 수 있는 교육개혁의 단계를 고찰한다. 5장은 진리의 커뮤니티 안에서 공동체의 연대를 통해 비통한 자들(마음이 깨져 열린 자들)이 사회적 연대, 공공적 책임을 강조하며 추구하는 청년들의 평화교육을 제시한다.

(한국기독교교육학회, 2018), 305-306.

6 Parker J. Palmer, The Promise of Paradox, 김명희 역, 『가르침』(서울: 아바서원, 2012), 185.

II. 공동체 결핍과 상실의 교육 현장

21세기 우리 주변은 어마어마한 양의 정보로 넘쳐난다. 정보는 이미 사람들에게 차고 넘친다. 특히 스마트폰을 능숙하게 사용하는 청년들에게 필요한 것은 더 많은 정보가 아닌 정보를 이해하는 능력이고, 무엇보다 수많은 정보 조각들을 조합해서 세상에 관한 큰 그림을 그릴 수 있는 능력이다. 그동안의 교육은 젊은이들에게 스스로 생각하라고 권장하면서 데이터를 밀어 넣는 데 집중했다.7 그 결과 오늘날 교육기관은 경쟁을 위한 훈련장이 되었다. 사실 교육기관은, 경쟁이 시작되기도 전에 승자와 패자가 이미 결정되어있는 경기장이 되었다. 상대 평가8와 같은 교육 관행은 명백히 사회적 다원주의에 근거한 것이다. 인간이 제한 없이 경험할 수 있는 것을 결핍된 것으로 만들어 사람들의 자존감 그리고 너무나 자주 그들의 인생행로가 어떤 사람은 좀 더 갖고 어떤 사람은 좀 덜 갖는다는 전제에 의해 결정되는 상황을 만들어 버렸다. 교육현장은 모두를 약화시키는 경쟁과 결핍의 습관을 갖도록 훈련하고 있다.9 이러한 정보주입, 경쟁, 결핍의 상황은 공동체는 사라지고 홀로 서는 법을 배워야 한다고 전제하는 '치료법의 승리'를 야기하였고, 자아는 언약공동체에 참여함으로 의미를 찾는 의식도 사라지고, 자아 너머에 있는 무언가를 신뢰

---

7 Yuval Noah Harari, *21 Lessons for the 21st Century*, 전병근 역, 『21세기를 위한 21가지 제언』 (서울: 김영사, 2018), 389

8 A를 가장 적게 받고, B가 다소 많고, C가 가장 많고, D와 F는 소수에게 주는 그런 체제이다. 파머는 풍부한 잠재성을 두고, 충분하지 않은 것처럼 전제하고 경쟁하는 제도를 터무니없고 비극적인 것이라 지적한다. Parker J. Palmer/김명희 역, 『가르침』 (2012), 180.

9 Parker J. Palmer/김명희 역, 『가르침』 (2012), 181.

할 수 있다는 확신도 사라져 가고 있다.[10] 이 같은 방식을 은행식 교육과 인식의 객관론 신화를 예로 들어 살펴보고자 한다.

1. 은행식 교육

은행식 교육이란 말을 처음 쓴 사람은 브라질의 교육철학자 파울로 프레이리(Paulo Freire)다. 그는 은행에 돈을 저금하듯이, 교사가 학생에게 지식을 주입하는 교육을 은행식 교육이라고 불렀다. 그런데 우리나라에서는 이 은행식 교육이 좀 더 특별하게 진화하여 교육뿐 아니라 사회 전체를 지배하고 사회 전반의 경쟁력을 도태시키는 원인이 되고 있다.

우리가 은행에서 하는 일을 생각해 보면, 은행식 교육의 구조를 알 수 있다. 먼저, 은행에 저축한다. 계좌에 넣어둔 돈을 필요할 때 인출하여 사용하기 위해서이다. 그런데 넣어둔 돈을 모두 인출하고 나면 내 계좌 안에 남은 돈은 없다. 이것이 은행식 교육의 본질이다.[11] 전문가가 지식을 연구하여 학생들에게 주입하고 학생들은 암기하여 시험 볼 때 그 지식을 인출하여 답안지에 기록하는 방식의 교육이다. 만일 전문가가 주입한 지식을 암기하지 못했거나, 다른 것을 인출하여 기록하면 좋은 점수를 얻지 못한다. 학생들은 열심히 머리에 저장했다가 시험지에 옮겨 적고 나면 아무것도 남는 게 없다. 학창시절 우리가 경험해왔고 지금까지도 경험하는 교육이다. 심지어 교회교육도 은행식 교육에 매몰되어 있다. 은행식 교육은 전문가

---

10 Parker J. Palmer/김명희 역,『가르침』(2012), 136-137.
11 이성조,『그래도 행복해, 그래서 성공해』(서울: Inspire, 2018), 88.

의 지식에 의존한다. 자신이 생각하거나 질문할 수 있는 공간이 허락되지 않는다. 그래서 학생들은 전문가의 말을 열심히 필기하고, 지식을 암기하며, 시험 때 인출해서 정답을 맞히기 위해 쓰고, 외우고, 푸는 일만 허용된다. 정답을 얼마나 많이 맞히고 빨리하느냐에 따라 성공과 실패가 좌우된다. 그러나 변화의 가능성은 종속과 대답이 아닌 주체와 질문이 있는 교육현장이 되어야 하며, 관계성에 기반하여 타자, 낯선 곳으로 나아가야 한다.[12]

2. 인식의 객관론 신화

객관론의 신화에서 지식은 위에서 아래로 흐른다. 지식을 알고 있는 전문가에게서 지식을 받아들일 자격이 있는 전문가에게로 흘러간다. 이 신화 속에서 지식은 대상에 대한 일련의 진술이다. 교육은 이 진술을 학생들에게 전달하는 체계이다. 즉 교육받는 학생은 전문가의 진술을 기억하여 반복해야 한다. 학생들은 철저하게 가르침

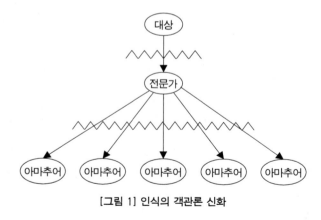

[그림 1] 인식의 객관론 신화

---

12 최진석, 『탁월한 사유의 시선』 (서울: 21세기북스, 2017).

의 대상, 훈계와 강요의 대상, 평가의 대상이 된다. 파머는 이러한 교육을 '인식의 객관론 신화'라고 비판하면서 위의 [그림 1]과 같은 관계와 연결이 없이 난해하고 당황스러운 인식의 객관론을 나타낸다.

[그림 1]의 이미지는 위계적이고, 직선적이고 충동적이며 위생적이다.13 마치 지식이 방부처리 된 컨베이어 벨트를 타고 내려와 맨 마지막에 잘 모셔 두어야 하는, 2차 산업혁명 시대의 특징인 소품종 대량생산품 정도로 취급된다. 우리는 이 컨베이어 벨트의 이미지를 가진 수많은 교실(교회교육을 포함한)을 알고 있다. 이러한 인식의 객관론은 우리의 인식 방법을 왜곡하며, 우리의 교육방식을 크게 변형시키는 문제점이 있으며, 교실(학습공동체)의 융합과 협력이 아닌 단절과 개인의 소외가 나타난다. 이는 마치 2차 산업혁명의 본질인 제조업 이미지를 드러내며, 4C(창의성Creative, 비판적 사고력Critical Thinking, 소통 기술 Communication Skill, 협업Collaboration)의 교육역량을 함양하기 어려운 영혼 없는 교육의 형태이다. 이를 극복하기 위해 공동체 회복과 구축을 통한 평화교육을 살펴보고자 한다.

III. 공동체 회복을 통한 평화교육

신앙공동체에는 진정한 공동체 생활을 할 수 있는 엄청난 잠재력이 있다. 공동체의 역사와 상징이 거기에 있고, 때로는 리더십도 있다. 교회는 우리의 차이성을 초월하여 진리에 헌신함으로 하나로 모

---

13 Parker J. Palmer/이종인·이은정 역, 『가르칠 수 있는 용기』(서울: 한문화, 2000), 191-193.

인 것이다. 교회가 근본적인 하나 됨이라는 맥락에서 부차적인 차이들을 다루는 법을 배울 수 있다면, 교회는 공동체에 대한 가장 강력한 모델이 될 것이다. 기독교의 핵심은 온전함과 섬김의 행위, 사랑의 행위가 외부로 나타나도록 하는, 내적인 추구의 길이다. 그리스도인이 내적 삶과 외적 삶의 교차점에 서 있을 때, 그들은 성령 안에 있는 것이다. 그리고 그 교차로에 공동체가 있다. 공동체는 우리 마음속에서 느껴지는 연결 됨이 사람들 사이의 유대로 드러나는 곳이며, 그러한 유대가 계속해서 우리의 마음을 여는 곳이다. 14 우리 가운데 있는 가장 작은 자, 즉 굶주린 자, 헐벗은 자, 노숙자와 하나님의 사랑을 나누고자 하는 마음에서 공동체가 존재하게 될 때, 유대는 특별히 더 강해진다. 공동체는 우리를 향한 하나님의 사랑이 풍요롭고 흘러넘친다는 것을 외부로 표현한 것이다. 또 공동체는 풍요를 발전시키는 엔진이기도 하다. 공동체에서 우리는 사랑과 신뢰와 존경을 나누고 자라나는 것을 배울 기회를 얻는다. 나아가 공동체에서 우리는 모든 사람이 존경을 받을 가치가 있음을 배운다. 가장 강력한 공동체는 각 사람이 모든 기능 속에서 어떤 역할을 하는 공동체이다.15 이러한 공동체의 회복을 위한 원리를 삼위일체적 공동체에서 발견할 수 있다.

1. 삼위일체적 공동체

삼위일체에 대한 오해 중 하나는 한 분 하나님이 계신 데, 이 한

---

14 Parker J. Palmer/김명희 역, 『가르침』 (서울: 아바서원, 2012), 159.
15 Parker J. Palmer, 『가르침』 (2012), 186-187.

분 하나님이 역사 속에서 세 가지의 양태(mode)로 나타나 일하신다는 양태론적 이해이다. 다시 말해 한 분 하나님이 세 가지 역할을 갖고 구원 역사 과정을 통해서 자신을 나타내신다는 이해이다. 양태론의 주장대로라면, 성자 예수께서 성부 하나님께 기도하신 것은 '원맨쇼'에 불과한 것이 되기 때문에 올바른 이해라고 할 수 없다. 또 성자 예수께서 성령을 다른 보혜사로 부르신 것 역시 의미 없는 말장난에 불과하게 된다. 양태론과 더불어 삼위일체에 대한 오해는 삼신론 (tritheism)이다. 성부도 하나님, 성자도 하나님, 성령도 하나님이기에 한 분 하나님이 계신 것이 아니라 세 분의 하나님 '들'이 개별적인 존재로 분리되어 계신다고 믿는 잘못된 사상이다.[16] 그렇다면 삼위일체의 올바른 정의는 무엇인가? "하나님은 성부, 성자, 성령 세 위격의 통일체이다. 성부, 성자, 성령은 각각 구별된 인격이지만 이 삼위는 동일한 신적 본질을 소유하고 계시며, 영광과 존귀와 능력 면에서 동등하시되, 세 분의 하나님이 계신 것이 아니라 한 분 하나님이 계신다"는 것이다.

삼위일체적 공동체의 핵심사상은 페리코레시스 공동체라 할 수 있다. 삼위일체를 뜻하는 고대 그리스어 단어는 '페리코레시스'(peri-choresis)로 라틴어로는 "circumincessio"라고 하는데 영어로 "mutual interpenetration", 즉 서로에게 스며드는 상호침투라고 번역할 수 있다.[17] 이는 '상호 내주'(mutual indwelling), '상호 관통'(mutual pene-tration), '상호 참여'(mutual participation) 등으로 확장할 수 있는데,

---

16 Alister E. Mcgrath, *Christian Theology an Introduction*(Oxford: BLACKWELL Press, 1994), 250-254.

17 Alister E. Mcgrath, *Christian Theology an Introduction*(1994), 253.

그 의미는 성부 · 성자 · 성령 세 위격 간에, 상호 내주함으로 하나가 되는 아름다운 교통이 있다는 것이다. 이는 성부와 성자와 성령 각 위가 상호 독립적으로 또는 개별적으로 존재하는 것이 아니라 서로서로에 자신의 존재를 의탁하고 맡기는 상호 의존(mutual dependence)의 방식으로 존재한다는 것을 뜻한다.[18]

이같이 상호침투, 상호의존, 상호내주, 상호참여, 상호친교의 의미를 지닌 페리코레시스의 핵심적인 사상과 특징을 공존성, 일치성, 관계성으로 제시할 수 있다.

1) 공존성

우리가 믿는 하나님: 독존적인 존재(solity being)가 아니라, 공존하는 존재(communal being)이다. 칼 라너는 공존적 하나님의 형상을 입고 창조된 인간의 참 모습은 존재하는 것은 더불어 존재, 함께 있는 것(To be is to be with: 능력, 목적, 의미)이다. 브라질의 해방신학자인 보프는 "사회적 삼위일체"(social trinity)에 대해 말하면서, 인간이 찬양, 경외 등의 행위를 하는 이유는 그분을 닮아가기 위함이라고 주장했다. 특히 보프는 삼위일체, 페리코레시스의 신비, 삼위일체적 연합과 신적 사회의 신비에 대한 신앙을 주목했다. 그 결과 삼위일체는 정의롭고 차이를 존중하면서도 평등한 사회 조직의 모델이 될 수 있으며, 삼위일체 하나님 신앙에 뿌리를 둔 기독교인들은 삼위일체의 형상과 모양을 지닌 사회를 요구한다고 역설한다. 즉 아버지, 아

---

18 Catherine M. LaCugna/이세형 역, 『우리를 위한 하나님』(서울: 대한기독교서회, 2008), 308-309.

들, 성령의 위격들로 구성된 삼위일체 신앙은 억압당한 자들의 잠을 깨우는 참여, 평등, 연합의 요구에 응답하는 것이며, 사회와 교회의 가장 낮은 밑바닥에서는 우리에게 고통을 주는 배타적 사회를 거부하는 힘이 존재한다고 주장한다.[19] 사회학자들의 "인간은 홀로 살 수 없다"는 이론은 타인을 수단, 방편으로 생각하는 이론이지만, 기독교의 공존성(communal being)은 사랑으로 교제하는 삶이다. 따라서 교회의 회중들은 독존과 분리가 아닌 공존과 연합을 이루어야 한다. 이것은 삼위일체 교리의 이해와 실천에 의해서 가능하다.

2) 일치성

삼위일체에 대한 '페리코레시스'라는 단어는 '상호 내주'(mutual indwelling), '상호 관통'(mutual penetration), '상호 참여'(mutual partic-ipation) 등으로 번역할 수 있다.[20] 이것은 성부와 성자와 성령이 각각 구별된 위격이시지만, 이 위격들이 따로따로 분리되어 개별자로 존재하는 세 분의 하나님이 아니라, 상호 내주의 방식으로 하나의 통일체를 이루고 있는 한 분 하나님이시라는 고백과 관련되어 있는 것이다. 즉 성부 · 성자 · 성령 세 위격 간에, 상호 내주함으로 하나가 되는 아름다운 교통이 있다는 사실이다. 이는 성부와 성자와 성령 각 위격들이 상호 독립적으로 또는 개별적으로 존재하는 것이 아니라 서로 서로에 자신의 존재를 의탁하고 맡기는 상호 의존(mutual de-

---

19 Leonardo Boff/이세형 역, 『삼위일체와 사회』(서울: 대한기독교서회, 2011), 31-32.
19 Leonardo Boff/이세형 역, 『삼위일체와 사회』(서울: 대한기독교서회, 2011), 31-32.
20 정성욱, 『삶 속에 적용하는 삼위일체 신학』(서울: 홍성사, 2007), 63.

pendence)의 방식으로 존재한다는 것을 뜻한다.

3) 관계성

삼위일체에서 코이노니아는 세 위격 간의 코이노니아(koinonia)
를 말하는데 코이노니아는 우리말 성경에 친교, 교제, 교통, 사귐이
라는 단어로 번역되어 있다. 그러면서 성부·성자·성령의 코이노니
아는 서로를 인격적으로 아는 친밀한 교제, 자기 자신을 내어주며
(self-giving) 사랑하는 사귐, 서로 영광스럽게 하고 높여주는 친교, 서
로의 존재와 가치를 인정해 주고 증명해 주는 교통, 서로 복종하고
섬기는 사귐, 보내시고 보냄을 받는 사귐이라고 말하고 있다. 이 같은
특징은 관계성을 지니고 있다고 말할 수 있다. 즉 우리가 믿는 하나님
은 독존적인 존재(Solity being)가 아니라, 서로 관계를 맺고 공존하는
존재(communal being)이다. 삼위일체의 이미지는 주로 공동체로 존
재(a community of being)하는 모습으로 표현된다. 즉 다른 이에게 스
며들고 침투하여 서로의 삶에서 인격을 나누는 것이 특징이다.[21]

이러한 삼위일체적 공동체를 통해 삼위 인격들이 가지는 관계성
과 상호 침투(Interpenetration), 다른 한편으로는 교회적 인격들과 지
역교회들의 특질 사이의 상응점들을 검토하면, 삼위일체의 인격들
과 관계들을 상호 보완적인 것으로 이해할 수 있다.[22] 이는 신적 인
격들과 같이 교회적 인격들 역시 서로로부터 고립된 상태에서 살아

---

21 Alister E. Mcgrath, *Christian Theology an Introduction*(Oxford: BLACKWELL
   Press, 1994), 254.
22 Miroslav Volf/황은영 역, 『삼위일체와 교회』(서울: 새물결플러스, 2012), 343.

갈 수 없다는 것을 의미한다. 그리스도인들은 다른 그리스도인들과의 관계를 통해서 독립적으로 믿음을 지닌 인격들로 구성되고, 서로 주고받는 일에 참여하는 가운데 그들 자신의 교회적 인격성을 드러내고 확증한다. 인격과 관계가 가지는 상호 보완적인 본성의 맥락 속에서, 인격적 삶의 구조는 타자로부터의 존재, 혹은 타자와 함께하는 존재를 넘어 타자를 향한 존재, 즉 최소치를 넘어 최고치를 향한 존재가 되어야 한다는 것이다.[23] 이러한 상호적인 주고받음 속에서 삼위일체적 인격들은 서로 의존적일 뿐 아니라, 상호적이며 내재적이다. 삼위일체적 인격들에 대한 상호 내재적 거주와 상호침투는 신적 인격들과 그들의 통일성 모두의 특징을 결정하는 개념이다. 이러한 신적 속성을 공유하는 인격들 사이에 존재하는 완벽한 사랑의 공동체 속에서, 위계와 종속의 개념은 생각할 수도 없다. 신적 인격들 사이의 관계들 속에서, 성부는 이러한 이유로 다른 인격들에 대해서 맞서 있는 자도, 혹은 "첫째"도 아니고, 오히려 다른 인격들 중 하나일 뿐이다. 따라서 삼위일체의 관계적 연합 공동체의 구조는 하나의 피라미드적 지배에 의해 규정될 수 없으며, 하나와 다수 사이의 위계적 양극성에 의해서도 규정될 수 없다. 그것은 다수의 다중심적이고 대칭적인 상호성에 의해서 규정된다.[24]

---

23 Volf는 라칭거가 주장하는 인간의 인격을 순수한 관계성으로 파악해야 한다는 것에 동의하면서 더 나아가 삼위일체에 대한 교회 상호적 상응점의 최소치는 실제로 "모든 타자와 함께하는 존재"가 아니라, "타자들로부터의 존재" 혹은 "모든 타자를 향하고자 하는 추구" 속에 있다고 확장하며 논지를 펼친다. Miroslav Volf/황은영 역,『삼위일체와 교회』(2012), 347.

24 Miroslav Volf/황은영 역,『삼위일체와 교회』(2012), 361-362.

2. 진리의 커뮤니티와 평화교육

가르침이란 무엇인가? 교육학자 파커 파머는 "진리가 소통되는 공간을 창조하는 일"이라고 말한다. 파머가 언급하는 진리는 교사와 학생, 가르치는 과목의 주제가 "상호연결성, 관계성"을 통해 이루어 지는 것이다. 이러한 연결성, 관계성이 동반된 교실에서 진정한 가르 침과 배움이 형성될 수 있다. [그림 2]는 관계성과 연결성으로 이루 어진 진리의 커뮤니티를 나타낸다.

파머의 해석에 의하면 교실(학습공동체)의 서클 안에는 늘 하나의 주제가 있다. 앞에서 보여준 인식의 객관론 신화의 사다리의 맨 꼭대 기를 점유하는 대상과는 아주 큰 대조를 이룬다. 주제와 대상을 구분 하는 것은 인식, 가르침, 배움에서 아주 중요하다. 주제는 관계에 이 바지하지만, 대상은 그렇지 못하다. 타자를 하나의 주제로 생각할 때 유지가 아닌 관계를 통하여 타자를 인식한다. 주제가 관심의 한 가운 데 놓일 때 관계가 시작된다. 대화적 의사소통이 가능한 교실에서 '서로 들어주는 관계'가 성립된다. 배움은 '새로운 세계와의 만남과 대화'이다. 관계를 형성하는 대화는 타자의 목소리를 듣는 경청에서 배움은 시작될 수 있다.

마치 4차 산업혁명의 본질인 제조업과 정보통신분야가 융합된 이미지를 드러내며, 교육의 역량 4C(창의성Creative, 비판적 사고력 Critical Thinking, 소통 기술 Communication Skill, 협업Collaboration)가 발현되어 4차 산업혁명 시대가 요구하는 인재를 키울 수 있는 영혼 있는 교육의 형태이다.

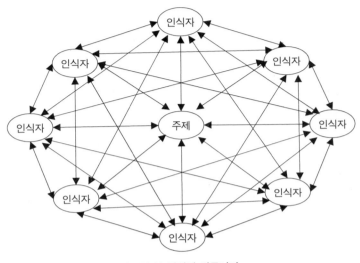

[그림 2] 진리의 커뮤니티

IV. 공동체를 통한 교육개혁의 단계

이 시대의 교육은 모두 함께 서 있을 수 있는 공간을 추구하는 공동의 실천이 필요하다. 우리는 하나님이 홀로 서 있는 각자 안에서 일하실 때보다 함께 서 있는 우리 모두 안에서 더 위대한 진리를 행하실 것임을 알아야 한다. 그러나 공동의 실천 또는 추구할 때 개인이 결코 제압당해서는 안 된다. 동의하도록 강요하거나 투표에 패하여 반감을 품은 소수가 되거나 회원자격을 잃어서도 안 된다. 그리스도인들은 종교적 권위주의와 영적 주관주의 사이에 놓인 길을 걸음으로써 공동체에 기여할 수 있다. 공동체는 신의 있는 삶으로부터 나온다. 그리스도인들이 교회뿐만 아니라 가정과 이웃 사이에서, 학교와 직장이라는 상황에서, 국가 내에서 이런 삶을 이끌 수 있다면 우리는 인간적이기도 하고 신적이기도 한 공동체의 창조에 기여할 수 있다.[25] 파머는 진리의 커뮤니티 안에서 단절과 소외를 극복하여 분열되지 않는 공동체의 실천과 추구를 위해 다음과 같은 실천단계를 제시한다. 이는 진리의 커뮤니티라는 공동체를 이루어 공공성의 지향까지 나아가기 위해 중요한 지침을 제공해 준다.[26]

첫째 단계는 고립된 개인들이 더이상 분열된 삶을 살지 않겠다는 내적인 결심을 한다. 그리하여 제도권 밖에서 삶의 중심을 발견한다. 둘째 단계는 이 개인들이 서로를 발견하여 일치의 커뮤니티를 형성한다. 그리하여 공통의 비전을 발전시키기 위해 서로 돕고 성원하는 기회를 갖는다. 셋째 단계는 이 커뮤니티는 공식화 된다. 자신들의 개인적인 관심사를 공적인 문제로 만들고 이 과정에서 심한 비판을 당하게 된다. 넷째 단계는 대안적인 보상 체계가 생겨난다. 그리하여 운동의 비전을 추진시키고 제도권의 보상 체계를 변경하라는 압력을 넣게 된다. 이 네 단계를 도표로 정리하면 〈표 1〉과 같다.[27]

---

25 Parker J. Palmer/김명희 역, 『가르침』 (서울: 아바서원, 2012). 161-163.
26 Parker J. Palmer/이종인·이은정 역, 『가르칠 수 있는 용기』 (서울: 한문화. 2005), 296.
27 Parker J. Palmer, 『가르칠 수 있는 용기』 (2005), 297-326.

<표 1> 공동체 안에서 공공성을 지향하는 단계

단계	1단계	2단계	3단계	4단계
특징	변화가 필요한 상황 속에서 고통받던 개인이 더이상 분열된 삶을 살지 않겠다는 용기.	분열되지 않는 삶을 선택한 사람들은 자신의 입지가 취약하다는 것을 느끼고 일치의 커뮤니티를 형성하여 믿음을 강화한다.	교육개혁 운동이 공식화되려면 그 운동을 대중의 비판 앞에 드러내어 비판을 진지하게 받아들여 공공의 검증과 책임의식을 갖추어야 한다.	운동이 기존 질서를 혁신하거나 변모시키기보다는 '바꾸어 놓는다.'[28] 소중하게 여기는 활동을 중심으로 하는 대안적인 보상 제도를 주장한다.
로사 파스 (Rosa Parks)	흑백 차별 버스에서 백인 좌석에 앉아서, 백인 남자에게 좌석을 양보하는 것을 거부하고 비폭력 전략으로 행동할 것을 결심(로사파스의 결정).	흑인교회는 운동의 실체가 개발되고 유지되는 공간을 제공하며, 사람들이 장차 더 큰 세상을 향해 자신의 기량을 발휘할 수 있도록 훈련장이 되어주었다.	공공의 대화를 나누어야만 권위를 획득할 수 있고 이해와 설득을 얻어낼 수 있다. 마틴 루터 킹 목사를 대표로 하여 공공성 확보를 위해 노력함.	제도권과 조직의 논리를 바꾸어 놓으며 변화의 필요에 눈뜨게 했다. 전통적인 조직(제도권)은 운동지향적인 작업을 수행하고 보상받는 공간을 더 많이 만들어낸다.
교육 개혁	교사는 자신의 정체성과 성실성을 이해하며, 학생들의 삶에 깊은 관심을 갖고 학생들과 단절되는 것을 원하지 않는다.	구조적인 지원이 필요하다. 교회의 신앙공동체 또는 가르침과 배움의 센터, 교육개혁을 위한 협회나 네트워크를 결성하여 참여한다.	운동이 공식화되면서 참여자의 정체성과 성실성이 공공 영역의 가치들과 부딪칠 수 있다. 성실성을 유지하면서 갈등하는 영향력에 개방성도 갖추어야 한다.	운동의 전개는 조직의 교착 상태와 그로 인한 절망 상태에 하나의 대안이 되어 교육개혁에 파급효과를 가져온다.
운동 원칙	운동에너지 생성	상호 연결적	공식화된 에너지	운동에너지의 완성
운동의 보상	자신의 정체성을 더 잘 배운다.	도움 주는 동지들과 커뮤니티를 형성한다.	더욱 확대된 공적인 생활을 한다.	분열되지 않는 삶을 사는 데서 오는 보람[29]

운동의 4단계는 우리가 교육개혁을 위한 운동의 한 자리를 차지하는데 도움을 준다. 교사 중 어떤 사람은 더이상 분열된 삶을 살지 않겠다고 결심하여, 교사의 활동과 운동의 의미를 일치시키게 된다. 그리하여 이런 가치를 공유하는 사람들을 찾아 나서게 되고 이런 변모를 떠받치는 일치의 커뮤니티에 참가하게 된다. 또 교사 중 일부는 그런 신념을 공식화하여 자신의 비전을 표면화함으로써 외부의 반응에 과감하게 도전한다. 그리하여 우리 교들은 자신의 밝은 빛을 실천하는 삶의 행복이 전통적인 보상보다 더욱 보람 있다는 것을 깨닫는다.30

파머는 운동에 대한 경고로 무지보다 더 나쁜 제도권의 논리에 집착하는 성향을 지적한다. 어떤 사람은 새로운 삶의 모험을 선택하기보다는 희망 없는 상태로 사는 것을 더 좋아하여, 체념하거나 죽음의 소망에 휘둘린다고 말한다. 파머가 제시한 공동체 안에서 공공성을 지향하는 단계를 음주운전 처벌 강화에 대해 개정한 "윤창호 법"에 적용하면 〈표 2〉와 같다.31

---

28 토머스 머튼(Thomas Merton)은 이렇게 말했다. "우리는 세상에 적응할 필요가 없다. 우리는 세상을 적응시킬 수 있다." 운동은 멋진 신세계를 만들어낸다기보다 현실을 미세하게 조정할 뿐이다. 비록 미미한 것일지라도 이런 미세 조정이 제도권의 영역으로 들어가야 한다. Parker J. Palmer, 『가르칠 수 있는 용기』(2005), 316.
29 4단계에서 사람들은 자신의 진실을 생활 속에서 실천하는 보상보다 더 큰 보상은 없다는 것을 깨닫는다. Parker J. Palmer, 『가르칠 수 있는 용기』(2005), 318.
30 Parker J. Palmer, 『가르칠 수 있는 용기』(2005), 320.
31 2018년 9월. 윤창호 군은 해운대 미포 오거리 횡단보도 앞에서 초록불 신호를 기다리다 음주운전 차량에 치었다. 운전자 박모씨의 혈중 알코올 농도는 면허 취소 수준이었다. 창호 군은 15m 너머로 떨어지며 의식을 잃었고, 46일간의 사투를 벌이다 사망하였다. 22살 절친한 청년들이 11월 30일 창호군의 사고현장에서 통한의 눈물을 흘렸다. 그 전날 자신들이 연대하여 노력한 음주운전 처벌 수위를 높이는 '윤창호 법(특정범죄가중처벌 등에 관한 법률)'이 국회 본회의를 통과했기 때문이다. BBC News 코리아. 2019년 1월 9일. https://www.bbc.com/korean/features-46756274.

〈표 2〉 공동체 안에서 공동성을 지향하는 단계 - "윤창호 법" 개정 단계

단계	1단계	2단계	3단계	4단계
특징	변화가 필요한 상황 속에서 고통 받던 개인이 더 이상 분열된 삶을 살지 않겠다는 용기	분열되지 않는 삶을 선택한 사람들은 자신의 입지가 취약하다는 것을 느끼고 일치의 커뮤니티를 형성하여 믿음을 강화한다.	교육개혁 운동이 공식화되려면 그 운동을 대중의 비판 앞에 드러내어 비판을 진지하게 받아들여 공공의 검증과 책임의식을 갖추어야 한다.	운동이 기존의 질서를 혁신하거나 변모시키기보다는 '바꾸어 놓는다.' 소중하게 여기는 활동을 중심으로 하는 대안적인 보상 제도를 주장한다.
창호의 친구들 (청년들)	친구들을 움직였던 건 국화처럼 향기로웠던 창호의 꿈(정의로운 사회를 만드는 사람) 때문이다. 창호의 꿈이 일치된 공동체를 만드는 에너지를 생성하였다.	친구들은 진리의 커뮤니티 안에서 기존 음주운전 법안과 판결 사안을 분석하고, 해외사례도 비교했다. 상호 연결되어 활동적인 공동체를 결성한 것이다.	공공의 대화와 공부를 통해 음주운전처벌이 더 강화되도록 법을 바꾸는 일을 결단하고, 공통된 비전의 발전을 위한 협력적 연대, 공공성 확보를 구축하였다.	결국 윤창호 법안은 103명의 의원들이 공동 참여해 초당적으로 발의되었고, 처벌강도와 조항을 강화하여 2018년 12월18일부터 시행되었다.
운동 원칙	운동에너지 생성	상호연결적	공식화된 에너지	운동에너지의 완성
관련 사진				
사진 설명	창호의 꿈	병원 복도 바닥에서 법안을 준비하는 친구들	거리에서 윤창호 법 서명 운동을 하는 친구들	문희상 국회의장을 찾은 친구들

V. 나가는 말: 평화교육의 원리

교회 공동체뿐 아니라 공적인 부분을 향해 공동체의 실천과 추구가 나타나야 한다. '청년들을 위한 평화교육'을 파머가 제시한 4단계와 '윤창호 법'을 제정한 친구들의 원리에 입각해 "PEACE"로 구성한 방법을 제시하고자 한다.

첫째, P의 단계로 평화를 위한 일들에 고립된 개인들이 내적인 결심(제도권을 비판할 뿐만 아니라 자기 자신까지도 비판)을 한다.

둘째, E의 단계로 일치의 커뮤니티를 형성하여 공동체를 만드는 에너지를 생성한다.

셋째, A의 단계로 개인들이 서로를 발견하며, 활동적인 공동체를 결성한다.

넷째, C의 단계로 공통의 비전을 만들고, 그것을 발전시키기 위한 협력적 연대를 행한다.

다섯째, E의 단계로 관심사를 공적인 문제로 만들어 대안적인 보상체계를 요구하는 운동에까지 나아가는 것이다.

파머는 이를 교육개혁이라고 칭한다. 이러한 운동을 통해 사회는 끊임없는 갱신과 변모의 에너지를 배출해 갈 수 있다. 청년들을 위한 평화교육의 현장에서도 파머의 교육개혁 단계에 근거한 교수방법들이 마련되어야 한다. 개인과 공동체, 이론과 실천, 객관성과 주관성, 공부와 교육 등이 상호작용하여 진리의 커뮤니티를 이루고 개인과 교회, 지역사회의 갱신과 지구촌의 평화를 향해 나아가야 한다. 삼위일체적 공동체와 진리의 커뮤니티를 통한 공동체의 연대를 통해 비통한 자들(마음이 깨져 열린 자들)이 사회적 연대, 공공적 책임을 강조[32]하며 추구하는 평화교육을 이루어 낼 수 있을 것이다. 제안한 평화교육 원리『PEACE』를 요약하면 〈표 3〉과 같다.

〈표 3〉 평화교육 원리

평화교육의 원리	
Personal decision 개인적 결심	평화를 위한 일들을 위한 개인적 결심
Energy generation 에너지 생성	일치된 공동체를 만드는 에너지 생성
Active community 활동적 공동체	개인들이 서로를 발견하여 활동적인 공동체 결성
Collaborative solidarity 협력적 연대	공통의 비전을 발전시키기 위한 협력적 연대
Embody alternative 구체적 대안	운동의 비전을 추진하며 대안을 요구하고 구현

---

32 Parker J. Palmer/김찬호 역,『비통한 자들을 위한 정치학』(서울: 글항아리, 2012).

노인과 함께하는 평화교육
— 갈등을 넘어 평화로*

김도일**

I. 들어가는 말

한반도는 그 면적이 작은 편이지만 늘 두 나라 혹은 세 나라 이상으로 나누어져 있었다. 고구려, 백제, 신라 시대 이후 통일신라 시대(676-935년)에는 고구려의 자리에 발해가 자리하고 있었고, 이후 후삼국 시대를 거쳐 고려(918-1392년)가 한반도를 점유하였다. 그런 다음 조선(1392-1897년)이 통일 시대를 이루어 왔고, 근대에 와서 대한제국(1897-1910년)이 실로 짧은 시간 한반도를 하나로 만들어 지내다가 일제의 지배를 받았다.[1] 태평양전쟁 이후 잠시 해방을 누리는가

---

* 이 글은 「선교와 신학」 제49집(2019. 10.)에 게재된 글을 수정 및 보완한 것임.
** 장로회신학대학교 교수/기독교교육학
1 https://namu.wiki/w/한국사. 2018년 12월 14일 접속.

싶더니 바로 한국전쟁이 일어나서 이후 다시 둘로 나누어졌다. 동족 상잔의 전쟁 이후 남한과 북한은 휴전선을 가운데 두고 서로 다른 정부를 세운 채 오늘에 이르고 있다. 남과 북은 약 70년 동안 서로를 안타깝게 그리워하며 정치, 사회, 경제, 문화 모든 면에서 다른 길을 걸어왔다. 늘 우리의 소원은 통일이라고 노래하며 남과 북이 하나가 되기를 염원하지만 우리 힘으로 통일을 결정하고, 통일을 성취할 수 없는 국제환경 속에서 우리 민족은 오늘도 신음하고 있다. 그러나 한 반도는 언젠가 불현듯 하나가 될 것이다. 모든 한민족이 간절히 원하고 있기 때문이다.

물론 남과 북의 땅이 통일이 된다고 해서 모든 것이 다 자연스럽게 "통일되는 것"은 아니다. 북한은 아직도 닫혀 있는 사회이기에 그곳의 상황을 명확히 파악하는 것은 불가능하다. 그렇다면, 남한의 상황은 어떠한가? 오늘의 대한민국은 촛불 정국 이후 대통령이 탄핵되는 초유의 사태를 경험했다. 지금은 촛불혁명을 지지하는 진보세력과 소위 태극기를 앞세운 보수세력 간의 갈등이 이 사회에 깊이 뿌리내렸다고 해도 과언이 아니다. 또한 온갖 가짜뉴스가 남한 사회를 더 깊은 갈등으로 몰아가고 있다. 갈등이 깊어지면 서로 생각이 다른 사람들은 상대방의 이야기를 들으려고 하지 않는다. 서로가 불신하기 때문이다. 결국 불신은 갈등은 야기하고, 갈등은 결국 진정한 통일을 방해하는 최대의 적이 될 것이다.

본 논문은 이 시대의 첨예한 문제 중의 하나인 세대 간 갈등 해결이라는 주제를 다룬다. 갈등이 사회에 미치는 영향을 알아보고, 노인과 함께하는 평화교육을 위한 세 가지 단계를 다룬다. 이는 노인과 함께하는 평화교육을 통해 한국 사회의 갈등에 대한 기독교교육적 성찰과 제언을 함을 목표로 한다.

II. 갈등의 어원과 노인에 대한 이해

1. 갈등의 어원적 이해

갈등의 한자 '葛藤'은 '칡 갈' 자에 '등나무 등' 자이며, 칡과 등나무가 서로 감싸고 올라가며 함께 뒤엉키다가 결국은 두 나무 다 잘 자라지 못하고 서로 고사(枯死)하게 되는 것을 묘사한다. 서로의 생존에는 무관심하고 자신만 살겠다는 이기심이 결국 둘을 다 말라죽게 한다는 의미이다. 갈등을 영어로 표현하면 'conflict' 혹은 'discord'이며, 라틴어로는 'confligere'이다. confligere는 'confligo'라는 어근에서 파생된 단어로써 'con'(together)과 'flīgō'(strike)의 합성어이다. 즉 서로를 때리는 모습을 묘사한 단어이다.[2] 이는 인간 상호간의 불협화음을 야기하는 관계의 틀어짐을 나타낸다. 갈등은 대개 이익의 충돌로 생겨나는 부산물이지만 갈등이 늘 나쁜 것만은 아니다. 갈등이 존재한다는 것은 거기에 삶의 욕구가 있다는 것이며, 갈등으로 인하여 경쟁이 생기지만, 그 경쟁으로 인하여 인류의 문화가 발전해 나가기 때문이다. 다만 이 갈등으로 인하여 관계가 파괴되거나 서로가 멸망하는 데까지 나가는 극단은 피해야 한다. 또한 갈등의 요인이 사회적 체계나 법의 불균형에 있는 것이라면, 반드시 바로 잡으려는 노력이 필요하다.

---

2 https://en.wiktionary.org/wiki/confligo#Latin. 2018년 12월 14일 접속.

2. 노인에 대한 이해

먼저 노인이라는 명칭의 의미는 다음과 같다. 노인을 요즘은 선배 시민 혹은 시니어(senior)로 부르는 경향이 많아졌다.[3] 일반적으로 노동이 가능한 나이를 64세까지로 보는 사회적 관점에서 보면 노인은 65세부터의 성인을 일컫는다. 물론 최근 의료기술의 발달로 100세 시대를 논하며 노인에 대한 기준을 바꿀 것을 요구하기도 한다. 국제연합기구(UN)는 65세를 청년으로 불러야 한다는 파격적인 생각의 전환을 보여주기도 했다.[4] 그러나 본 연구에서는 노인을 사회적 관점을 따라 65세부터의 성인으로 볼 것이다. 본고가 다루고자 하는 한국 사회 안에서의 노인 정책들이 65세부터의 성인이라는 정의에 맞추어져 있기 때문이다. 통계청은 2018년 14.3%였던 65세 이상의 고령자가 2060년에는 41.0%가 될 것으로 예상하고 있다. 이는 한국 사회가 초고령사회에 거의 도달하였다는 의미이다.[5] 이 예상에 따르면 2018년 0.2명을 부양하던 생산 가능 인구가 2040년에는 0.5명을 부양해야 하는 책임을 지게 된다.[6] 더욱이 우리나라가

---

3 김영동, "시니어 선교의 현황과 활성화를 위한 신학적 방향," 「선교와 신학」 32 (2013. 8.), 44 이후. 김영동은 시니어들의 경험과 전문분야를 활용하여 목회자 중심의 선교에서 평신도 특히 시니어를 활성화시켜 교회의 선교적 역량을 확충해야 한다고 보았다. 특히 북한선교에 매우 유용한 자원임을 밝혔다. 그러나 본 연구는 다음 세대와 시니어 세대와의 갈등에 초점을 맞추기로 한다.

4 최근에는 100세 시대를 준비하자는 의미에서 호모 헌드레드(Homo Hundred)라는 용어를 사용하기도 한다. 이는 유엔의 2009년 보고서에 등장한 용어이다. 장신근, 『통전적 신앙과 생애주기별 기독교교육』(서울: 장로회신학대학교출판부, 2019), 283-284.

5 통계청, 「2018 고령자 통계 자료」.

6 "2060년 한국인 10명 중 4명이 '노인,'" 「중앙일보」, 2016년 3월 24일.

북한과 통일이 되면 통일 비용이 막대할 것으로 예상되며, 이때 생산 가능한 이가 몇 명을 부양하는 책임을 지게 될지는 짐작하기 어렵다. 예상컨대, 한 사람이 두 명 이상의 노인을 부양하기 위하여 지금보다 더 많은 세금을 내야 할 것이다.

노인의 발달심리에 관한 이해도 중요하다. 에릭 에릭슨(Erik Erikson)에 의하면 대개 노년기는 장년기보다 인생에 대한 이해가 넓어지는 시기로서 자아통합(自我統合, self-integration)의 과정이 일어나기 좋은 시기이다. 실존적 삶의 풍부한 경험은 노인의 시야를 넓혀주는데 이는 인생의 통과의례(Rites of passage)를 다양하게 경험했기 때문이다. 출생 이후로 영유아기, 아동기, 청소년기, 청년기, 장년기를 지나온 노인이 인생의 모든 시기를 거치며 얻은 풍부한 경험을 토대로 유연한 자아 이해할 수 있게 되는 것이다. 이전보다 죽음을 더 가까이 앞둔 노인은 자기 삶의 희로애락과 타인의 인생 경험에 대한 종합적인 이해하게 된다. 회고와 음미를 통해 인간 삶의 의미를 깊이 분석해 볼 기회를 가질 수 있고, 자신과 타인의 모습에 대하여 용서와 수용, 관계 정립의 여유를 갖게 될 수 있다. 이렇듯 노인기의 인간은 인간이 과연 무엇이며, 자신은 누구인지 그리고 남은 삶을 어떻게 살아야 하는지에 대한 성찰을 통해 자아통합의 경험을 서서히 하게 되는 것이다.[7]

그러나 모든 노인이 이 시기에 자아통합만을 경험하는 것은 아니다. 노인기의 인간은 인생의 무상함과 파괴적인 인간관계에 신음하기도 한다. 이러한 자아의 경험을 에릭슨은 '절망'(絶望, despair)이라

---

7 고원석 외, 『기독교교육개론』(서울: 장로회신학대학교 기독교교육연구원, 2013), 101-102.

는 단어로 요약했다. 노년기에는 자아통합의 경험과 더불어 절망도 깊이 느끼게 된다는 것이다. 인간의 죄성에 근거한 자기연민, 인간관계의 실패, 후회 등의 경험으로 인해 노인들은 깊은 절망의 수렁으로 빠져들기도 한다. 육신과 정신의 노쇠가 급격하게 진행되며, 전두엽의 활동이 이전보다 줄어들면서 자기 절망과 우울의 늪에 빠지기도 하는 것이다. 특히 노인 자신이 젊은 시절에 가졌던 시세에 대한 이해와 경험을 거부하는 젊은 세대의 진보적인 사고에 거부감을 갖기 쉽다. 오늘날 소위 촛불 세대와 태극기부대 간의 갈등은 절망과 우울의 노년기적 증상과 상관관계가 전혀 없다고 말하기 어려울 것이다.

뉴욕에서 태어나 시카고대학에서 박사학위를 한 로렌스 콜버그(Lawrence Kohlberg)는 피아제(Jean Piaget)의 영향을 받았다. 그는 1945년 폐허가 된 유럽으로 떠나 유태인들의 대학살에서 간신히 살아남은 이들을 위해 봉사를 하다가 도덕적인 문제에 관심을 갖게 되었다. 불의가 판을 치는 삶의 현장에서 인간은 과연 어떠한 도덕적 판단을 내리며 살아가는지에 대한 호기심을 갖게 된 것이다. 이후 미국으로 돌아와 교수 생활을 하며 10세에서 16세 사이 98명의 소년들의 도덕적 판단 혹은 추론을 근 30년간 연구하여 결과를 발표한 것이 바로 콜버그의 도덕발달이론이다. 그는 '하인츠 예화'를 통한 실험으로 인간이 가진 도덕 판단의 발달 단계를 전(前)인습단계, 인습단계, 후(後)인습단계로 구분하였다. 그가 판단 기준으로 사용한 일곱 가지 요소는 권위의 원천(source of authority), 정의(definitions), 의도(intentions), 정의(justice), 개인들의 가치(values of persons), 의로운 행동을 위한 자극(stimulus to right actions), 다른 사람의 관점을 취하는 능력(ability to take another's perspective)이다.8 이 요소는 오늘날 노인 세대가 가진 불안이 분노로 변하게 되는 원인을 파악하는 데에 적지 않은 도움이 된다.

대개 어린이들은 자신이 경험한 관점과 자신이 신뢰하는 어른이 옳다고 정의하고, 그렇게 받아들이라고 명령한 것을 옳다고 받아들이는 경향을 보인다. 자기중심적인 도덕적 추론은 행동한 사람의 의도를 전혀 고려하지 않은 채로 잘못의 양만을 보고 판단하며 이기심이 추론의 기준이 된다는 것이다. 그래서 이 단계를 전인습단계로 부르는 것이다. 두 번째 인습단계에서는 도덕적 권위의 원천을 자신이 좋아하는 어른으로부터 찾으며, 소위 착한 소년, 착한 소녀가 되려고 노력한다. 그러면서 공동체 속에서 착한 사람들이 지키는 규칙과 규범을 발견한다. 이때 도덕적 추론의 기준은 자신의 경험을 함께 할 수 있는 친구, 가족, 공동체의 인습으로 삼는데 이때의 동기는 자신에게 중요하게 여겨지는 이들을 기쁘게 해주려는 욕구로 인한 것이다. 대개 청소년들이 인습단계에 도달하게 되면 자신이 속한 모임, 사회의 규범을 따르게 되며 그것을 지키는 것이 정의라고 생각한다. 그래서 이 단계를 인습단계로 부르는 것이다. 마지막으로 후인습단계는 여러 사람과 다양한 가치를 좇는 공동체나 사회의 이해관계가 얽혀 있는 복잡한 상황에서 도덕적 추론을 하면서 생기게 된다. 때로는 법이 아무리 상세하다고 해도 그것이 도덕적 판단을 내리는 데에는 충분하지 않을 수도 있다는 것을 느끼게 된다. 이 단계에서는 때로 자신에게 유익하지 않은 결과가 나오게 되더라도 자신은 타인을 위하여 헌신하여야 다양한 가치를 갖고 있는 모두의 삶에 통전적으로

---

8 James Wilhoit · John M. Dittoni/김도일 · 김정훈 역, 『발달주의적 시각으로 본 기독교적 양육』(서울: 쿰란, 2013), 79-84.

유익을 끼치게 된다는 것을 깨닫게 되는 단계이다. 이때 다른 이들의 다양한 관점을 고려하고 진정으로 정의로운 도덕적 판단을 내리게 되며 자신뿐만 아니라 타인의 가치도 존중하는 태도를 취하게 된다. 콜버그는 연구 결과를 발표하며 24세가 되기까지 후인습단계에 도달하는 사람을 거의 발견하지 못했고, 많은 미국 성인들이 법과 규범 중심의 인습단계의 추론에만 머물고 대개는 후인습단계로 옮겨가지 않는다 말한 바 있다. 그리고 안타깝게도 어떤 성인들은 자기중심적 도덕 판단을 하는 전인습단계에 평생 머물기도 한다는 것이다.[9]

III. 한국 사회 속에서의 노인과 세대 갈등에 대한 이해

박재흥은 한국 사회 속에 존재하는 세대 간 갈등에 대하여 권위주의 대 탈권위주의, 성장주의 대 소비주의 그리고 집단주의 대 개인주의라는 세 가지 문화적, 이념적 갈등 현상으로 분석했다. 이 갈등의 현상이 깊어지면 세대 간 소통의 골이 깊어져 사회적 병리현상을 낳게 된다고 우려하면서 결국 상호협력 및 상호교류가 불가능해지는 지경에 이르게 될 것으로 보며, 이러한 현상의 시작을 1970년 이후라고 말한다.[10] 이는 일리가 있는 분석이다. 그의 견해는 세대 간 갈등에 대한 일말의 단초를 발견하게 도와준다. 실제로 한국 사회에는 2019년 현재 심각한 이념적, 문화적 갈등이 존재한다. 이를 부인하

---

9 James Wilhoit · John M. Dittoni/김도일 · 김정훈 역,『발달주의적 시각으로 본 기독교적 양육』(서울: 쿰란출판사, 2005), 85-90.
10 박재흥, "권력, 이념, 문화 갈등을 중심으로," 「한국인구학」 제33권 3호(2010), 75.

기는 매우 어렵다. 더욱이 촛불혁명으로 국민이 박근혜 정권을 심판하고 나서는 소위 노년 세대를 주축으로 하는 태극기부대의 등장이 가시화되었고, 이는 역사적으로 없던 현상이다. 일각에서는 이들이 일당을 받고 시위에 참가한 노인들의 집단이라고 주장하지만, 이들은 단순히 그렇게 폄하하기 어려운 대규모의 시위 집단이다. 박현석의 분석에 의하면 이들은 5070세대가 주를 이루고 반공교육과 미국의 원조에 연민을 갖고 있는 이들이며, 독재적 지배를 어느 정도 향수(享受)하는 집단이라고 볼 수 있다.[11]

물론 세대 간 갈등의 또 다른 하나의 원인인 권력 이양과 관련이 깊으며, 이는 곧 젊은 세대의 저(低)연령화 추세와 밀접하게 관련됨을 간과해서는 안 된다. 결국, 투표 가능 연령의 저연령화는 특정 세력의 정권 탈환에 기여하였다고 판단하였는바, 보수 성향을 가진 노인 세대들은 이에 위협을 느끼게 되어 태극기를 들고 거리로 뛰쳐나온 것이다.[12] 그들은 국정을 망가뜨린 박근혜 전 대통령을 육영수 여사와 박정희 전 대통령의 핏줄이라는 이유만으로 한 가족으로 받아들이는 '가족 로망스'를 품고 있다. 이를 통해 보수 성향의 노인 세대들은 박정희-박근혜-육영수-노인 세대로 연결시키는 심리적 연대감을 느끼게 된 것이라고 박현선은 주장한다.[13] 여기에 일반적으로 미디어 활용에 제한된 능력을 가진 노인 세대들이 작위적으로 조작된 정보에 의존하는 현상이 극대화되면서 편향적인 사고를 형성하

---

11 최종숙, "촛불, 태극기 그리고 5070세대 공감," 「한국민주주의연구」, 11호(2017); 박현선, "태극기 집회의 대중심리와 텅빈 신화들," 「문화과학」 91호(2017), 109에서 재인용.
12 박현선, "태극기 집회의 대중심리와 텅빈 신화들," 「문화과학」 91호(2017), 92-93.
13 박현선, "태극기 문화의 대중심리와 텅 빈 신화들," 114-118.

게 된 것도 세대 간의 갈등에 일조하였다고 볼 수 있다. 이러한 시대적, 사회적, 문화적 배경 속에서 노인 세대들은 탈권력주의, 탈권위주의, 탈체제주의를 지향하는 젊은 세대를 불신하게 되었고 세태에 대한 극도의 절망감을 느끼게 되어 태극기집회에 적극적으로 참여하는 것으로 보인다.

사실 세대 간의 갈등은 가정에서 시작된다. 다음 세대들의 부모인 성인 세대가 대개 보수 및 전통적이며 청소년 및 청년 세대가 더 진보적이라는 사실은 일찍이 사회학적인 연구에서도 증명된 바 있다.14 물론 다 그런 것은 아니지만, 특히 4차 산업혁명이 시작된 지금에 와서는 그런 현상이 더 깊어지고 있다고 볼 수 있다. 젊은 세대는 인터넷에 탑재된 정보의 보고에 더 쉽게 접근하며 끊임없이 정보를 업데이트하는 것에 비해 민주화를 이룬 성인 및 노인 세대는 한정적인 시대 이해를 가질 수밖에 없다. 물론 새로운 정보에 접근(access)하는 것이 다 좋은 것은 아니지만 적어도 젊은 세대들은 정보를 읽고 이해하는 능력(literacy capability)의 개발이 없이는 사회에 적응하기 어려운 현실을 살고 있다. 따라서 정보 수집 능력 및 문해력은 젊은 세대와의 소통을 위해 필수적인 요소이다. 세대 간의 갈등은 현실에 대한 이해와 성향에 근거하기 때문에 이를 해결하는 노력을 기울이지 않으면 그 갈등의 골은 더욱 깊어질 수밖에 없으며, 이것이 세대 간 무시와 격리 상태를 초래할 수 있다. 이를 해결하기 위한 사회적 비용 역시 상상을 초월하기 어려울 것으로 사료된다. 〈그림 1〉은 세대 간 갈등을 축약해서 그림으로 보여준 것이다.15

---

14 이창호, "세대 간 갈등 원인과 해결방안," 「한국청소년학회 학술대회」 프로시딩 (2002. 06), 138, 131-140.

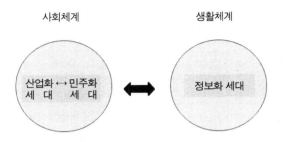

사회체계   생활체계

산업화 ↔ 민주화
세 대   세 대   정보화 세대

　획일적인 이념과 정치, 경제체제 가운데서 오랜 세월을 지내온 노년 세대가 살아가기에 오늘날의 한국 사회는 너무도 유연해졌다. 더욱이 탈성장 시대를 맞이하면서 양보다는 질을 추구하는 젊은 세대와 공존하는 것이 그들에게는 너무도 불안한 일일 수 있다. 불안이 고조될 때 인간은 누구나 안전과 보신주의를 추구하게 되어 있다. 한국 사회의 노인 세대가 변화에 히스테릭하게 반응하는 것은 어쩌면 당연한 것이다. 한 나라의 대통령이 탄핵되어 감옥에 갇히는 것을 보아야 했던 노인 세대들은 모든 것의 기초가 흔들리는 심리적 최후 방어선이 허물어진 경험을 했을 것이다. 그러므로 그들은 촛불 세대가 나라를 송두리째 뽑아 버렸으며, 이 허물어진 토대와 뽑힌 뿌리를 다시 심어야 한다는 극도의 불안에 사로잡힌 것이다. 그러기에 그들의 불안은 김문조의 표현대로 불안에서 분노로 표출되었고 유연한 제도에서 야기된 사회 체제의 불확실성은 노인 세대로 하여금 사회적 불신과 적대감을 갖게 하였다고 볼 수 있다.[16]

　이전에는 계엄이 선포되고 통행금지라는 규칙이 세워져도 총칼이 무서워 한마디 비명도 지르지 못하고 순응해야만 했던 노인 세대

15 김문조, "한국 사회의 갈등: 진단과 해법: 계급갈등 및 세대갈등을 중심으로," 『사회적 갈등 종합정책 보고서』(서울: 재단법인 행복세상, 2014), 32.
16 김문조, "한국 사회의 갈등: 진단과 해법: 계급갈등 및 세대갈등을 중심으로," 44.

이 무서워 한마디 비명도 지르지 못하고 순응해야만 했던 노인 세대가 볼 때, 요즘의 젊은 세대들은 무규칙, 무순종, 무존경, 무정부적 멘탈리티로 살아가는 듯이 보일 수 있다. 장신근은 근대화/산업화 세대, 386(운동권)/민주화 세대, 정보화/디지털(N) 세대로 구분하면서 정치적 가치와 사회적 가치, 가족 가치, 정보화 등에 따라 세 세대를 구분한 바 있다. 즉, "근대화/산업화 세대(노인 세대에 가깝다)"는 정치적으로는 현실주의, 성장주의와 민주주의의 갈등, 유신의 그림자, 진보주의의 좌절, 친미반북의 성향을 보이며, 사회적 가치로 볼 때 가족과 국가를 위해 헌신하고 "우리" 의식이 강하며, 권위를 상실한 세대로 보았다. 그들은 일을 위해 가족을 희생한 세대이고, 가장 중심의 이데올로기를 고수하였으며, 대개 정보화 세계화에 대한 적응력이 취약하다는 특징을 지녔다. "386/민주화 세대"는 정치적 가치로 볼 때, 관념적 민중주의를 가졌고, 민주화의 주역, 진보의 기수, 세대 비약 달성, 친북반미 성향을 보인다. 사회적 가치의 시각으로 볼 때, 그들은 한국적 특수성과 세계적 보편성 추구, 개인적 욕구와 공동체적 욕구 간 갈등을 경험하였고, 가족과 일 모두를 중요하게 여기며 가장 이데올로기의 위기를 경험하였고, 뉴미디어를 활용하며 사회활동을 한다. 마지막으로 "정보화/디지털 세대"는 정치적으로는 탈 정치적 문화주의, 실용적 보수주의, 문화적 반미주의의 성향을 보이며, 사회적 가치의 시각으로는 문화 코드로 동질감을 확보하고 한국적 가치보다 세계적 규준을 중시하는 성향을 보이며, 일보다 가족을 중요시하고 맞벌이 부부의 규범화 현상으로 가장 이데올로기를 잃었으며, 대개 첨단 정보와 통신기기를 자유롭게 활용하는 세대로 보았다.[17]

세대별 가치관을 비교할 때, 주의해야 할 것은 나이 차가 많다고 하여 단순히 세대 간의 갈등이 있을 것이라고 예단해서는 안 된다는 것이다. 세대 간 갈등 해결을 위한 노력이 필요하다. 무엇보다 세대 간의 개방적인 자세와 소통을 위한 노력은 필수적이다. 획일성 (uniformity)을 고집하기보다는 다양성(diversity)을 상호 간에 인정하고, 평화로운 공존을 위한 구체적인 대화법을 양자 간에 숙지하고 훈련하는 것이 필요할 것으로 본다. 양세대가 더 이상 반목질시하지 말고, 상호연대, 상호교류, 상호소통, 상호 공존하는 길을 모색하는 것이 오늘날 절실하다. 이전 연구에서 밝힌 것처럼, 노인 세대와 젊은 세대는 현실을 올바르게 파악하고 책임의식을 회복하는 것을 우선해야 한다. 또한 세대 간 갈등을 줄이고 평화를 추구하는 균형 잡힌 인간성과 공동체의식을 회복하는 것도 매우 중요하다.[18] 그렇기에 갈등에 대한 구체적인 연구와 해결 방안에 대한 실질적인 교육을 위한 준비가 필요하다.

IV. 갈등이 사회에 미치는 영향

가끔 동남아시아의 몇 나라를 다녀보면 그곳에도 경제적, 신분적, 종교적, 정치적 갈등이 분명 심한 것 같은데 한국보다 시위 문화가 덜 발달된 것 같고, 적어도 겉으로 보기에는 사람들이 너무도 순

17 장신근, 『통전적 신앙과 생애주기별 기독교교육』(서울: 장로회신학대학교출판부, 2019), 27-28.
18 김도일, "평화교육의 과제와 프로그램에 관한 연구," 『평화와 기독교교육』(서울: 장로회신학대학교 기독교교육연구원, 2007), 169-170.

박하게 현실을 받아들이는 것 같은 착각을 하게 된다. 물론 사람을 겉으로만 보고 잠시 여행을 하는 사람으로서 그 사회의 속살을 어찌 정확히 알겠는가마는 피상적으로나마 덜 공격적이고 현실에 순응하며 상황에 안주하는 것 같은 느낌을 지울 수 없다. 그러나 사람의 한 길 마음속을 정확하게 파악할 길은 도저히 없기에 그들의 일은 그들에게 남겨두고 우리 이야기를 할 수밖에 없다. 박길성은 한국 사회의 갈등 지형과 연대적 공존을 모색하기 위한 연구의 일환으로 "사회는 갈등을 만들고, 갈등은 사회를 만든다"고 다소 역설적인 견해를 주장하였다. 인류의 모든 역사는 갈등의 역사라고 할 수 있다. 그러나 한국은 갈등의 정도가 우려된다. 박길성이 인용한 삼성경제연구소의 보고에 의하면 한국 사회의 갈등지수를 OECD 27개국 중 26위에 위치한 한국은 막대한 갈등 비용을 치루고 있는 중이며, 만일 OECD의 평균수준으로 낮추기만 한다면 2010년 기준으로 1인당 GDP가 약 27% 정도 증가할 것으로 보는데 이는 일인당 5,023달러나 된다. 사회경제적 비용이 약 300조에 달할 것이라는 보고 있었다. 이는 우리나라의 갈등이 극심하다는 것을 의미한다.[19] 또한 한국행정연구원은 한국 사회의 갈등 추이를 2013년과 2018년을 비교하여 〈그림 2〉와 같이 보고한 바 있다.

다음의 그림을 보면 한국 사회에는 이념 갈등이 가장 많고, 다음이 빈부 갈등, 노사 갈등 그리고 세대 갈등과 종교 및 남녀 갈등이 뒤를 잇고 있다. 본 연구의 주제인 세대 갈등은 64/100로 나오고 있다. 물론 세대 갈등은 이념, 빈부, 노사, 종교, 남녀 갈등 등을 포함하

---

19 박길성, 『사회는 갈등을 만들고 갈등은 사회를 만든다』 (서울: 고려대학교출판부, 2013), 15-16.

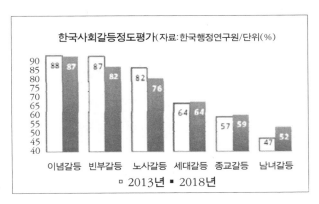

[그림 2] 한국 사회 갈등 정도 평가 추이

는 것으로 파악해야 할 것으로 보인다. 「교회성장」은 2019년 한국 교인들의 인식 설문조사를 통해 한국 사회가 심각하게 해결해야 할 문제 중 1순위를 경제 일자리 빈부격차로 보았고(응답자 22.4%), 2순위를 이념과 세대 간의 갈등(응답자 17.3%)으로 보았다.[20] 이러한 조사 결과는 위에서 다룬 것과 차이가 없는 것으로 나타났다. 또 한국 교회가 해결해야 할 시급한 문제도 파악되었는데, 1순위는 교회다움과 성도다움을 회복하는 것(응답자 32.1%), 2순위는 영성, 예배, 전도의 회복이었고(응답자 12.0%), 3순위는 세속화 극복과 본질 회복(응답자 6.6%)이었다.[21] 교회의 문제를 분석해 보면 본질적 추구를 통한 교회와 성도의 본분을 회복하여 세속화 시대에 교회의 역할을 다하여 사회 속에서 건강한 시민으로 살아가는 것이 중요하다고 볼 수 있겠다.

박길성은 "모든 경계에는 꽃이 핀다"라는 표현과 "갈등은 사회를 만들고 사회는 갈등을 양산한다"라는 표현으로 갈등에는 부정적인

---

20 "2019년 교인인식 설문조사," 「교회성장」 (2019년 2월호), 41-49. 이는 성인남녀 (20-60대) 336명을 대상으로 조사한 것이다.

21 "2019년 교인인식 설문조사," 「교회성장」, 50-57.

면과 긍정적인 면이 공존한다고 강조한 바 있다. 그는 갈등이 너무 심화되면 행복지수가 낮아지고, 국민 전체에 해악을 끼친다는 점을 강조하며 다음의 사례를 던진다. 독일은 공존의 담론은 진보세력이 만들어 내고, 통일은 보수 세력이 만들어냈다. 즉, 시작은 진보가, 마무리는 보수가 했다는 것이다. 서로 배타적인 자세로 경멸하면 그 사회에는 평화가 찾아오기 힘들 뿐 아니라 갈등에 따른 대가를 혹독하게 치러야 한다. 그러므로 연대하며 공존하는 노력을 양극단의 사람들이 추구해야 할 것이다. 결국 사회 전 구성원이 공존의 미덕을 추구해야 한다.22 그러기에 양 진영은 비지배적인 상호의존의 관계를 존중해야 하며, 민주주의의 미덕인 타협과 절충을 위해 노력해야 하고, 과속과 쏠림현상에 주의해야 하고, 조화를 중시하는 풍토를 만들어야 한다. 특히 책임감 있는 시민의식의 강화가 매우 중요하다. 이를 위하여 사람과 사람 사이를 연결하려는 시도와 이를 위하여 시민정신에 대한 교육이 매우 중요하다.23 결국 한국은 연대적 공존을 위한 소통과 존중의식을 강화해야 할 것이다. 왜냐하면 갈등은 어느 나라, 인간 사회, 교회에나 존재하기 마련이지만 양극단으로 치닫는 오늘의 한국 사회의 현실을 볼 때, 너무 이상적인 담론이 될 수도 있기에 심히 우려되는 상황이 펼쳐지고 있는 것이다. 교회에도 이런 현상은 흔히 볼 수 있는 것이어서 그냥 지나칠 수 없는 사안이 바로 갈등조정에 대한 지혜와 대안이 절실한 현실이다.

---

22 박길성, 『사회는 갈등을 만들고 갈등은 사회를 만든다』 (서울: 고려대학교출판부, 2013), 9.

23 박길성, 『사회는 갈등을 만들고 갈등은 사회를 만든다』 (2013), 9-32; 박길성, "연대적 공존에 관한 이론적 탐색: 한국 사회의 갈등정치를 넘어," 「한국 사회학회 사회학대회 논문집」 (2012.6), 637-646의 핵심.

V. 노인과 함께하는 평화교육을 위한 세 가지 단계

1단계: 노인과 함께하는 평화교육에 대한 이해

이 글은 노인을 위한 연구가 아니다. 노인을 일방적으로 도움만을 받는 수혜자로서 대하는 자세는 진정한 교육이 될 수 없다고 본다. 노인 세대는 도움도 받아야 하고 젊은 세대가 도와드려야 하는 세대이지만, 그들은 학습자이면서 동시에 교수자이며, 도움을 받기도 하나 도움을 줄 수도 있는 세대이다. 최근 노인학 연구에서는 그들을 선배 시민으로 대해야 한다고 주장하는 목소리도 적지 않다. 그들의 인생 경험과 포괄적인 인생 지혜는 결코 후배들이 단시간에 습득하거나 책에서 배울 수 있는 것이 아니다. 그러므로 노인을 위한 교육이 아닌, 노인과 함께하는 교육이어야 그 관점 자체가 옳은 것이라 할 수 있다. 타인과 어울려 지내는 기술과 지혜는 노인 세대가 젊은 세대에게 전수해줄 수 있는 가장 보배로운 자산이다. 이것은 앞서 언급한 박길성이 주장하는 연대적 공존을 위해 매우 필요한 것이다. 남과 북이 오랫동안 반목하고 질시하며 서로를 적으로 대하고 있는 현실 속에서 장래 이루어질 통일 한국을 위한 연대적 공존, 타협과 절충 그리고 화목한 소통과 교제의 기술은 결코 어느 누구도 무시할 수 없는 중요한 것이다. 더욱이 갈등 지수가 어떤 나라보다도 높은 한국에서 노인 세대의 연륜과 인생 경험으로부터 자연스럽게 습득된 연대적 공존을 위한 사회적 관계와 협력 그리고 인격적인 보살핌과 함께함의 지혜는 평화를 추구하는 교육에 관심을 가진 사람이라면 반드시 배워야 할 것이다.

일찍이 파울로 프레이리(Paulo Freire)가 『억눌린 자를 위한 교육』 (*Pedagogy of the Oppressed*)을 써서 수많은 동서양의 억눌린 자들에게 소망과 기쁨을 주었지만, 실제 이 책의 제목은 억눌린 자를 위한 교육이라기보다는 억눌린 자들의 교육 혹은 억눌린 자들과 함께하는 교육으로 읽어야 저자의 의도를 제대로 파악한 것이라고 본다. 실제 그가 브라질 게토의 사람들이 고용주들에게 착취당하고 인간 대접을 받지 못하는 현실을 보았을 때, 프레이리는 그들과 "함께 하며," "그들의 필요를 채워 주고," "인간으로서의 정체성과 주체성"을 되찾게 해주는 데 일조를 하였기에 이 책은 많은 교육자와 피교육자들에게 일종의 회심을 가져다준 것이리라.[24] 물론 모든 노인이 배울 필요가 없다는 말은 아니지만, 배움이라는 말 자체가 상호학습, 상호교수를 함의한다고 할 때, 노인에 대한 이해를 바로 갖는 것이 중요하다. 이 관점을 수용하여, 이제부터는 노인을 위한 평화교육이 아니고 노인과 함께하는 평화교육이라고 칭하겠다. 이와 같은 관점으로 노인들을 대하고 그들과 같이 공존하고 협력하는 연대적 관계, 상호적 관계를 가질 수 있어야 노인교육이 제자리를 잡을 수 있다고 본다. 이러한 이해의 전환으로부터 노인과 함께하는 평화교육이 출발될 수 있는 것이다.

2단계: 노인과 주변인을 후인습단계로 인도하는 평화교육을 위하여

사실 우리가 노인과 함께하는 평화교육을 논하고 있지만, 이런

---

24 Paulo Freire, *Pedagogy of the Oppressed,* 50th Anniversary Edition (New York: Continuum, 2018).

교육은 어느 한 시점에 이루어지는 것이 아니라 인생의 전반에 걸쳐 이루어진다. 즉, 태아로 존재할 때의 태교부터 시작하여 출생한 아이가 영아기-유아기-아동기-청소년기-청년기-장년기-노년기에 이르기까지 평생교육의 차원에서 차근하게 진행되어야 할 것이다. 오늘날과 같이 글로벌화 되고 다원화된 세상에서 다른 관점을 인정하지 않는 배타적이고 자기중심적인 사고와 행동은 인류를 파탄으로 몰아갈 수밖에 없다. 오늘날과 같이 자국 중심 정체성, 경제, 문화 체계 속에서는 건강한 후인습단계로 나아가는 사람과 공동체 그리고 국가가 적어질 수밖에 없다. 최근 일본의 일방적인 처사, 즉, 한국을 백색국가리스트에서 제외한 배경과 변을 들어보아도 얼마나 그들이 역사를 왜곡하고 주변국들을 무시하는 유아기적 사고, 전인습적인 사고에 머물러 있는지를 엿볼 수 있다. 해악을 끼친 가해국이 피해 국민들의 개인 인권과 피해 배상에 대하여는 눈을 감고, 오히려 피해국을 압박하는 행위야말로 전인습적인 행태이다. 그러나 그것은 일본만의 문제가 아니다 최강대국이라는 미국도 그러한 사고에 머물러 패권경쟁을 벌이는 현실을 볼 때, 총과 칼로 타국을 굴복시키며 자국의 영토를 늘려나가며 착취했던 식민지 시대로 돌아가는 것과 같은 쓸쓸함을 금할 길이 없다.

린 데이비스(Lynn Davis)는 영국의 청소년들을 대상으로 지성적인 시민이 되는 데에 필수적인 지식 교육의 주안점을 다음과 같이 제안하였다. 첫째, 공정한 갈등 해결의 중요성, 둘째, 사회에서 미디어의 중요성, 셋째, 글로벌 공동체로서의 세계와 정치적, 경제적, 환경적, 사회적 함의 그리고 유엔과 같은 세계 공동체의 역할에 대한 연구이다. 그는 어릴 때부터 사회의 제반 갈등 문제 해결을 위한 참여와 책임감 있는 행동 능력을 개발하는 것의 중요성을 강변하며, 집단적이고 탐구적인 학급토론에 기여하고 논쟁에 적극적으로 참여하는 것이 필요하다고 하였다. 더욱이 다른 집단의 견해를 경청하고 자기와 다른 사람의 견해도 생각하고 분석하며 절충을 연습해야 한다고 주장하였다. 뿐만 아니라 시민성(civility) 개발과 역사의식의 함양 그리고 시류를 읽는 문해 능력 배양에 대하여 강조하면서 기독교인들의 적극적인 참여와 개인 이익 중심 사고에서 공동체 의식에로의 전환을 언급한 바 있다.[25] 기독교교육은 모든 사람은 생명망으로 얽혀 있음을 천명한다.[26] 때문에 기독교교육은 가정에서부터 출발해야 한다. 가정에서 출발한 기독교교육이 학교와 마을 그리고 사회와 연결되어 이루어지면서 건강한 후 인습적 사고와 도덕 판단을 할 수 있도록 다음 세대를 지도해야 한다는 것이다. 혹시 건강한 학습생태계에서 성장하지 못하여 위에서 언급한 경청, 연대, 공존과 같은 시민성을 기르지 못한 노인에게는 그들의 성장과정을 고려하여 노인을 존중하고 그들 겪어온 삶의 이야기를 경청하여 공감하므로 마음을 얻으려는 노력이 필요하다. 이렇게 할 때, 노인과 함께 생각과 행동의 새로운 지평을 열고, 함께 갈등을 줄여 나가고 절충하며 연대하는 연대적 공존의 길을 모색할 수 있을 것이다.

---

25 Lynn Davis/강순원 역, 『극단주의에 맞서는 평화교육』 (서울: 한울, 2014), 297-315. 위의 논의는 299 참고.
26 김도일, 『더불어 건강하고 행복한 생태계를 만들어가는 가정, 교회, 마을 교육공동체』 (서울: 동연, 2018), 107-128.

3단계: 극단주의에 빠지기 쉬운 노인 세대를 위한 노인 평화교육을 위하여

"누가 그리고 왜 극단주의에 빠지는가?"라는 질문에 대하여 데이비스는 극단주의자의 소속감과 행동의 원인, 결정적 계기에 대한 접근을 통해 답한다. 극단주의에 빠지는 이들은 살아가면서 급변하는 세태 속에서 트라우마와 허약함을 경험한다. 두려움과 굴욕을 경험하거나 소외와 고립 그리고 좌절과 글로벌화를 겪게 되며, 인지적 종결 욕구 그리고 권위 상실을 경험하게 되면서 극단주의에 빠지는 것으로 사료된다.27 물론 모든 노인이 이러한 극단적인 경험을 하는 것은 아니다. 그러나 인류의 지식 팽창 속도가 가속화되고, 전자기기의 개발 속도가 빛의 속도처럼 급변하는 시기에 노인들이 느낄 체감 속도는 젊은 세대가 느끼는 것 이상으로 빠르게 느껴져 견디기 어려울 것이다. 노인에 근접해 있는 연구자가 느끼는 세월의 변화와 4차 산업혁명의 도래로 인한 시류의 변화는 마치 걷잡을 수 없이 돌아가는 회전의자에 앉아 온종일 구토감을 느끼는 것과 같은 감당케 어려운 변화이다. 그렇기에 이 사회의 변화 한가운데 있지 않은 노인 세대가 극단적인 사고와 행동을 하는 것은 가히 짐작할 만하고 어느 정도는 이해할 만한 것이다. 이전 세대에서는 감히 상상조차 하지 못했던 촛불혁명과 대통령의 탄핵과 그리고 투옥, 경제 시스템의 급격한 글로벌화, 국가 중심주의로 치닫는 세계 정세, 이로 인한 우방국가 지형의 새로운 판도, 난민의 증가와 성소수자에 대한 사회의 관심 등은 모두 노인 세대로 하여금 정신을 차릴 수 없게 하는 생활 속의 도전

---

27 Lynn Davis/강순원 역, 『극단주의에 맞서는 평화교육』(2014), 72-84.

이자 극단주의에 빠지게 하는 요소들이라고 볼 수 있다.

근본주의로 치닫는 극단주의적 사고에서 빠져나올 수 있도록 돕는 교육 전략에 대하여 데이비스는 다음과 같은 동료의 전략을 소개하였다. 첫째, 삶의 경험을 일깨우기 위해 새로운 지식이 기존 지식과 결부되는 토론을 시도해야 한다. 둘째, 자신이 가진 기존 신앙 지식과 삶의 경험 해석이 만일 가설적이고 감정적으로 취약한 부분이 있다면 자신의 모습이 혹시 교조주의에 매여 있지 않은지를 검토할 기회를 주어야 한다. 셋째, 현재의 수준이 어떠하든지 그들의 견해를 수용하되 적대적인 입장으로부터 빠져나올 수 있도록 대화를 진전시켜야 한다. 넷째, 근본주의자들이 시간을 얼마나 허비했는지를 사유하도록 돕되 자신의 말과 행동에 대하여 책임을 긍정하는 방법을 강구하게 해야 한다. 이를 위하여 서로 질문하고 경청하는 자세를 갖는 것은 필수적인 교육 전략일 것이다. 이러한 교육 전략을 구사하기 위해서는 상호 간 존중하는 자세가 필요하며, 나와 너는 함께 교회 및 사회 공동체를 더불어 만들어 간다는 의식을 갖고 상호 연대하는 자세가 필요할 것이다. 무조건 상대방이 틀렸다는 언행은 삼가야 하며, 상대방의 입장을 사려 깊게 경청하고 자신의 입장을 조심스럽게 말하는 것이어야 한다. 그러는 가운데 공동의 선과 가치를 발견하는 성숙한 자세를 견지함으로써 근본주의에 빠져서 극단적인 행동을 취하는 이들, 그들이 만일 노인 세대라면 그들에게도 새로운 견해와 시각을 불어넣어 줌으로써, 극단주의에서 빠져나올 수 있도록 함께해 주어야 할 것이다. 평화는 공존공생하는 것이기에 거대한 사회, 국가 공동체를 위하고 더 나아가서는 지구촌 공동체를 위하여 서로 노력하기를 다짐해야 할 것이다.

VI. 나가는 말: 기독교교육적 성찰 및 제안

이러한 교육의 적용을 위하여 은혜 공동체의 마을학교가 수행하는 멘토-멘티 제도 도입을 제안한다. 은혜 공동체에는 성인들과 다음 세대들이 함께하는 멘토링 제도가 있다. 그들은 정기적으로 만나 삶을 나누고 인생 문제를 의논하며 상호 간에 배운다. 이는 영화 〈인턴〉에서 은퇴한 70세의 노신사(로버트 드니로)와 신생 벤처기업의 젊은 여사장(앤 헤서웨이)이 갈등과 오해를 이겨내고 상호 멋진 소통과 보살핌 그리고 연대를 실천하는 모습과 비슷하다. 영화 속 젊은 사장은 열정과 헌신이 넘치고, 컴퓨터를 자유자재로 다루며 샘솟는 아이디어를 바로바로 실천하는 인물이다. 그녀는 많은 돈을 벌고, 많은 직원의 생계를 책임지는 성공의 아이콘이다. 그녀의 이미지는 속도와 효율성과 빠른 머리 회전이다. 그러나 그녀는 개인의 삶, 가정과 내면의 안녕까지 잘 관리한 것은 아니었다. 이에 반해 인턴 직원으로 취직한 노신사의 인생은 전혀 다르다. 그는 삶을 관조하고 결코 서두르지 않으며, 속도보다는 조화를 선택한다. 일의 정확성을 추구하지만 결코 사람들의 관계를 망치지 않으려 노력한다. 젊은 세대가 가진 절실한 필요를 보면 자신의 편함을 희생하면서도 그들의 필요를 채워준다. 비록 젊은 직원들이 그에게 멘토링을 요구하지 않았으나 노신사 인턴은 언제나 그 자리에서 회사와 주변 친구들을 위해 존재하고 있었다. 이처럼 멘토링의 기본은 옆에 있어 주는 것, 상대방의 목소리를 경청하는 것, 함께 아파해주고, 함께 울어주며, 함께 기뻐해주며, 기다려주는 것이다. 본 연구에서 우리는 노인을 "위한" 평화교육을 지향하지 않는다. 노인은 가르치고 젊은 세대는 일방적으로 배우는 노인 평화교육을 지향하지도 않는다. 다만 노인과 "함께"하며 젊은 세대와 노인 세대가 "서로 배우고, 상부상조하며 공존하는" 평화교육을 지향하는 것이다.

호모 헌드레드 시대가 도래하고 있는 오늘날의 노인 세대는 그 어떤 세대보다도 인생을 오래 산 세대이기에 누구보다 더 인생의 지혜를 가지고 있다고 할 수 있다. 그들은 21세기의 인류가 인생을 풍성하고 온전하게 누릴 수 있는 노하우를 가지고 있다. 노인 세대로 하여금 인생의 고락을 경험하며 쌓아온 지혜를 젊은 세대와 소통하고 나누게 할 수 있는 비법이 있다면, 인류사회가 지금보다 더 살만한 곳이 될 것이다. 무엇보다 기독교 신앙을 갖고 평생을 살아온 신앙인 노인 세대가 체험했던 교회 안의 신앙적 언어와 교회 밖에서도 통용되는 교회 밖 언어를 원활하게 구사할 수 있도록, 소위 이중 언어 구사력과 문해 능력 함양을 돕는다면 그들의 체험을 모든 세대가 공유하면서 한층 성숙해진 사회를 만들어 갈 수 있다고 본다.[28] 한마디로 예수의 제자로서의 신앙 정체성과 세상의 시민으로서의 시민 정체성을 통합할 수 있다면, 노인 세대가 지구촌 공동체를 위하여 그들의 다양한 경험만큼이나 넓고 깊은 공헌을 할 수 있을 것으로 본다. 갈등이 난무하고 나와 다른 타인의 견해를 무시하고 경청하기를 거부하는 문화에서 벗어나 상대를 인정하는 가운데 극단주의적 사고와 행동의 늪에서 빠져나와 모든 사람의 생명을 위하여 서로 노력하게 될 수 있을 것이다.

---

28 Mary C. Boys/김도일 역, 『제자직과 시민직을 위한 교육』(서울: 한국장로교출판사, 1999), 월터 부르그만의 "분파주의적 해석학의 타당성"(1장)과 존 콜만의 "두 가지 교육: 제자직과 시민직"(2장) 참고.

그간 기독교교육이 죠수아 그린(Joshua Green)이 말하는 것처럼 공리주의를 넘어서 인류의 공영에 기여할 "깊은 실용주의"적 공헌을 한 적이 있었는지 성찰해 본다.[29] 분열과 갈등이 도를 넘어서는 시대에 모든 세대가 우리의 선배 시민인 노인과 진정 함께하는 평화교육을 위해 우리는 "더 느리게, 더 열심히 사고할 필요"가 있다. 그러기 위해서 그린이 주장한 것처럼 각자의 도덕적 본능을 참고는 하되, 신뢰는 하지 않아야 한다. 그리고 논증은 펼치기 위해서 있는 게 아니라 끝내기 위해서 있는 것임을 기억해야 한다. 또 사실에 초점을 맞추고 다른 사람들에게도 그것을 권장해야 할 것이다. 더욱이 공동체에 통용되는 공통 가치와 언어를 개발해야 한다. 마지막으로 임마누엘 칸트(Immanuel Kant)가 힌트를 준 것처럼, 우리는 우리 머리 위에 반짝거리며 빛나는 하늘과 우리 마음에 도덕법칙이 존재하는 것을 기억해야 한다.[30] 인간은 선한 하나님의 형상대로 지음 받은 존재이다. 때문에 인간은 하나님의 선한 뜻을 따라 어떻게 하면 서로를 파괴하는 양상에서 벗어나 서로를 세워주고 좀 더 더불어 살만한 세상을 만들어 갈 수 있을지를 궁리해야 하는 기본적인 사명을 지닌다. 이 사명을 바탕으로 세대 간의 연대적 공존을 고민하며 추구할 때에 이 글에서 말하는 노인과 함께하는 평화교육이 조금이나마 성취될 수 있을 것이라고 소망하며 글을 마친다.

29 Joshua Greene/최호영 역, 『분열과 갈등의 시대, 왜 다시 도덕인가: 옳고 그름』 (서울: 시공사, 2017), 30.
30 Joshua Greene/최호영 역, 『분열과 갈등의 시대, 왜 다시 도덕인가: 옳고 그름』, (2017), 523-529.

3부
평화와 사회

배타적 공동체를 넘어 포용의 공동체로

황인성*

I. 들어가는 말

한국 사회 내에서 기독교 혹은 교회에 대한 사람들의 반응은 어떨까? 이제 대한민국은 인구의 절반 이상이 종교를 갖지 않는 무종교 사회로 진입하고 있다. 종교인구 가운데 기독교 인구수는 가장 많은 종교로 나타나고 있다. 그러나 다양한 조사에 의하면 기독교는 신뢰도 부분에 있어서 주요 종교 중에 가장 낮은 것으로 나타나고 있다. 이러한 현상은 세대별로 살펴보면 더욱 심각한 수준임을 알 수 있다. 10대, 20대의 경우 기독교 인구수가 급속하게 감소하는 것을 보게 된다. 탈종교화 시대라는 특징을 고려한다고 해도 한국 사회 안에서 기독교 이미지는 그 이상의 부정적 모습을 가지고 있다.

'안에서 새는 바가지 밖에서도 샌다'는 말이 있다. 통일 이후의 시

---

* 장로회신학대학교 박사과정/

대를 생각해 봤을 때, 지금의 교회가 개선되지 않는다면 통일된 한반도 시대에도 부정적인 기독교의 이미지가 크게 달라지지 않을 것이라는 염려가 앞서기도 한다. 배타적이고 독선적으로 보이는 그리고 평화와 상생이 아닌 개종과 정죄의 종교로 인식되는 한국교회의 이미지는 어떻게 바뀔 수 있을까?

이 솔직한 질문에 대해 한번 진지하게 고민해 보고자 한다. 그리고 다양한 입장에서 들을 수 있는 몇 가지 원인에 대해 분석해 보고 그렇다면 교회가 배타적 공동체를 넘어서 다른 사회적 공동체들을 포용하며 함께 공존할 수 있을지 그 대안점에 대해서도 고민해 보고자 한다. 마지막으로 포용의 공동체로 나가기 위하여 어떠한 새로운 시도들이 전개되고 있는지 구체적인 사례를 소개해보고자 한다.

II. 한국 내 교회의 현실

여기 한국교회의 현실을 보여주는 몇 가지 통계자료가 있다. 통계청은 1985년부터 10년 주기로 종교 인구에 대한 조사를 진행하고 있다. 처음에는 전수조사로 시작되었으나 2015년부터 표본조사(총인구 중 20%의 표본을 토대로 대략적 전체 숫자를 추산하는 방식)을 사용하고 있다. 따라서 실제적 오차가 발생할 수 있다. 그런데도 여전히 상당히 신뢰할 만한 통계수치를 보여주고 있다.

1985년에 전수조사가 처음 시작된 해에는 비종교인구가 종교인구보다 더 많았으나 1995, 2005년을 지나면서 종교인구수가 비종교인구수 보다 근소한 차이로 더 많아졌다. 그러나 다시 2015년

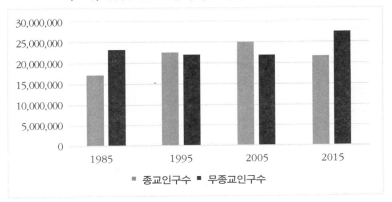

〈표 1〉 1985-2015 한국 종교/무종교 인구수 비교1

■ 종교인구수 ■ 무종교인구수

통계에서는 종교를 갖지 않은 인구수가 약 27,500,000명 정도로 종
교인구보다 더 많아졌다. 비록 근소한 차이이지만 한국은 지금 무종
교의 시대로 조금씩 접어들고 있다고 말할 수 있다. 혹자는 세속화
시대에 더욱 깊게 들어왔다고 말하기도 한다. 한국은 기독교, 불교,
천주교 등의 주요 종교가 대표하는 나라가 아닌 무종교가 전체 인구
수의 50%를 넘는 사회라는 점을 보여주고 있다.

　한국 사회는 이제 종교를 가진 사람(43.94%)보다 종교가 없는 사
람(56.06%)이 더 많은 사회가 되었다. 이 부분은 의미하는 바가 클 것
이다. 기독교 이탈 현상을 기독교 내부의 문제에 기인한 감소 현상으
로 볼 것인지 아니면 '부유한 국가일수록' 종교인구가 감소하는 일반
적 사회현상을 따르고 있는지에 대한 입장차이가 생겨나기 때문일
것이다.

---

1 "KOSIS 국가통계포털 총조사인구"
　http://kosis.kr/statisticsList/statisticsList_01List.jsp?vwcd=MT_ZTITLE&parentId
　=A [2019.08.19.접속].

〈표 2〉 1985~2015 한국 종교별 인구수 비교2

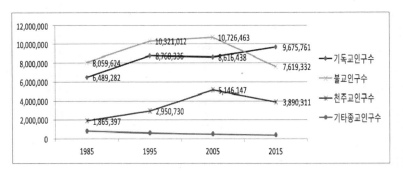

이 표에서 먼저 감안해야 할 사항은 단순히 기독교 인구의 증감을 이야기하기 이전에 한국 내 전체적인 인구변화추이를 고려해야 할 것이다. 실제로 요즈음 초등학교에는 학생들이 많이 줄어서 반 내 학생 수와 반 자체를 줄이고 있는 상황에서 기독교 인구가 줄어든다고 경각심을 갖는 것은 모순일 수 있다. 세대별 인구 감소 대비 기독교 인구 감소는 어떤 추이를 나타내는지도 생각해야 할 것이다.

또한, 조사 응시자들이 설문지에서 '기독교'를 선택할 때 그 '기독교'의 용어가 무엇을 의미하는지는 지속적인 연구가 필요할 것이다. 이러한 맥락에서 응시자들은 '기독교'를 선택할 때 천주교를 제외한 모든 기독교 유사 종교가 포함되어있을 가능성도 있다.

2005년 통계에서 이미 기독교 인구 감소 현상과 이와 대비하여 천주교 인구의 급격한 성장으로 많은 책과 논문들은 2015년 통계에서 이러한 현상이 더욱 극명하게 드러날 것으로 예측하였으나 의외

---

2 "KOSIS 국가통계포털 총조사인구"
   http://kosis.kr/statisticsList/statisticsList_01List.jsp?vwcd=MT_ZTITLE&parentId=A [2019.08.19.접속].

의 결과가 나타났다(사실 최근 한국교회의 문제점과 치부들이 연속적으로 드러나고 있는 상황에서 기독교 인구의 증가는 개인적으로 더 큰 문제라고 여겨진다. 통계가 문제든지, 교회가 문제든지…). 종교 인구는 감소했지만 기독교 인구는 오히려 비율이나 실제 인구수가 늘어난 것을 볼 수 있다. 그러나 도표3)에서 보는 바와 같이 10~30대의 기독교 인구수는 감소하였고 다만 40대 이후의 기독교 인구수 증가가 그 감소분을 상회하여 성장한 것으로 보인다.

〈표 3〉에서 볼 수 있듯이 1995년에는 10~30대까지의 기독교 인구가 높은 비율을 차지했으나 2015년 조사 결과 기독교 인구의 상당수는 40~50대를 중심으로 한 고령화된 기독교 인구 양상을 보여주고 있다. 그러나 앞에서 언급한 것처럼 그 감소폭은 사실 종교인구

〈표 3〉 1985-2015 한국 기독교 세대별 인구수 비교[3]

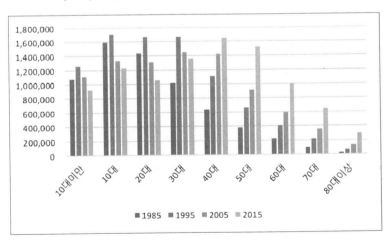

3 "KOSIS 국가통계포털 총조사인구"
http://kosis.kr/statisticsList/statisticsList_01List.jsp?vwcd=MT_ZTITLE&parentId
=A [2019.08.19.접속].

감소나 전체인구 감소 비율에 비해 둔하게 나타나고 있다. 이 부분에 대한 새로운 시각이 필요할 것이다. '왜 젊은 세대는 기독교를 떠나가는가?'의 질문은 이제 우리에게 매우 중요한 질문이 될 것이다.

또 다른 통계조사에서 나타나듯이 기독교인이라고 대답했으나 교회에 출석하지 않는 사람들의 이유에 대한 조사결과는 흥미롭다. '목회자들에 대해 좋지 않은 이미지가 있어서', '교인들이 배타적이고 이기적이어서', '헌금을 강조해서' 등이 각각 19.6%, 17.7%, 17.6%로 나타났다.[4] 이는 1998년과 2004년 조사 때 '시간이 없어서'(각 41%, 30.2%)가 가장 큰 이유였던 때와는 상이한 결과이다.[5]

기독교인 중 교회 불출석 원인 외에도 비기독교인들이 기독교로 개종할 의사가 없는 원인에 대한 분석을 보자. 흥미로운 사실은 1998년과 2004년에는 교회 외적인 요인이 가장 큰 이유였다면 2012년에는 상업적, 신뢰도 실추, 이기적, 맹목적 등과 같은 교회 자체 이미지에 의한 것이라는 점이다. 즉 교회 외부적 요인이 아닌 교회 내부적 요인으로 인하여 기독교로 개종할 마음이 없다고 말하고 있다.[6]

기윤실에서 조사한 최근의 결과도 비슷한 양상을 보여주고 있다. 2009년을 제외하고는 주요 종교 중에서 신뢰도는 가장 낮은 것으로 집계되었다.[7] 사실 초기 한국 기독교는 다양한 사회적 공적 책임을

---

4 한국기독교목회자협의회, 『한국기독교분석리포트』 (서울: URD, 2013), 71.

5 한국기독교목회자협의회, 『한국기독교분석리포트』 (2013), 72.

6 한국기독교목회자협의회, 『한국기독교분석리포트』, (2013), 41-42.

7 기윤실, "2017년 한국교회의 사회적 신뢰도 여론조사 결과발표세미나", https://cemk.org/cemk_wp/wp-content/uploads/2017/03/2017_%ED%95%9C %EA%B5%AD%EA%B5%90%ED%9A%8C%EC%8B%A0%EB%A2%B0%EB%8F% 84%EC%A1%B0%EC%82%AC_%EC%9E%90%EB%A3%8C%EC%A7%91.pdf

통하여 사람들에게 신뢰받고 그 영향으로 폭발적 성장을 이루어 왔다. 초기 선교사들의 한글 보급과 연구, 학교 설립 그리고 한국 장로교의 초창기 당회의 높은 윤리성 등이 그 이유였다.[8] 특별히 105인 사건과 3·1만세운동에 그 당시 소수종교였던 기독교인들의 적극적 참여는 사람들에게 기독교에 대한 긍정적 이미지를 심어주기에 충분했다.[9] 그러나 이러한 사회적 참여는 1950년 한국전쟁을 전후로 약화 되거나 중단된 경우가 대부분이었다.

III. 왜 떠나가는가?

1. 개인적 측면의 구원론 강조

한국교회의 위기를 언급할 때 그 관점과 진단 방법에 따라 다양한 문제 원인과 또한 그에 따른 해결책들이 제시될 수 있을 것이다. 필자가 생각할 때 한국교회가 현재 맞고 있는 다양한 위기들이 있으나 그 가운데 가장 심각하게 다루어야 할 부분은 바로 구원론에 관한 부분이다. 즉 '구원'을 어떻게 이해하느냐에 따라 교회론이 달라지고 또한 이에 따른 세상을 향한 선교적 접근방법이 확연한 차이를 드러내기 때문이다.

현재 한국교회에 쏟아지는 많은 비판 중에는 '방주로서의 교회'라

[2019.08.19.접속].

8 이형기 외 8인, 『공적 신학과 공적교회』(서울: 킹덤북스, 2010), 430-436.

9 이형기 외 8인, 『공적 신학과 공적교회』(2010), 437-438.

는 닫힌 개념의 교회론과 교회 성장 중심의 교회론을 말한다. 이러한 교회론은 먼저 협소한 구원론의 개념으로부터 시작된다고 볼 수 있다. 한국교회는 특별히 종말론을 중심으로 한 개인 영혼 구원에 지나친 강조점을 두었다. 하나님 또한 개인의 구원을 위한 존재자로 여겨지면서 개인의 영성과 구원에 치중됐다.[10] 한국일 교수 또한 요한복음 3장 16절의 말씀을 인용하면서 그리스도인들이 가장 많이 오해하고 있는 구절임을 지적했다. 즉 '하나님이 세상을 이처럼 사랑하사'에 대한 조건을 무시한 채 '멸망치 않고 구원을 얻으리로다'에만 치중한 나머지 편협한 신앙관을 갖게 되었다고 말하는 것이다.[11] 레슬리 뉴비긴도 개인 구원에 대한 강조는 필요할 수 있으나 이것이 선교의 중심사상은 아님을 분명히 하고 있다.[12]

한국교회가 개인의 구원 혹은 피안적 세계에 방점을 두는 것은 한국 초기 기독교의 역사와도 무관하지 않다. 전쟁과 식민 시대를 살아가면서 교회는 일종의 안식처와 피난처의 역할을 하게 되었다. 한국은 내부적인 도전과 동시에 한반도를 둘러싼 동아시아의 침략 세력과 이권을 노리는 서구 제국주의의 세력에 맞서야 하는 시대적 명제를 안고 있었다. 그러나 이러한 압박을 이겨내기에는 힘이 없었고, 내부적으로 일어나는 근대화 요구에 대해 봉건주의적 권위를 내세우며 무력으로 진압하려고 하였다. 외부적으로는 1894~1895년 청일전쟁, 1904~1905년 러일전쟁의 전쟁터가 되면서 피해를 보았다. 그러나 전쟁이라는 극한 상황 속에서 민중은 생명과 재산을 보호받

---

10 한국일, 『선교적 교회의 이론과 실제』 (서울: 장로회신학대학출판부, 2016), 61.
11 한국일, "선교적 교회의 실천적 모델과 원리," 「선교신학」 제36집 (2014), 362-366.
12 Lesslie Newbigin, Gospel in a pluralist society, 홍병룡 역, 『다원주의 사회에서의 복음』 (서울: IVP, 2007), 237.

기 위해 종교에 의지하게 되면서 기독교가 폭발적으로 증가하게 된다.

교회는 또한 치외법권적인 영역으로 인식되었기 때문에 피난민 수용소가 되기도 하였다. 이 무렵 교회는 입구에 십자가나 성조기를 걸기도 하였다. 그러나 단순히 교회가 생명과 재산의 보호 기능을 했기 때문에 기독교가 성장 했다기보다는 극한 상황 속에서 절대자에게 의존하는 신앙이 깊어지면서 교회 발전의 기틀을 마련하게 된 것이다. 또한, 신앙을 가진 교인들이 지방으로 피난을 하면서 자연스럽게 선교가 지방으로 확장되는 결과를 낳았다.[13]

개인 구원과 연관된 중요한 요소는 바로 칭의론에 대한 부분일 것이다. 최근 칭의와 관련하여 논의되고 있는 톰 라이트(N. T. Wright)나 김세윤 박사의 주장도 개인의 구원에 집착한 나머지 하나님이 원래 이 세상에 하고자 하시는 큰 그림을 놓칠 수 있다고 지적하고 있다. 즉 교회는 하나님의 선교의 도구일 뿐인데 때때로 그 도구 자체가 목적이 되는 경우가 있다고 경고하는 것이다.[14] 비슷한 주장으로 정재영 교수는 개인 구원을 일회적 사건의 이벤트로 봄으로써 이후의 삶은 중요하게 여기지 않는 소위 '윤리 폐기론'의 위험성이 있음을 지적하기도 하였다.[15]

---

13 한국기독교역사연구소, 『한국기독교의역사』 (서울: 기독교문사, 1989), 242-266.

14 N. T. Wright, Justification: God's Plan and Paul's Vision, 최현만 역, 『칭의를 말하다』 (서울:에클레시아북스, 2011); 김세윤, 『칭의와 성화』 (서울: 두란노, 2013).

15 정재영, 『교회 안나가는 그리스도인 가나안 성도를 어떻게 이해할 것인가?』 (서울: IVP, 2015), 94.

2. 교회 중심의 교회론

개인적 구원론을 강조한다는 것은 결국 편협한 교회론을 가져오게 된다. 즉 건물 혹은 조직으로서의 교회를 중심으로 한 교회론이 강조된 것이다. 한국일 교수는 주장하기를 '한국교회는 최근까지 건물과 성장에 집착하는 경향이 있다'라고 말한다. 즉 '구원의 방주', '거룩한 선민'으로서의 교회는 세상을 이질적인 것으로 규명하고 세상-교회의 이분법적인 사고를 발전시켜왔다는 것이다. 따라서 전도 혹은 선교는 비그리스도인들을 구원의 방주인 교회로 끌어들이는 '개종'에 집중하게 된 것이라고 지적한다. 이렇게 교회에 전도되어서 오는 새로운 그리스도인들은 세상과 현실에 대한 주제보다는 내면성과 피안적 세계에 대해 동경만을 심어주게 되었고 공동체나 사회에 대한 심각한 관심보다는 개인 영혼 구원에만 집중한 경향이 있다고 지적하고 있다.[16] 이러한 한국교회의 교회론과 선교는 여러 부정적인 결과를 가져오게 되었는데 먼저 교회는 교회 자체의 성장에만 관심을 가지고 대형화되었다고 분석하고 있다. 선교 또한 다종교사회인 한국적 상황 속에서 공격적이고 경쟁적으로 다른 종교인들을 기독교인으로 변화시키는 일에만 집중하게 되었으며 이는 타 종교인들과의 불가피한 충돌을 일으킨다고 비판한다. 이는 마치 과거 제국주의 시절 서구의 선교사들이 자신들의 문화와 문명을 이식하는 것이 선교인 것처럼 여겨진 것과 같이 한국교회도 교회들의 번식과 팽창에 집중한다고 본 것이다.[17] 이러한 교회 중심의 성장은 대부분 권

---

16 한국일, "선교적 교회의 실천적 모델과 원리," 「선교신학」 제36집 (2014), 93.
17 한국일, "선교적 교회의 실천적 모델과 원리," 「선교신학」 제36집 (2014), 93-94.

위적인 한 사람의 카리스마에 의해서 이끌어질 때가 많았다. 즉 목회자의 권위가 절대적인 것이 된다. 성도들은 밖으로 나가서 봉사하기보다는 교회 안의 조직을 유지하고 프로그램을 운영하는데 많은 시간과 삶의 헌신이 필요한 구조가 되었다.[18]

신광은 목사는 한국교회 성장을 비판하면서 특별히 교회 규모에 대해 비판했다. 교회의 본질을 이야기하면서 정작 교회의 규모에 대해서는 함구하고 있다고 지적하면서 과거와는 달리 교회가 '메가처치'로 성장할 수 있는 여러 배경을 분석하고 있다. 과거와는 달리 먼저 현재의 기술로는 성도들이 모일 수 있는 큰 규모의 외형적 건물을 지을 수 있고 또한 설교를 전달할 수 있는 음향을 비롯한 다양한 기술들이 발전되었다고 말한다. 또한 사회적, 문화적 현상으로 이제는 사람들이 여러 지역에 골고루 분포하지 않고 도시화 현상이 눈에 띄게 늘었다는 사실을 지적한다. 특별히 한국은 이러한 도시화 현상으로 다양한 사회적 문제들을 낳고 있기도 하다. 신광은 목사는 이러한 성장의 한계가 없어지고 마음만 먹으로 무한 성장으로 갈 수 있는 이러한 메가처치 현상을 비판한 것이다. 이것은 바로 인간의 탐욕과 직결된 것이라고 강한 어조로 논박하고 있다.[19] 그는 이러한 메가처치 현상을 시장 자본주의에 교회가 빠져 있고 성도를 고객으로 여기며 고객유치를 위해 경쟁 구도 속에서 다양한 경영학적 기법을 통하여 성장을 추구하고 있다고 지적한다. 그리고 승자는 결국 대형교회가 될 수밖에 없음을 비판한다.[20] 그는 교회 성장은 곧 목회자 개인

---

18 한국일, "한국적 상황에서 본 선교적 교회: 지역교회를 중심으로," 「선교와 신학」 30집(2012), 94-95.

19 신광은, 『메가 처치 논박』(서울: 정연, 2009), 17-25.

20 신광은, 『메가 처치 논박』(2009), 46-49.

과 목회자 속한 노회와 단체의 이해관계와 맞물려 있다고 지적하였고 또한 유능한 자가 교회의 성장을 가시적으로 보여주는 소위 '업적주의'에 젖어있음을 지적하기도 하였다.[21]

박영돈 교수 또한 자신의 경험을 바탕으로 아무리 목사의 인격과 자질이 뛰어나고 설교가 은혜로우며 제도가 투명하고 민주적일지라도 성도들과의 교제가 인격적으로 일어날 수 없을 만큼 교회가 커지면 온전한 교회가 될 수 없음을 지적하였다.[22] 박영돈 교수는 단순히 교회 성장주의를 비판하는 것은 의미가 없으며 건강한 '성장'의 의미를 고민하고 연구해야 함을 역설하였다. 그는 '성장제일주의'와 '성장'은 엄연히 다른 것임을 말하고 있다. 지금까지 교회 성장의 기준은 수적 증가로 보았다는 것이다. 신학적인 통찰력은 상관없이 눈에 띄는 열매만을 강조하였다고 비판한다. 그는 이어서 초대 공동체의 '성장'은 숫자에 있지 않았고 공동체 본질의 회복과 성령 충만한 공동체의 삶을 추구하였음을 강조하고 있다.[23]

한국일 교수는 1970, 80년대를 거쳐 오면서 한국교회는 경제성장과 그 궤를 같이해오면서, 과정보다는 결과 자체를 중요시하는 약점을 지니게 되었다고 지적하고 있다.[24] 그는 또한 도날드 맥가브란(Donal A. McGavran)의 '동질문화이론'(homogeneous unit principle)을 한국교회에 그대로 적용하여 최대의 성장을 위하여 사회계층을 나누는 전략을 선택하였으나 종국적으로는 교회 내 분열을 가져왔다고 비판하기도 했다.[25] 그리고 교회의 적극적인 계획 수립과 추진력

---

21 신광은, 『메가 처치 논박』(2009), 177-186.
22 박영돈, 『일그러진 한국교회의 얼굴』(서울: 포이에마, 2013), 18.
23 박영돈, 『일그러진 한국교회의 얼굴』(2013), 64-71.
24 한국일, 『세계를 품는 교회』(서울: 장로회신학대학교 출판부, 2010), 360.

에 대하여 교인들은 비판적 성찰을 하기 보다는 이러한 외적 성장의 흐름에 동조하고 힘을 실었다는 것이다. 그는 또한 한국교회의 외적 성장을 비판하면서 그 일례로 지교회 운동을 지적하였다. 먼저 그는 지교회 운동은 개교회에 의해 시작되었으며 대형교회의 시스템과 목회 철학을 그대로 적용하는 획일화 된 운동임을 지적하였다. 결국 대형교회 목회자는 교회 개척이라는 명분 아래 거대한 획일화된 교회를 만들어 내는 것이라고 비판하고 있다.[26]

3. 담임목회자 중심 리더십

김회권 교수는 한국교회가 맞이하고 있는 도전 중 또 다른 한 가지를 당회장 목사에게 많은 권위가 주어지는 점을 지적한다. 목회자에게 지나치게 편중된 권위가 부여된 것에 대하여 김 교수는 한국 문화가 가지고 있는 토착적인 유교 문화가 한 원인이 될 수 있다고 말한다. 또한, 목사와 교회가 구원을 나눠줄 수 있는 권위자와 같이 보는 잘못된 교회론이 그 이유라고 김 교수는 지적하고 있다. 이와 동시에 이러한 잘못된 권위주의에 대항하고 비판할 만한 평신도들의 역량이 부재하다고 판단하고 있다.[27]

홍영기 목사는 한국 초대형 교회의 출현과 성장을 분석하면서 특

---

25 동일집단원리에 대하여 박보경은 이 원리 자체는 종교적 이유 외에 다른 사회적 상황으로 인하여 개종하는데 어려움이 없도록 하기 위해서 고안된 개념이며 실제로는 매우 신축성 있게 적용할 수 있는 개념이라는 점에서 긍정적이라고 평가하기도 하였다; 박보경, "통전적 관점의 교회성장과 전도," 「선교신학」 7집(2003), 136.
26 한국일, 『세계를 품는 교회』 (서울: 장로회신학대학교출판부, 2010), 360-361.
27 김회권, "사제주의를 어떻게 극복할 것인가?," 강영안 외 20인, 『한국교회, 개혁의 길을 묻다』 (서울: 새물결플러스, 2013), 254-257.

별히 목회자가 가지고 있는 카리스마적 리더십의 관계 집중적으로 분석하였다.[28] 홍영기는 한국 초대형 교회의 역동과 발전의 주요 원인을 목회자의 카리스마적 리더십이라고 정의하였다. 홍영기는 다양한 설문 조사와 데이터 분석을 통하여 결국 교인들은 담임 목회자의 설교와 인격 그리고 사역을 통해 하나님의 임재하심을 경험하게 된다는 것이다. 이성과 합리화를 강조하는 현시대 속에서 오히려 목회자를 통한 경험적인 하나님의 체험이 초대형 교회의 특징 중 한 가지라는 점을 분명히 하고 있다.[29] 그러나 동시에 카리스마적 리더십이 갖는 부정적인 측면에 대해서도 언급하였다. 먼저 이러한 리더십은 자신 개인의 목적을 이루는 데에 집중할 경향이 있고 정보소통이나 인력 배치 시 독단적인 결정을 할 위험성이 있다고 지적한다. 또한, 이러한 카리스마 리더십은 종종 '집단사고'와 연계되어 더욱 힘을 발휘한다고 분석하고 있다.[30] 또한, 카리스마를 가지고 있는 지도자의 은퇴 혹은 죽음 이후의 혼란에 대해서도 언급하고 있다. 그는 또한 최근의 젊은 세대들이 제도적이고 종교적인 권위에 부정적인 현상이 두드러지고 있음도 앞으로의 초대형 교회의 위기의 한 원인으로 분석하고 있다.[31]

목회자에게 권위가 집중되는 현상은 교회 제도에서도 살펴볼 수 있다. 조성돈 교수는 초대 공동체 이후 직분의 변천 과정을 되짚어 보면서 특별히 기독교 공인 이후 교회가 빠르게 제도화되면서, 직분

---

28 홍영기,『한국 초대형 교회와 카리스마 리더십』(서울: 교회성장연구소, 2001), 421-425.

29 홍영기,『한국 초대형 교회와 카리스마 리더십』(2001), 421-422.

30 홍영기,『한국 초대형 교회와 카리스마 리더십』(2001), 391-393.

31 홍영기,『한국 초대형 교회와 카리스마 리더십』(2001), 422.

이 권력화 되고 신비화되었다는 사실에 주목했다.[32] 그는 주장하기를 초대교회는 곧 다가올 종말에 대비하여 사도들을 중심으로 한 비조직화 된, 은사 중심의 직분들이 존재하였다가 임박한 종말론의 시대를 거쳐 기독교 공인 이후, 급격하게 제도화된 교회로의 전향을 보였다고 분석하고 있다.[33] 중세시대에 들어오면서 이러한 제도화된 직분 체계는 더욱 발전하게 되었고 특정 성직자들에게 권위를 부여하는 변질된 형태로 발전되게 된 것이다. 그리고 이러한 불평등한 직분 제도를 개선하기 위한 종교개혁이 시도되었다고 주장한다. 루터의 '만인제사장설'은 이러한 의미에서 매우 혁신적인 개념이었음을 언급하고 있다. 그러나 한국교회는 또다시 중세시대의 직분 제도로의 회귀를 꾀하고 있다고 비판을 받는다. 한국교회의 정체 원인 또한 직분자들, 특별히 목사를 중심으로 한 직분자들이 교회 내에 자신들의 왕국을 만들고 계층 구조를 만들었으며, 자신의 왕국확장을 하나님 나라의 완성과 동일화하는 오류를 범했다는 것이다. 이러한 문제점을 지적하면서 한국교회는 결국 종교개혁과 초대 공동체의 원래 의도인 은사 중심의 공동체로 돌아가야 함을 역설하고 있다. 양희송 대표 또한 한국교회의 가장 큰 문제로 목회자의 '성직주의'를 꼽으며 이미 중세시대와 종교개혁 시대를 넘어오면서 정교분리와 계층 간의 구분이 사라졌음에도 한국교회에서는 이전의 폐해를 그대로 답습해 오고 있다고 비판하고 있다.[34]

---

32 조성돈, "직분의 변천과 한국교회의 이해," 이형기 외 8인, 『교회 직제론: 한국교회 직제 개선을 위한 모색』 (서울: 예영, 2012), 112.

33 조성돈, "직분의 변천과 한국교회의 이해," 이형기 외 8인, 『교회 직제론: 한국교회 직제 개선을 위한 모색』 (2012), 98-108.

34 양희송, 『가나안 성도 교회 밖 신앙』 (서울: 포이에마, 2014), 74-93.

IV. 무엇을 넘어서야 할까?

현재 한국교회가 당면하고 있는 위기에 대해 구원론, 교회론 그리고 목회적 구조에 대해 간략하게 살펴보았다. 개인적 측면만을 강조한 구원론으로 인해 하나님께서 선한 목적으로 창조하신 이 세상에 대한 부정적 인식과 더 나아가 세상과 단절되는 이원론적 사고를 갖게 되었다. 그 결과로 교회론 또한 교회 울타리 안에만 머물게 되면서 신앙생활은 곧 교회 내에서 봉사하고 교회 성장을 위한 활동으로 여겨지는 결과를 낳았다. 이러한 신학적 토대 위에 교회 구조 또한 목회자, 그 중, 담임 목회자 한 사람의 영향력과 권력이 집중되는 경향이 생겼다. 성도들과 다른 사람들의 의견보다는 목회자 한 사람의 신학과 의견이 전체 회중 교회를 대표하게 되었고, 목회자의 생각이 폭력적으로 강요되기도 하며 의견이 서로 맞지 않으면 반대 의견자들은 교회를 떠나는 현상들이 벌어지게 된 것이다. 그렇다면 이러한 시대적 도전 속에서 한국교회는 어떤 부분을 고민하고 대안적 모색을 할 수 있을지 살펴봐야 할 것이다. 구원론, 교회론 그리고 목회적 구조에 관한 몇 가지 대안점을 연구해보고자 한다.

1. 'Missio Dei'에 근거한 폭넓은 구원론 정립

하나님께서 창조하신 세상의 선한 목적과 그 회복을 강조하면서 한국교회는 지나치게 기독론 중심적인 구원론을 가지고 있다. 이를 극복하기 위해서는 삼위일체적 신론에 입각한 폭넓은 구원론적 접근이 필요하다. 기존의 교회 중심의 선교에서 하나님의 선교로의 패러다임의 전환은 실로 선교학뿐만 아니라 교회론에까지 그 지대한 영향을 끼쳤다. 이러한 하나님의 선교 개념은 개신교와 로마 가톨릭에까지 그 영향력을 미치게 되었다. 이러한 하나님 선교의 중심적인 개념은 바로 선교의 주체가 교회가 아닌 하나님이 선교의 주체가 되시며 하나님의 속성 자체도 바로 선교사이신 하나님이라는 사실이다. 기존의 선교 개념은 주로 구원론에 집중되었다. 개인의 구원이나 국가 혹은 민족의 회심이 선교의 주된 관심사였으나 이러한 기존의 선교 패러다임에 전환점을 가져온 사람은 바로 칼 바르트이다. '선교는 하나님의 활동'이라고 규정한 그의 신학은 그의 제자 칼 하르텐슈타인에 의해 발전되었고 결국 1952년 윌링겐 회의에서 '미시오 데이'의 개념이 전면에 부각 된 것이다. 이러한 '미시오 데이'의 핵심 개념은 바로 하나님이 선교의 주체가 된다는 것이다. 그리고 이러한 '미시오 데이'의 개념은 개신교 전역에 그리고 더 나아가 로마 가톨릭 진영에까지 영향을 미치게 되었다. 과거 교회가 주체가 된 '선교들'이 이제는 '선교' 단수로 사용되게 된 것이다. 그리고 이러한 '미시오 데이'의 개념은 점차 수정되는 것을 볼 수 있는데 대표적으로 '가우디움 에트 스페스'(Gaudium et Spes)을 들 수 있는데, 즉 제2 바티칸 공의회에서 '미시오 데이'의 개념을 보다 더 성령론적으로 접근하게 되었다는 것을 의미한다. 그러나 때로는 하나님의 선교 개념이 원래 바르트와 하르텐슈타인이 의도한 바와는 다르게 발전되어 결국 하나님의 선교가 너무 강조된 나머지 교회는 선교와 별개의 것으로 생각되는 부작용을 낳기도 하였다.[35]

한국일 교수는 '선교적 교회'를 언급하면서 결국 한국교회가 나아

---

35 David J. Bosch, *Transforming Mission* (NY: Orbis Books, 1991), 389-393.

가야 할 방향은 세상을 구원의 대상으로 이해해야 하지 세상을 배제하거나 탈출해야 하는 대상으로 인식하지 말 것을 주장한다. 개인 구원은 결국 요한복음 3장 16절의 앞부분이 '하나님이 세상을 이처럼 사랑하사'가 전제되어야 함을 강조하고 있다. 하나님이 세상을 향한 구원의 활동에 개인이 '구원적 참여'가 이루어지는 것을 의미하는 것이다.[36]

뉴비긴은 복음서가 말하는 구원은 결국 '온전케 하는 것'을 의미하며 만물이 처음 창조되었을 때의 모습대로 사람과 하나님, 사람의 관계, 자연과의 관계가 모두 회복되는 것이며 이는 결국 삼위일체 하나님의 연합 안에서 완전한 사랑의 연합을 추구하는, 우주적 회복을 의미한다고 말하고 있다.[37]

TTL[38] 문서에서는 '복음 전도'에 대한 다양한 신앙전통에 기인한 넓은 의미로의 복음 전도 정의를 이야기하고 있으나 조금만 더 자세히 살펴보면 신학적 배경에 따른 다양한 해석이 가능한 여지도 남겨두고 있다. 에큐메니칼 논의 속에서는 '선교'와 '복음 전도'를 동일시하였으나 최근에는 TTL 문서에서와 같이 '복음 전도'를 선교의 한 부분으로 여기고 있다. '복음전도'는 고대 그리스어 εὐαγγελίζω에서 파생되었고 선포와 공유라는 언어를 통하여 전해지는 예수 그리스도의 좋은 소식이다. 그러나 복음 전도의 동기, 전달자, 내용, 목표, 방법론에 대해서는 신학에 따른 다양한 의견들이 나오게 된다. '복음

---

36 한국일, 『선교적 교회의 이론과 실제』(서울: 장로회신학대학출판부, 2016), 61-62.
37 Lesslie Newbigin, *The Household of God*, 『교회란 무엇인가』(서울: IVP, 2002), 171.
38 'Together Towards Life'는 10차 WCC 부산총회의 주제였고, 총회 이후로 TTL 문서가 발간되기도 하였다.

전도'의 두 가지 확실히 다른 입장은 첫째로 복음을 교회의 활동으로 보는 것이고, 둘째로는 모든 그리스도인의 신앙생활의 질(quality)에 대한 것이다. 전자는 회심과 같은 눈에 보이는 결과를 내는 생산성에 관심이 있고 후자는 성령의 열매에 따른 사랑, 희망, 믿음, 겸손, 인내, 용기 등과 같은 신앙의 신실성에 따른 '덕'(virtue)을 더 강조하는 것이다.39 즉 복음은 '그리스도 안에서 하나님이 이 세상에서 하신 일에 대한 이야기'를 말하는 것이며 하나님 나라의 희망을 나누는 것이다. 그리고 그들의 삶이 변하도록 초청하는 것이다. 메시지는 우리의 상황에 의해 어떻게 말하는지가 달라지기도 하지만 또한 듣는 자들의 상황에 따라 그 해석이 달라진다. 복음 전도는 간헐적으로 일어나는 활동이 아닌 새로운 사람들에 대해 수용적이고 변화에 솔직한 '선교적' 교회의 필수적인 실천이다. 복음 전도는 제자화의 표현이며 그것의 목표이기도 하다. 또한 개종은 성령의 사역임을 깨닫는 것도 중요하다. 과거 미국 모델인 '사영리'를 통한 십자군식 복음 전도나 건강과 부를 약속하는 일부 오순절 운동의 사역에서는 신학적 근거를 찾기가 힘들다.

2. 세상으로 향한 교회론

마티아스는 삼위일체론에 대한 새로운 의미 해석이 결국 교회론을 재해석하는 결과를 낳았다고 주장한다. 예를 들어 다양한 에큐메

---

39 Kenneth R. Ross, Jooseop Keum, Kyriaki Avtzi and Roderick R. Hewitt, Ed., *Ecumenical Missiology, Changing Landscapes and New Conceptions of Mission* (Oxford: Regnum and WCC, 2016), 151-179.

니컬 내외부적인 대화의 시도나 1993년 산티아고에서 열린 신앙과 직제 회의에 로마 가톨릭 진영도 함께 참여한 것은 삼위일체론에 근거한 교회와 연합을 강조했기 때문이라고 말한다. 즉 삼위일체론의 관점 변화가 교회론의 변화를 가져오며 이는 자연스럽게 선교의 본질을 변화시킨다고 주장하는 것이다. 저자는 삼위일체론 중에서도 특별히 '기독론'과 '성령론'의 관계설정을 삼위일체론의 가장 중요한 부분으로 보고 있다. 삼위일체를 바라보는 관점 중에 이 둘의 관계를 어떻게 설정하는가에 따라 교회 간의 갈등과 연합이 반복되었다고 말하고 있다. 그는 몇 가지 불균형적인 삼위일체론의 예를 들었다. 성령의 역할이 무시되고 그리스도 중심적인 교회만이 강조되면 결국 그리스도가 교회와 동일시되는 오류가 생기고 그 반대로 기독론이 제외된 채 성령의 역할만을 강조하게 되면 영적 체험만을 절대시하는 오류를 낳게 된다고 지적한다. 결론적으로 그는 삼위일체론의 관계설정은 교회론과 선교 그리고 더 나아가 윤리학에도 영향을 주고 있음을 언급한다. 삼위일체를 부정하는 일신론은 정치적 독재를 옹호하게 되며 기독론을 강조하는 교회 공동체는 엄격한 윤리주의를 양산한다는 것이다. 삼위일체론의 해석은 "계시의 이해"에도 도움을 주며 동시에 또한 성경과 전통 그리고 교회의 관계설정에도 영향을 주는 점을 저자는 지적하고 있다.[40]

---

40 Matthias Haudel, "The Relation between Trinity and Ecclesiology as an Ecumenical Challenge and its Consequences for the Understanding of Mission," *International Review of Mission* (2010): 401-407. Matthias Haudel은 독일 목회자이고, 뮌스터 대학에서 조직신학을 가르치고 있으며 에큐메니컬 관계와 선교 책임을 맡고 있다. 신학적 에큐메니컬적 관점에서의 해석학, 성서, 전통, 삼위일체, 교회론, 에큐메니즘이 주요 연구 분야다.

3. 목회자 중심주의 탈피

앞에서 김회권 교수가 지적한 바와 같이 한국교회는 목회자에 대한 의존도가 매우 높은 형태이다. 한국일 교수는 이러한 현상에 대하여 무조건 부정적으로 볼 것이 아니라 오히려 목회자의 의식 변화를 통한 교회 개혁의 가능성이 있다는 사실을 주장하고 있다.[41] 홍영기 목사도 한국교회성장의 미래적 고찰을 언급하면서 목회자 그룹은 단순한 양적 성장의 추구가 아닌 교회의 질을 유지, 발전시키고 사회적 영향력의 증대에 힘을 써야 할 것을 강조하고 있다. 교회가 단순히 교인 숫자세기에 집중하는 것이 아니라 제자도에 힘쓰며 복음의 사회적이고 전인적인 의미들을 찾아 개발해야 함을 강조하고 있다.[42] 따라서 목회자 중심주의를 극복하거나 수정 혹은 보완하는 방법은 두 가지로 나누어 볼 수 있다. 첫째로 목회자에게 지나치게 편중된 권력 구조를 분산하는 방법이다. 둘째는 목회자 의존도가 높은 한국교회의 현실을 '특수성'으로 인정하고 건강한 목회적 리더십을 개발하는 방법이 그것이다.

목회자 중심구조가 한국교회의 주요 특징이라는 말은 다시 말해서 목회자 그룹을 견제해야 하는 평신도의 역할과 이를 뒷받침하는 신학이 부재했다고 말할 수 있을 것이다. 그러나 이미 이 논문의 제일 앞부분에서 살펴본 바와 같이 선교적 교회론을 포함한 에큐메니컬 운동과 로잔 운동의 주요 관심은 어떻게 세상과의 접점을 이루어

---

41 한국일, "선교적 교회의 실천적 모델과 원리," 「선교신학」 제36집 (2014), 361.
42 홍영기, 『한국 초대형 교회와 카리스마 리더십』 (서울: 교회성장연구소, 2001), 423-424.

나가는가에 대한 질문이고 이것은 곧바로 목회자보다 세상과의 접점을 가지고 있는 평신도 역할의 중요성을 역설하고 있기도 하다.

한국일 교수는 이러한 의미에서 '성도교회론'의 개념을 강조하고 있다. 즉 과거에는 성도들이 교회 내에서 봉사하고 교회 내의 '작은 목사'가 되는데 주력했다면 이제는 그러한 헌신과 열정을 교회와 세상이 연결될 수 있는 다리의 역할을 해야 한다고 강조한다. 그는 특별히 폴 스티븐스(Paul Stevens)의 평신도론을 선교적 교회론과 비추어 분석해내고 있다. 폴 스티븐스는 특별히 에베소서 4장의 말씀을 중심으로 교회의 몸을 세워간다는 의미를 곧 교회의 구성원인 목사를 포함한 모든 구성원의 몸을 세워야 함을 그의 주장의 근거로 삼고 있다. 따라서 목회자의 가장 중요한 사역은 평신도들을 몸으로 잘 세워주고 준비시켜야 한다는 것을 말한다고 한 교수는 주장한다. 한 교수는 또한 교회를 그리스도의 몸이라고 했을 때 성도는 먼저 그리스도와 하나 됨을 이루고 성도들끼리도 하나 됨을 이루는 것이 중요하다고 말한다. 또한, 이러한 다양성 속의 일치는 사도 바울이 그의 서신서에서 계속해서 강조하던 부분임을 역설하고 있다.[43]

제도적인 부분에 있어서 목회자에게만 편중되는 권위구조를 분산시키는 것은 좋은 시도라고 평가할 수 있다. 한국교회의 직분 제도는 보통 교역자들과 장로, 집사, 권사로 단순화시키는 경향이 있으나 이 외에도 찬양대, 교회학교, 선교회, 구역 등등의 다양한 일반 사역직들로 존재하고 있다. 각자의 은사에 맞게 다양성을 추구하며 자립적으로 설 수 있도록 돕는 부분 또한 매우 중요한 일이라 할 수 있겠

---

43 Paul Stevens/김성오 역, *Liberating the Laity*, 『참으로 해방된 평신도』(서울: IVP, 1992), 36-55.

다. 또한, 한국교회의 장로, 집사, 권사들은 행정과 치리에만 집중하
는 경향이 있으나 성경의 본래 의미를 회복하여 목회자들과 함께 양
육과 돌봄의 사역을 분담함으로써 동등한 사역자로서의 권리를 감당
할 수 있게 될 것이다. 또한, 이미 개혁교회 전통에 제도적으로 존재
하는 공동의회와 제직회 그리고 당회와 운영회를 비롯한 다양한 대
의기구들이 이름만 존재하는 것이 아니라 각자의 원칙 속에서 서로
견제와 균형 그리고 협력의 사역을 해가는 것이 필요한 것이다.[44]

앨런 록스버그(Alan J. Roxburgh)도 폴 스티븐스와 같이 에베소서
4장의 말씀을 기초로 하여 선교적 리더십의 특징들을 열거하고 있
다.[45] 록스버그는 선교적 리더십이라는 말을 통하여 이것은 단순히
교회의 특정계층이 소유하는 어떤 것이 아니라 교회가 회복해야 할
리더십의 본질에 대해 논의하고 있다. 그에게 있어서 선교적 리더십
은 먼저 단순히 설교나 강의하는 것 이상의 것임을 강조하고 있다.[46]
또한, 그는 북미적 상황을 예로 들면서 기존의 목회자의 리더십은 전
문성이라는 이름 아래 잘못된 범주로 분류되었다고 지적하고 있다.
즉 본질보다는 방법론에 집중하게 되며 주객 전도될 가능성이 있음

---

44 이형기 외 8인,『교회 직제론: 한국교회 직제 개선을 위한 모색』(서울: 예영, 2012),
   284-292.
45 Alan J. Roxburgh, "선교적 리더십: 하나님의 백성을 선교를 위해 준비시키다,"
   Darrell L. Guder ed., *Missional Church: A Vision for the Sending of the Church
   in North America*, 정승현 역,『선교적 교회』(인천: 주안대학원대학교출판부,
   2013), 271-319. 록스버그의 선교적 리더십에 대한 자세한 내용은 다음의 책을 참
   고하라. Alan J. Roxburgh, *The Missional Leader: Equipping your Church to
   Reach a Changing World* (CA: Jossey-Bass, 2006).
46 Alan J. Roxburgh, "선교적 리더십: 하나님의 백성을 선교를 위해 준비시키다,"
   Darrell L. Guder ed., *Missional Church: A Vision for the Sending of the Church
   in North America*, 정승현 역,『선교적 교회』(인천: 주안대학원대학교출판부,
   2013), 277.

을 비판하고 있다.[47] 그러면서 록스버그는 새로운 유형의 리더십 구조를 이해해야 한다고 주장한다. 그는 경계설정(bounded sets)과 중심설정(centered sets)의 두 개념을 통하여 교회의 구조와 리더십을 설명하고 있다. 경계설정이란 체계의 절차를 정하고 기구를 통제하는 일련의 규칙이며 이것을 통하여 그룹에 속한 사람들의 정체성을 규정할 수 있다고 보는 것이다. 기존의 패러다임의 '헌신자' 그룹과 일부의 '회중'이 이에 속한다고 할 수 있을 것이다. 중심설정이란 온전한 하나님 나라의 완성은 종말의 때에 실현된다는 믿음 아래에 모든 백성들은 '순례하는 백성'으로 이해되어야 하며 특별한 경계 없이 지속적으로 하나님에 대한 방향성을 가지고 움직이는 것을 말한다. 그는 이 두 개념을 설명하면서 결국 선교적 공동체는 중심설정으로서의 회중을 이끌며 경계설정의 정체성이 동시에 필요한 것임을 주장하고 있다.[48]

V. 포용하는 공동체를 향하여

앞의 장까지 한국교회가 당면하고 있는 위기와 그 대안점에 대해서 살펴보았다. 한국교회가 도전받고 있는 개인 구원에 편향된 좁은 구원론에 이에 따른 이분법적 교회론 그리고 교회 내부적으로는 담임목회자 중심의 리더십 구조에 대한 위기였다. 이에 대하여 한국교

47 Darrell L. Guder ed., *Missional Church: A Vision for the Sending of the Church in North America*, 정승현 역,『선교적 교회』(2013), 289-293.
48 Darrell L. Guder ed., Missional Church: A Vision for the Sending of the Church in North America, 정승현 역,『선교적 교회』(2013), 300-310.

회는 삼위일체론과 하나님의 선교에 근거한 세상을 구원의 대상으로 여기는 넓은 의미의 구원론으로의 확장이 필요하다고 주장했다. 또한 이러한 구원론을 근거로 교회 또한 조직교회와 자신이 속한 공동체의 경계를 넘어 보편적 개념으로서의 교회의 개념을 이해하고 이 세상을 향한 '하나님의 교회'에 우리가 참여한다는 선교적 사명을 지는 교회론으로의 발전이 필요함을 역설하였다. 마지막으로 목회자에게 집중된 권력을 분산하는 방식으로 평신도의 역량을 강화하거나 제도적으로 목회자 소수에게 재정과 의사결정이 집중되지 않도록 하는 제도적 장치에 대하여 언급하였으며 이와 관련된 선교적 리더십에 대해 살펴보았다.

　이러한 이론적 배경을 가지고 필자가 최근에 개척하여 사역하고 있는 한 사례를 소개하고자 한다. 한국교회가 가진 고민을 해결하기 위한 대안적 모색의 하나로서 시도하고 있는 사역인데 이 사역을 소개하고 이론적 평가도 시도해보고자 한다.

1. 개관 및 지역적 상황

　'책보고가게'는 황인성 목사 가정과 백홍영 목사 가정이 지난 9월에 시작한 경기도 양평 강상면 소재 어린이 도서관 겸 서점이다.[49] 이미 그 전인 6월부터 이 사역을 위한 공동체인 '공명교회'가 개척되었다.[50] 양평에 이주한 후 지역 연구를 통해서 강상면의 인구가 만 명을 넘어서고 있다는 것과 그 인구 비율에는 젊은 부부의 유입이

---

49 blog.naver.com/drop-book.
50 blog.naver.com/gm-church.

현저하게 늘어가고 있다는 사실을 알게 되었다. 양평역을 중심으로 기차와 전철 등을 통해 서울로 출퇴근하는 가정들이 전원생활과 양질의 교육을 꿈꾸며 양평으로 이주하고 있는 것이었다. 이에 반해 아직 문화시설과 여러 제반 시설이 따라가지 못하는 실정이었다. 실제로 군에서 운영하는 도서관 외에 동네서점 개념으로 운영되는 서점은 양평에 한 군데밖에 없었다.

아이 엄마들에게 쉼과 회복을 제공하며 아이들에게도 진정한 기독교 정신을 배우게 하고자 하는 꿈이 생겼고, 그래서 전국의 다양한 책방들과 도서관을 방문하며 연구하고 여러 연구사례를 종합하여 도서관과 동시에 지속 가능한 형태의 작은 서점과 카페를 병행하는 것이 효과적이라는 결론에 이르게 된 것이다. 주중에 단순히 책을 보거나 파는 곳이 아니라 책을 매개로 해서 주중에 같이 책읽기 세미나와 영어 학습 그리고 좋은 인문학 강의 등을 공유하는 소통의 장을 마련하고자 한 것이다.

2. 사역의 중심가치 및 프로그램

공명교회는 '하나님의 선교'에 근거한 삼위일체론에 교회론적 뿌리를 두고 있다. 공명교회라는 이름 또한 '성삼위일체 하나님의 삶이 우리에게 와서 맞울리고, 우리의 삶이 다른 사람들에게 맞울려져서 삶의 변화를 일으키게 하는 것이다'라는 사명 선언문에서 나온 이름이다. 즉 '교회와 개인의 존재 자체가 선교하시는 하나님의 삶이 우선되고 그 삶의 이야기가 공명 되어서 개인과 교회가 존재하는 것이며, 동시에 다른 이들에게도 공명 될 수 있다'라는 선교적 사명이 있다.

이러한 교회론을 바탕으로 주중에는 '마을이 곧 나의 교구'라는 생각으로 '책보고가게'를 통한 마을 사역에 집중하고 있다. 교회 내의 성도나 기신자들이 사역의 대상이 아니라 종교의 유무, 교회 출석 유무와 상관없이 그 지역 내에서 도움이 필요한 사람들, 특별히 아이들을 키우는 젊은 부부들의 상황을 함께 공감하고 이야기 나누는 공유의 장소로 사용하고 있다.

주일에는 공명교회가 장소를 사용하며, 월요일은 공식적으로 휴무를 하고 있으며 화-토요일까진 오전 10시에서 저녁 6시까지 운영을 하며 필요한 경우에는 예약을 통해 이웃들이 공간을 활용할 수 있도록 대여도 하고 있다. 실제로 주변의 초등학교 선생님들의 모임과 세미나, 작은 연주회 등으로 장소가 여러 번 대관 되었다. 이웃 주민들과 기독교적 가치를 나누기 위한 도구로서 그림책을 활용하고 있는데 매달 주제를 정하여 주제에 맞는 책들을 소개하고 같이 읽고 토론하는 그림책 모임을 매달 첫 주 수요일 오전에 진행하고 있다. 매달 마지막 주 금요일 저녁에는 학부모들이 관심 있어야 할 주제들을 선정하여 강의를 듣는 장을 마련하고 있다. 지역적 특성상 대안 교육에 대한 관심이 있고 실제로 이러한 고민의 일환으로 이사를 왔고 개별적으로 홈 스쿨을 이미 진행하고 있는 가정들이 많이 있다. 홈 스쿨을 하고 있는 백홍영 목사 가정을 중심으로 양평 지역 홈 스쿨 모임이 정기적으로 시작되었다.

또한, 주중에 아이들과 인문학 교육 증진을 위해 영어원서 읽기, 한자 모임 등 지속적인 다양한 소모임을 발전시켜 지역 내에서 소통의 장소로 활용하고 있으며, 방학을 맞은 아이들에게 다양한 주제들을 공부하고 활동할 수 있는 '마을학교'를 운영하기도 한다. 크리스마스를 맞아 지역주민들을 초청하여 성탄절의 의미를 나누고 가족들과 함께 시간을 공유하며 교제하는 시간을 갖기도 했다. 간접적으로나마 기독교적 가치를 전달하고 결국 세상의 회복과 구조적으로 잘못된 상황 속에서 고통 받는 아이들과 학부모들의 고민을 함께 공감하며 대안적 해결책을 모색하고 있다.

3. 중간 평가 및 제언

영국의 성공회에서는 변화하는 상황 속에서 교회론과 구원론의 재고를 통한 다양한 새로운 사역 접근을 시도하고 있다. 대안예배공동체(Alternative worship communities), 바닥교회공동체(Base Ecclesial Communities), 카페교회(Cafe Church), 셀 교회(Cell Church), 지역사회 운동에서 발생한 교회(Church arising out of community initiatives), 네트워크 중심교회(Network focus churches) 등의 새로운 유형을 제시하고 있다.[51] 위의 새로운 사역의 패턴에 근거하여 볼 때 공명교회와 '책보고가게'는 카페 교회의 모습을 취하면서 동시에 다양한 소모임들이 자발적으로 관계를 통해 연결되는 네트워크 교회의 특징도 지니고 있다. 자녀 교육이라는 공통된 지역적 관심사를 가지고 모인 점으로 봤을 때는 지역적 공동체의 관심에 기인한 교회라고도 볼 수 있을 것이다. 공명교회 자체는 셀 교회의 모습과 방향을 지향하고 있으나 아직 초기 단계에 있으므로 평가하기에는 시기상조인 것 같다.

김도일 교수는 신앙공동체가 지역공동체, 마을로 나아가야 할 당

---

51 Church of England's Mission and Public Affairs Council, *Mission-Shaped Church*, 브랜든 선교 연구소 역, 『선교형 교회』 (서울: 비아, 2016), 103-171.

위성을 강조한다. 그는 특별히 기독교교육적 관점에서 '에듀카치오 데이'(Educatio Dei)로의 연결을 시도한다. 즉 인간은 학습자 개인과 공동체 속에서 상호 배움이 일어날 수 있도록 조력하는 역할을 한다는 것이다. 실제로 가르치시는 주체는 바로 하나님 자신이라는 사실을 강조하고 있다. 단순한 이론적 제시뿐만 아니라 김도일 교수는 실제적인 제안을 던지고 있다. 첫째로 가정, 교회, 마을을 통합하는 학습 생태계 만들기로의 전환을 주장한다. 또한 '신앙공동체의 언어와 지역공동체 언어의 통합적 사용: 이중 언어에 능통해야'를 역설한다. 마지막으로 지역공동체로 나아가는 기독교교육적 사역을 강조하는데 즉 디아코니아에서 코이노니아로의 사역전환을 주장하였다.[52] 김도일 교수가 제시한 평생 학습 공간으로서의 마을 목회를 근거로볼 때 '책보고가게'와 공명교회는 교회의 울타리를 넘어 아이들에게 제도권 교육이 전달할 수 없는 공백을 메우고자 하는 시도를 하는 것으로 보인다. 종교적 언어가 아닌 모든 사람이 이해할 수 있는 이중 언어를 통하여 기독교적 가치와 사상을 전달하고 있다고 평가할 수 있을 것이다. 이것은 또한 선포를 중심으로 한 케리그마나 봉사에 초점을 둔 디아코니아 중심 사역이 아닌 이웃들과의 친교를 통한 관계전도라는 코이노니아적 사역이라고 평가할 수 있을 것이다.

정재영 교수는 마을에서 교회가 감당할 수 있는 구체적인 모델들을 제시하고 있다. '커뮤니티 비즈니스', '협동조합', '마을 도서관'이 그것이다.[53] 정재영 교수가 제시한 마을 목회의 일환으로서의 교회 모습의 기준에 근거할 때 '책보고가게'와 공명교회는 지역도서관으

---

52 김도일, 『가정 · 교회 · 마을 교육공동체』 (서울: 동연, 2018), 99-106.
53 정재영, 『함께 살아나는 마을과 교회』 (서울: SFC, 2018), 147-197.

로의 역할을 감당하고 있는 것으로 보인다. 아직 초기 단계이기 때문에 이제 관계가 형성되고 있다. 따라서 조금 더 재정적 복잡성과 이윤추구를 위한 커뮤니티 비즈니스나 협동조합의 단계로는 나가지 못하고 있다. 그러나 시간이 지남에 따라 이웃들과의 관계를 통한 사회적 자본을 축적해 가면서 의미 있는 일을 함께 추진해가는 역량을 키워갈 가능성은 있다고 판단할 수 있다.

VI. 나가는 말

한국 기독교는 전환기의 시기에 놓여있다. 기존 교회 성장 시대에 강조되었던 기독교의 특수성과 성장 중심의 패러다임은 이제 배타적 공동체의 이미지만 강화할 뿐이다. 개인 중심의 구원론과 교회 중심의 교회론을 벗어나서 그리고 목회자 한 사람에게만 집중되는 리더십의 구조를 너머서 '하나님의 선교'에 근거한 구원론과 세상을 향한 교회론을 재정립하며 교회를 이루는 몸 된 지체들과 함께 리더십을 공유하는 포용적 공동체로의 전환을 위해 노력해야 할 것이다. 바로 이러한 전환의 노력이 평화 통일을 위한 또 다른 시대를 준비하는 한국교회가 잊지 말아야 할 중요한 자세임에 틀림이 없다.

한국교회를 품은 난민
─ 제주 예멘 난민 이슈를 바라보는 한 기독교윤리학자의 시선*

김상덕**

I. 들어가는 말

평소 영화/드라마 팬을 자처하는 필자는 2012년 MBC 수목 드라마 〈해를 품은 달〉을 아직도 기억한다. 동명의 소설을 원작으로 한 이 드라마는 전국 평균 시청률 33%, 최고시청률 42.3%를 기록하며 대중적 인기를 누리기도 했다.[1] 조선 시대 궁궐을 주 배경으로 하는

---

* 이 글은 「한국신학논총」 제17호(2018)에 실린 논문을 수정 및 보완한 것임.
** 한국기독교사회문제연구원/기독교윤리학
1 한국 드라마 속 샤머니즘적인 요소가 소재로 등장하는 사례들은 종종 발견된다. 예를 들어, <왕꽃 선녀님>(2004)을 시작으로 최근 <신과 함께 가라: 죄와 벌>(2017) 등에 이르기까지 다양하다.

이 드라마는 잘생긴 조선의 왕 '이훤'(김수현 분)과 전왕의 서자이자 왕위 서열 1위인 왕자 '왕명군'(정일우 분) 그리고 두 사내의 마음을 모두 얻은 액받이 무녀 '허연우'(한가인 분) 사이의 운명 같은 로맨스를 그린 퓨전 사극이다. 이 드라마에서 인상 깊은 점은 과거 조선 시대 궁궐 속 생활을 보여주는데 무엇보다 왕의 액운을 대신 받게 하는 '액받이 무녀'의 역할 설정이다.[2] 조선 시대에 실제로 '액받이 무녀'가 존재했는지는 알 수 없으나 당시 유교를 신봉하고 샤머니즘에 적대적인 사대부 집안에서도 급할 땐 주술적 행위의 도움을 구하곤 했다는 기록들로 미루어 볼 때 이 드라마의 설정은 '있을 법한'(plausible) 이야기이다.[3]

〈해를 품은 달〉이라는 제목은 조선 왕실을 상징하는 그림 '일월오봉도'(日月五峰圖)에서 차용한 것으로 왕이 머무는 전각의 병풍으로 사용되는 그림이다.[4] 전통적으로 붉은 해는 왕을 상징하고 이 세상에 해는 오직 '하나의 해'만이 존재할 뿐이다. 그 외 모든 존재들은 하나의 해(왕)를 돕고 보필하기 위해 존재한다. 따라서 현재 왕 이하 서열 1위인 왕명군의 존재는 왕에게는 늘 위협이며 친구가 될 수 없다. 반면, 자신의 과거를 잊고 '액받이 무녀'가 된 연우에게 붙여진 이름은 '월'(月), 왕을 '해'라 부르고 왕후를 '달'이라 부르는 것, 즉 두

---

2 예를 들어, 태종실록이나 고종실록 등에는 왕실이나 사대부 집안에서도 불교 승려나 유사 주술적 힘을 빌려 액운을 쫓으려는 기록들이 등장한다. 김종성(2012. 2. 1), "해품달 '액받이 무녀', 실제 있었을까?", 〈오마이뉴스〉 URL: http://www.ohmynews.com/NWS_Web/View/at_pg.aspx?CNTN_CD=A0001691996 기사 참조.

3 1만 원권 지폐의 배경 그림이기도 하다.

4 이른바 공리주의적 정의개념에서는 무조건적 환대는 불가능하고 어쩔 수 없는 선택적 폭력을 정당화하는 원리로 사용되어왔다.

사람의 인연을 암시하는 것이다.

드라마 속 배경은 왕과 신하, 양반과 천민을 나누던 당시 신분제도와 남성을 더 우월한 위치에 놓았던 남존여비 사회문화를 보여준다. 이런 측면에서 볼 때, '액받이 무녀'의 사회적 위치는 가장 바깥에 위치한 인물이다. 역설적이게도, 왕과 무녀의 먼 신분차이는 '액받이'라는 특수한 역할로 인하여 왕의 가장 가까운 곁에 머물 수 있게 하였고 이는 일종의 드라마적 장치이기도 하다. 이 드라마에서 필자가 인상 깊게 본 것은 주인공 연우가 기억상실로 자신이 누구였는지 모른 채 왕의 '액받이 무녀'로 살아야 했다는 것이다. 연우는 원래 홍문관 대제학의 딸로서 세자 휜의 첫사랑으로 세자빈이 되었다. 그러나 성인이 되어 만난 둘의 관계는 왕과 무녀일 뿐이다. 이야기는 무녀 월이 자신의 기억을 되찾으며 마침내 원래의 자리, 왕후가 되는 것으로 마무리된다. 행복한 결말로 이야기는 끝나지만 현실과는 큰 차이가 있다. 액받이 무녀, 월의 삶을 생각해 보자. 그녀가 '용한' 무녀라는 이유만으로 그녀는 왕을 위한 희생을 감수해야 하는 것이 정당화되었던 시대에 대하여 우리는 선택적 폭력의 문제를 떠올리게 된다. 더 중요한 사람을 위해 덜 중요한 사람을 희생시키는 것은 어쩌면 다수/대의를 위한 어쩔 수 없는 선택의 문제처럼 여겨져 왔다.[5]

---

5 김현경,『사람, 장소, 환대』(서울: 문학과지성사, 2015), 16-17. 강남순(2015)도 환대에 관한 그녀의 글에서 코즈모폴리턴 환대를 "공동체 없는 이들을 위한 공동체"로 정의한다. 강남순,『코즈모폴리터니즘과 종교』(서울: 새물결플러스, 2015) 참조.

II. '액받이 무녀'가 내게 던지는 질문: 사람됨이란
   무엇인가?

비록 드라마라는 가상의 공간 속에 관객을 위한 요구와 재미를
충족시킬 가벼운 판타지 장르이지만, 한 여인이 처했던 두 극단의 사
회적 정체성, 본래 양반의 자제로 세자비로 간택 받았던 연우의 삶과
자신의 과거를 잊은 채 왕의 액운을 대신 받아내는 액받이 무녀의
삶을 살아야 했던 월의 삶은 너무나도 큰 대조를 보인다. 이 드라마
틱한 대조는 오늘 주제인 난민과 환대에 대해 고민하던 필자에게 '사
람됨이란 무엇인가'하는 질문을 갖게 한다. 그녀는 같은 사람이었으
나 동시에 다른 사람이었다. 그녀의 본래 모습 즉 존재적 자아는 변
하지 않지만, 그녀의 사회적 정체성은 그녀의 사회적 배경과 상황의
변화에 따라 급격하게 변하고 만다.

김현경은 그의 책『사람, 장소, 환대』의 서문에서 아델베르프 폰
샤미소의 "그림자를 판 사나이" 이야기를 들려준다. 이 이야기 속 주
인공은 악마에게 그림자를 판 대가로 그가 원하는 것들 것 갖게 되지
만 사람들은 주인공의 '그림자 없음'을 보고 놀라거나 흉측하게 여긴
다. 주인공은 다시 악마에게 그림자를 돌려받기를 청하지만 끝내 돌
려받지는 못한다. 이야기 속 그림자란 무엇인가? 사람을 사람이게
하는 데 꼭 필요한 것, 그러나 그림자가 없이도 스스로는 인간이지만
그림자가 없는 것은 끔찍하고 수치스러운 것, 좀 더 정확히는 그렇게
보여지는 것이다.

나는 슐레밀[주인공]에게 그림자의 상실이 일종의 스티그마(stigma)로

작용한다는 사실에 주목하고 싶다. 그림자가 없는 그의 모습은 어디서나 남들의 시선을 끌며, 이어서 외면하게 만든다. 사람들은 더럽고 역겨운 것을 보았을 때처럼 그를 멀리한다. […] 스티그마란 어떤 사람의 사람자격 (personhood)에 가해진 손상을 의미하기 때문이다.[6]

김현경은 "영혼과 육체의 대립 속에서 간과되어온 그림자의 문제, 다시 말해 '사람'의 문제를 다룬다." 그녀의 질문은 근대적 사고 (법적 개념)나 신학적 사고(존재적 개념)에 익숙한 우리에게는 다소 생소한 질문이다. 우리는 그 동안 사람의 존재를 신적 형상이나 혹은 법적 선언 등에서 찾았던 반면, 김현경은 사람됨의 사회적 작용에 초점을 두고 있다. 그녀는 계속해서 질문한다.

우리는 어떻게 이 세상에 들어오고, 사람이 되는가? 우리가 사람이기 때문에 이 세상에 받아들여진 것인가 아니면 이 세상에 받아들여졌기 때문에 사람이 된 것인가? 다시 말해서 '사람'이라는 것은 지위인가 아니면 조건인가?[7]

김현경은 사람을 사람이게 하는 것은 다름 아닌 공동체라고 밝힌다. "사람이라는 것은 어떤 보이지 않는 공동체—도덕적 공동체—안에서 성원권을 갖는다는 뜻이다. 즉 사람임은 일종의 자격이며, 타인의 인정을 필요로 한다"고 주장한다.[8] 김현경이 주장하는 사회적 성

---

6 김현경, 『사람, 장소, 환대』(2015), 25-26.

7 김현경, 『사람, 장소, 환대』(2015), 31.

8 한나 아렌트, 『전체주의의 기원 1』, 이진우, 박미애 역 (서울: 한길사, 2006). 532. "인권의 근본적인 박탈은 무엇보다 세상에서 거주할 수 있는 장소, 자신의 견해를 의미 있는 견해로, 행위를 효과적 행위로 만드는 그런 장소의 박탈로 표현되고 있다." 김

한국교회를 품은 난민 _ 김상덕 | 233

원권의 개념은 사람됨을 주장하는 전통적 방식들 즉 법적, 존재적 접근만큼이나 중요한 의미를 지닌다. 왜냐하면 누군가에 대한 환대나 차별이 발생하는 공간은 일차적으로 공동체이기 때문이다. 여기서 '공간'이란 아렌트가 주장하듯 사회적 장소로서 인간의 박탈은 곧 세상에 거주할 장소의 박탈과 같이 보는 것이다.9 아렌트가 사람과 장소의 관계를 정치적, 법적 문제로 보았다면, 김현경은 사람과 공동체를 구성하는 상징적이고 의례적인 층위에 초점을 두고 있다. 상징적이고 의례적 공간으로서의 '장소'란 곧 '사회'를 말하는데 여기서 사회란 "의례의 교환 또한 의례의 집단적 수행이 가능하다고 여겨지는 상상적 지평"을 말한다.10 쉽게 말해, 한국 사회를 구성하는 문화적 인식의 요소들, 일상 속 우리의 말과 생각 그리고 행동들은 한국 사회가 타자를 대하는 환대의 문제와 깊은 연관을 갖는다는 뜻이다.

III. 한국 사회 속 타자에 대한 트라우마의 원인 찾기

한국 사회의 타자에 대한 배타성은 어디로부터 오는 것일까?

현경의 글에서 재인용. 26.

9 앞의 책. 144.

10 예를 들어, 2015년부터 2017년까지 대한민국 정부에 난민신청의 수는 49명에 불과했다. 반면 2018년 6월까지 제주도에 입국한 예멘 난민신청자들의 대부분은 말레이시아의 체류가 더 이상 힘들어지자 무비자 입국이 가능한 제주도로 몰리게 되었으며 이런 배경에는 한국에 가면 일자리를 연결해준다는 소문이 한 몫을 했다는 분석도 있다. 이웅혁, 노영희 (2018. 6. 19.), "올해만 560명… 예멘 난민, 제주도 입국 배경은?" <YTN 뉴스> 참조.
http://www.ytn.co.kr/_ln/0103_201806191618149924.

2018년 6월 제주도를 통해 입국한 예멘 국적의 난민과 난민신청의 수가 520여 명에 달하자,[11] 정부는 예멘을 무비자입국 허용국가에서 제외하기로 한다. 그러나 이 상황이 언론에 의해 전해지면서 상황은 급속도로 악화되었다. 이를 계기로 난민신청허가 반대와 추방을 요구하는 청와대 국민청원이 올라왔고 총 71만 명을 훌쩍 넘는 수가 이에 참여하기도 했다.[12] 한 여론조사결과에 따르면, 예멘 난민 수용의 찬성은 24%인 반면, 반대는 56%로 절반이 넘는다.[13] 문제는 이와 관련해 생성되는 가짜뉴스를 중심으로 예멘 난민들을 잠재적 범죄자 혹은 테러리스트 등의 왜곡된 이미지를 입히는 것이다. 이번 사안은 한국 사회에 내재되어왔던 무슬림 혐오의 문화가 사회적으로 드러난 사건이다. 비록 일부이긴 하나 한국 사회 속 무슬림에 대한 부정적이고 배타적 정서가 구체적인 사건을 통해 그 몸(실체)을 드러낸 것이다.

1. 정치이념을 둘러싼 가짜뉴스

제주 예멘 난민 문제와 관련해서만 본다면, 한국 사회 속 무슬림

---

11 청와대 <국민청원 및 제안> 브리핑 "제주도 불법 난민 신청 문제에 따른 난민법, 무사증 입국, 난민신청허가 폐지/개헌 청원합니다" 참조.
https://www1.president.go.kr/petitions/269548.

12 한국리서치 <여론 속의 여론> 6월 정기조사, 1000명 설문 자료. 한국일보 (2018. 6. 30.) 기사 참조. URL:
http://www.hankookilbo.com/v/13cac388e35f49ddb11e3c172b70cb50.

13 박수진 (2018. 6. 18.), "제주도에 온 예멘 난민 500명, 무슬림 혐오로 내몰리다" <한겨레> 참조. URL: http://www.hani.co.kr/arti/society/rights/849580.html;조문희(2018. 7. 5.), "'이슬람' '테러' '강간'… 난민 향하는 우리의 민낯" <시사저널> 참조. URL: http://www.sisapress.com/journal/article/176260.

혐오는 크게 세 가지 차원에서 생각해볼 수 있다. 첫째는 인종 차별로서 이슬람 국가에 대한 정치적 인식에 근거한다. 둘째는 종교적 차별로서 타종교, 특히 이슬람 종교에 대한 배타적 태도이다. 셋째, 이슬람 남성을 잠재적 범죄자로 보는 인식이다.[14] 먼저, 이슬람 국가에 대한 부정적 인식은 주로 이라크와 시리아를 근거지로 활동하는 이슬람 극단주의 무장단체인 알카에다와 IS에 의해 자행되는 테러리즘에 근거한다. 이들은 왜곡된 근본주의적 종교관을 악용하여 정치적 목표를 이루기 위해서는 폭력과 테러라는 극단적 수단도 가리지 않기에 종교적으로나 정치 윤리적으로나 비난받아 마땅하다. 그렇지만 한국에 들어오는 모든 무슬림을 (잠정적) 테러리스트로 몰아가는 것은 잘못된 일이다.

제주 예멘 난민의 경우, 1990년 남북통일 이후부터 지속된 갈등이 2013년 아랍의 봄을 거치며 살레의 20년 정부가 물러나면서 생긴 정치적 공백기를 두고 생긴 내전이었으나, 후티 반군을 피해 만수르 하디 대통령이 사우디아라비아로 피신한 후 사우디 연합군이 개입하고 이에 전통적 라이벌 국가인 이란이 참전하면서 국제전 양상으로 번지게 된 것이다. 특히 사우디는 이슬람 수니파를 대표하고 이란은 시아파를 대표하는 국가로서 이 두 국가의 참전은 이때부터 이슬람 세력 내 종파갈등으로 확장된 성격을 가진다. 예멘 정국의 혼란한 틈을 타서 등장한 제3세력이 바로 알카에다 무장세력이다. 문제

---

14 "2015년 11월 기준 유엔난민기구(UNHCR)의 자료집에 따르면, 2015년 초부터 지중해에서 유럽으로 도착한 난민의 국적은 시리아사 52%로 1위이고, 아프가니스탄이 19%, 이라크가 6%였다." 위기백과 <유럽 난민 위기>에서 재인용. 이는 아마도 아라비아반도 최남단에 위치한 지정학적 위치와도 관련이 있을 것이다. 예멘은 북으로는 사우디아라비아, 동으로는 오만에 막혀 있기 때문에 시리아, 이라크처럼 터키를 통해 유럽으로 진출하기는 어려운 상황이다.

는 예멘 주변국들은 사우디(수니파) 혹은 이란(시아파)의 동맹국 중 하나인 이유로 아직 내전 중인 예멘의 난민을 받아주지 않고 있다. 유럽은 이미 오랜 기간 난민 문제로 골치를 겪고 있었는데 2015년부터는 중동/아프리카 지역 내전들의 여파로 그 수가 급증하고 있다. 이 중 상당수는 시리아, 아프가니스탄, 이라크 등으로 예멘 난민들은 해당이 없다.[15] 따라서, 예멘 난민들은 대부분은 생존을 위해 나라와 고향을 떠나온 경우에 해당한다.

따라서 그들이 무슬림이라고 해서 테러리스트로 몰고 가는 것은 사실도 아니고 도덕적으로 옳지 않다. 이런 이유로 제주 난민 문제와 관련하여 우선적으로 필요한 것은 사실에 기반을 둔 언론 보도이다. 그들을 난민으로 받아들일 것인가 아닌가에 대한 판단은 법적 절차에 따라 이뤄질 것이다. 또한 이에 대한 자신의 의견을 말하는 것도 민주주의 국가에서는 허용될 수 있다. 이 사안을 둘러싸고 무슬림을 테러리스트와 잠재적 범죄자로 몰아가기 위해 가짜뉴스를 만들어내는 것은 민주 사회의 원칙에 어긋난 행위이다. 또한 가짜뉴스를 만들고 유통함으로 일종의 공포를 조장하고 이를 통해 자신들의 정치적 목적을 이루기 위해 악용한다면 이는 국가질서와 사회적 신뢰를 깨뜨리는 중대한 범죄가 된다. 무엇보다 가짜뉴스로 인하여 그들의 어떠함 때문이 아니라 단지 무슬림이라는 이유만으로 혐오의 대상이 된다는 것은 심각한 인종차별이며 인권 침해인 것이다.

우리는 어떤 공동체 속에서 타인의 인정을 받는 것으로 사람이 된다고 말한다. 머나 먼 나라 예멘에서 생존을 위해 이방의 땅 제주

---

15 따라서, 정부의 역할이 중요한데 적법한 절차에 따른 난민 심사와 차후 세밀한 보호 및 관리가 요구되는 이유이다.

도에 오게 된 그들을 우리가 어떻게 받아들이는가에 따라 그들은 사람이기도 하고 사람이 아니기도 하다. 사람대우 혹은 사람대접, 한국 사회가 갑질 문화에 그토록 분노하는 이유는 바로 돈이 많고 적음과 같은 사회적 배경에 의해 사람을 종 부리듯 무시하는 태도 때문이었다. 우리는 이미 근대화의 역사를 거치면서 사람 위에 사람 없고, 사람 밑에 사람 없다는 진리를 몸으로 체득하고 있으며 지금도 새로운 종류의 억압과 차별에 저항하며 투쟁하고 있다. 그런데 우리가 단지 피부색이 다르다는 이유로, 종교가 다르다는 이유로, 못사는 나라에서 왔다는 이유로 그들을 무시하거나 차별을 한다면 그것은 옳지 않다. 제주 난민의 경우, 이 문제는 더욱 확실해진다. 왜냐하면 그들은 아직 아무 것도 하지 않았기 때문이다. 반면, 두렵거나 걱정스러울 수는 있다. 그러나 그것은 어디까지나 일어나지 않을 일에 대한 두려움이지 사실은 아니다.[16]

2. 한국형 집단 트라우마로서의 무슬림 혐오

두 번째로, 필자는 제주 난민 청원 반대와 무슬림 혐오 현상을 보면서 일종의 집단적 트라우마가 작용한다고 판단한다. 앞서 언급한 여론조사에 따르면, 난민수용에 반대 입장은 여성(61%), 2030세대(66~70%), 중도보수층(60~61%), 무신론자(59%)와 개신교인(58%)이 많았고 상대적으로 소득이 높은 사람들(월 가구소득 400~600만원)이 많았다는 사실이다.[17] 여기서 주목할 점은 두 가지 다른 층위

---

16 한국리서치 <여론 속의 여론> 6월 정기조사, 1000명 설문 자료.
17 조문희 (2018. 7. 5.), "'이슬람' '테러' '강간' … 난민 향하는 우리의 민낯" <시사저

의 집단인데 먼저 '여성 & 2030세대'가 높다는 것은 이들이 처한 사회적 고통과 관련된다고 볼 수 있다. 〈시사저널〉은 '제주 난민'에 대한 댓글 4만 7000여 건을 분석한 결과, '여자'(14위), '범죄'(25위), '강간'(28위) 등의 단어가 상당히 많이 언급되고 있음을 보여주고 있다.18 비슷하게, '취업'(39위), '일자리'(46위) 등의 순위는 오늘 청년 계층에서 겪고 있는 심각한 취업난을 반영하는 결과이다. 이들에게 난민이란 또 다른 위협이거나 결핍된 상황에 대한 분노의 표출 대상일지 모르겠다. 혐오를 일종의 두려움에 근거한 분노의 표현이라고 이해할 때, 이러한 결과는 오늘 한국의 사회적 약자를 대변하는 여성과 청년 계층이 겪고 있는 사회적 고통의 문제와 깊은 관련을 가진다. 특별히, 여성과 강간에 대한 연관성은 한국 사회 속 '여성혐오'라는 또 다른 배제의 문제의 연장선상에서 이해할 필요가 있다. 따라서 이 현상을 단순히 개인적 윤리의 문제로만 볼 것인지에 대해서는 좀 더 심도 있는 논의가 필요할 것이다. 그렇지만 오늘 제주 난민 이슈를 둘러싼 혐오의 현상은 우리 사회가 '타자'에 얼마나 부정적이고 경직된 반응으로 보이는지를 보여주며 이는 한국적 맥락에서 나타나는 일종의 '트라우마'인 것이다.

또한 반대 여론 중 '보수층'과 '무교 & 개신교'인이 많았다는 것에 주목할 필요가 있다. 이 조사결과만으로 단정 지어 말할 수 없다는

널> 참조. "시사저널은 6월 18일 이후 5일간 네이버 '댓글 많이 달린 뉴스' 10위 안에 든 기사 15건에 달린 댓글 4만7000여 건을 수집했다. 그중에서 무작위로 25%를 추출했다. 형태소 분석 전 특수문자와 영문, 한글 자모음은 삭제했다. 분석 이후엔 '하다, 받다, 있다, 주다' 등 의미가 없는 단어를 지워 시각화했다. 또 '난민'은 가장 많이 언급될 수밖에 없는 단어이기 때문에 분석에서 제외했다."

18 박수진 (2018. 6. 18.), "제주도에 온 예멘 난민 500명, 무슬림 혐오로 내몰리다" <한겨레> 참조.

한계에도 불구하고 제주 예멘 난민에게 덧입혀지는 비방의 글을 보면 (사실 여부를 떠나) 이분법적이고 적대적인 것을 볼 수 있다. 예를 들어, 일부 개신교를 중심으로 이슬람 선교확장의 우려나 극우 이슬람세력 등으로 몰아가는 글들을 쉽게 접할 수 있다.[19] 이는 이슬람을 기독교 포교의 경쟁세력 혹은 장애물로 여기는 근본주의적 사고의 발상과 나와 뜻이 다르면 적으로 간주하는 극우정치이념의 화법과 유사하다. 강조하건대, 필자는 난민 청원 반대하는 사람들을 가리켜 극우/근본주의자라고 주장하는 것이 아니라, 난민이라는 외부적 침입(혹은 위협)에 대응하는 한 익숙한 방식으로서의 극우/근본주의적 태도를 말하고자 하는 것이다. 우리의 생각이나 사고하는 방식은 그 집단의 정치사회적 맥락에 틀에 의해 결정되기 때문이다.[20] 필자는 이러한 경직된 이분법적 사고가 일종의 분단 트라우마의 한 형태라고 생각한다. 만약 이 주장이 사실이라는 가정하에, 오늘 한국 사회의 무슬림 혐오현상은 아직도 한국 사회가 분단의 트라우마를 극복하지 못하고 있다는 반증이자, 분단을 넘어 평화와 화해의 가치를 추

---

19 예를 들어, 기억과 국가의 관계도 비슷하다. 국가적 정체성은 일종의 기억의 틀 안에서 형성되고 수정되고 재형성되기 때문이다. 이와 관련하여서 Jeffrey K. Olick, States of Memory: Continuities, Conflicts, and Transformations in National Retrospection (Durham: NC & London: Duke University Press, 2003).

20 그 중요성에도 불구하고, 국내에 소개된 환대에 관한 신학서적은 그리 많지 않다. 다음은 참고할 만한 책들이다. 존 코어닉/김기역 역, 『환대의 신학』(서울: 한국장로교출판사, 2002); 자크 데리다/남수인 역, 『환대에 대하여』(서울: 동문선, 2004); 크리스틴폴/정옥배 역, 『손대접』(서울: 복있는사람, 2002); 크리스틴 폴 & 크리스토퍼 휴어츠/박세혁 역, 『약한 자의 친구』(서울: 복있는 사람, 2012); 레티 M. 러셀/여금현 역, 『공정한 환대』(서울: 대한기독교서회, 2012); 한스 부르스마/윤성현 역, 『십자가, 폭력인가 환대인가』(서울: CLC, 2014); 강남순, 『코즈모폴리터니즘과 종교』(서울: 새물결플러스, 2015), 특히 6장 "코즈모폴리탄 환대: '공동체 없는 이들을 위한 공동체'를 향하여" 등이 있다.

구하는 것이 보다 포용적인 사회로 가는데 결정적인 역할을 할 것임을 강조하고 싶다. 이런 측면에서 이번 제주 예멘 난민 이슈는 한국 사회의 타자에 대한 우리의 부끄러운 민낯을 드러냄으로써 포용과 환대의 가치에 대해 깊이 고민하게 하는 의미 있는 사안이다.

IV. '포용의 공동체'의 모델로서 교회

1. 차이를 넘어, 환대의 신학으로

그러면 기독교는 환대에 대해서 어떻게 가르치고 있는가? 성경은 여러 곳에서 환대의 정신을 가르치고 있다.[21] 하지만 "비록 환대가 성서 메시지의 근본이고 기독교 영성의 일종이지만, 환대를 명령한 성의 훈계를 실천하는 것은 우리의 교회와 사회에서 폐지되어 버렸다"고 레티 레셀은 말한다.[22] 크리스틴 폴(Christine D. Phol)은 "손대접"(making room)을 기독교 영성의 핵심이자 회복해야 할 전통으로 보았다. 폴은 근대화가 가져온 삶의 방식의 변화로 인해 기독교 내의 환대의 전통이 거의 사라지게 되었다고 안타까워한다.

우리는 이전 세대의 그리스도인들이 존중과 인정의 문제, 사회적 차이들을 초월하는 것, 공동체를 세우는 것, 제한된 자원을 나누는 것, 한편으로

---

21 크리스틴 폴/정옥배 역, 『손대접』(서울: 복있는사람, 2002). 레티 M. 러셀/여금현 역, 『공정한 환대』(서울: 대한기독교서회, 2012). 47.

22 크리스틴 폴, 『손대접』(2002), 22.

는 정체성의 경계를 유지하면서 한편으로는 나그네들을 맞아들이는 것 사이의 긴장 등의 문제들과 어떻게 씨름했는지 거의 알지 못한다.[23]

레티 러셀은 그녀의 생애를 통하여 '환대의 목회'를 배우고 실천하고자 했던 사람 중 하나이다. 그녀는 환대를 가리켜 '차이'(差異)를 넘어서 세상에서 낯선 자들을 연결시켜 주는 것이라고 정의한다. 그녀에게 환대라는 단지 나그네를 대접하는 것을 넘어 하나님의 치유와 정의를 실현하는 교회의 핵심 소명이다.[24] 그 환대의 정신은 특별히 가장 작고 약한 자들로 향하고 있다.

> 마태복음 25:31-46에서 예수는 우리의 형제자매들 가운데 가장 작은 자들에게 환대를 제공하는 사람들과 함께한다고 약속한다. 여기에서 '환대'란 능력 강화, 존엄 그리고 생명의 충만함을 성취하려는 노력에 우리가 공유하는 돌봄과 신뢰의 상호 관계요, 낯선 자들과 연대를(solidarity with strangers) 이루는 것으로 이해된다. [⋯] 교회의 목회는 낯선 자들과 동역자가 되고, 그리스도가 환영한 사람들을 환영하는 것이고, 이리하여 사람들이 종교적 배경, 성별, 인종별 그리고 종족별 차이가 있음에도 불구하고 예수 그리스도 안에서 하나가 되어 공동체를 형성하기를 배우는 것이다.[25]

레티는 만약 교회가 다양한 '차이'를 극복하고 그리스도 안에서

---

23 레티 러셀,『공정한 환대』(2012), 47-48.
24 레티 러셀,『공정한 환대』(2012), 48-49.
25 레티 러셀,『공정한 환대』(2012), 49.

교제(코이노니아)를 누리게 된다면 그것은 우리가 한 성령 안에서 받은 세례의 선물이지, 우리가 같은 사회적 배경을 갖기 때문이 아니라고 지적한다. 그러한 '공동체'가 가능하다면 "그것은 우리 자신들로부터 시작해서, 상처 난 세계를 치유하기 위하여 교회의 목회와 선교에 참여하여 실제적인 차이를 초월하는 선물"과도 같은 것이다.26 만약 한국의 교회가 (오늘의 일부 보수적 교회와는 달리) 제주에 온 낯선 타자에게 먼저 손을 내밀고 그 차이에도 불구하고 그들에게 자리를 내어줄 수 있다면 이는 하나님의 환대를 실천하는 선물과도 같은 일이다.

2. 위험을 넘어, 포옹의 공동체로

자크 데리다는 진정한 환대란 조건을 묻지 않는 것이라고 했다. 하지만 나에게 닥칠 위협을 감수하고서라도 자신의 집 문을 열어두기란 현실적으로 어려운 일이다. 김현경은 이를 가리켜 개인적 윤리로서의 환대의 한계로 이해한다. 하지만 그것이 공적인 영역에서는 가능하다고 역설한다.

> 절대적 환대가 사적 공간의 무조건적이고 완전한 개방을 의미한다면, 우리는 데리다가 그랬듯이 최악의 상황을 머릿속에 그리면서 그러한 환대가 과연 가능한지 자문해야 할 것이다. 하지만 절대적 환대가 타자의 영토에 유폐되어 자신의 존재를 부인 당하는 사람들에게 도움의 손길을 뻗치는 일, 그들을 인지하고 인정하는 일, 그들에게 '절대적으로' 자리를 주는 일,

---

26 김현경, 『사람, 장소, 환대』 (2015), 204.

즉 무차별적이고 무조건적으로 사회 안에 빼앗길 수 없는 자리/장소를 마
련해주는 일이라면, 우리는 그러한 환대가 필요하며 또 가능하다고 말할
수 있다.[27]

오늘 현대 민주주의 사회를 지배하는 정의의 담론 가운데 가장
영향력 있는 사상은 아마도 공리주의적 사고방식일 것이다. 누군가
는 절대적 환대는 비현실적이며 누가 먼저 나서서 희생하려는 사람
은 없을 것이라고 되물을지도 모른다. 현실적으로 얘기해보자. 정말
난민을 받아들이는 것이 국익에, 사회에, 개인에게 도움이 되는 일인
가? 개인적으로는 제주 예멘 난민이 한국 사회에 기여할 부분이 있
다고 믿지만, 이를 믿지 못하거나 반대하는 사람들에게 그것을 설득
하기란 어려운 것이다. 그렇다면 방법은 손해를 감수하면서도 그들
을 받아들이려는 의지 또한 요구된다. 그렇다면 그 의지는 누구에게
요구할 수 있을까? 누구에게 '차이'를 넘어서 잠재적 '위험'을 감수하
라고 요구할 수 있을까?

필자는 이것이 교회가 할 일이라고 믿는다. 교회의 역할은 사회
구조적 악을 비판하고 변화시키는 역할도 필요하지만, 근본적으로
는 실제로 환대를 실천하는 주체가 되어야 한다. 미로슬라브 볼프는
그의 책『배제와 포용』(2012) 글머리에서 현대 사회 갈등의 중심에는
다양성과 정체성의 문제가 있다고 지적한다. 이어 갈등의 문제를 해
결하기 위한 세 가지 해법을 각각 보편주의적 접근, 공동체주의적 접
근, 포스트모더니즘적 접근으로 분류한다. 이 세 가지 해법은 서로
다른 주장과 논리를 가지고 있지만 사회적 구조에 집중한다는 공통

---

27 미로슬라브 볼프/박세혁 역,『배제와 포용』(서울: IVP, 2012). 30-31.

점을 지닌다고 분석한다. 대조적으로 볼프는 이 차이의 문제와 정체성의 문제를 풀기 위하여 사회 행위자에 초점을 맞추고 있다.[28]

> 나는 개인이나 공동체의 다름을 수용하기 위해 어떤 종류의 사회를 만들어야 하는가에 대해 고민하기보다는 타자와 조화롭게 살기 위해 우리는 어떤 종류의 주체가 되어야 하는가를 탐구하고자 한다. […] 신학자들은 사회적 구조에 집중하기보다 정의롭고 진실하며 평화로운 사회를 상상하고 만들어 갈 수 있는 사회적 행위자를 길러내고 그러한 행위자들이 더욱 많아질 수 있는 문화적 분위기를 조성하는 데 더 관심을 기울여야 한다.[29]

어떻게 하면 우리는 배제와 혐오가 아닌 포용과 환대의 공동체가 될 수 있을까? 다시 김현경의 이야기를 기억할 필요가 있다. 김현경은 "환대란 타자에게 자리를 내어주는 것 또는 그의 자리를 인정하는 것, 그가 편안하게 '사람'을 연기할 수 있도록 돕는 것, 그리하여 그를 다시 한 번 '사람'으로 만들어 주는 것"이라고 말한다.[30] 사람이 사람이게 하는 것은 무엇인가? 바로 타인의 인정, 즉 자신을 내어주고 타자를 그 자리에 초청하는 것이다. 미로슬라브 볼프는 이를 '포용의 원리'로 부른다.[31] 만약 교회가 우리 사회의 다양한 '타자'들에게 그

---

28 위의 책.

29 김현경, 『사람, 장소, 환대』(2015), 193.

30 미로슬라브 볼프는 배제를 대신하는 포용의 원리를 잃어버린 아들을 되찾은 아버지의 포용에서 모티브로 사용한다. 하나님은 탕자의 아버지와 같이 무조건 아들을 품는 환대의 모델이다. 하나님은 세상을 품기 위하여 자신(아들)을 내어줌으로 자리를 마련하고 우리를 환대하고 있다는 점에서 환대와 포용의 신학을 제시하고 있다.

31 레티 러셀, 『공정한 환대』(2012), 136.

들이 우리와 다르다는 이유로 행하는 사회적 '낙인'(stigma)을 거두고 그들을 향하여 먼저 팔을 벌리고, 나의 자리를 내어주어, 그들을 초청하고, 그들이 '사람'답게 살 수 있도록 '인정'하기를 시작하면 우리는 그것으로부터 포용과 환대의 공동체를 만들어갈 수 있을 것이다. 하나님이 우리에게 그러하셨듯이 말이다.

V. 나가는 말: 한국교회를 품은 난민, 거룩한 성소(sanctuary)로

마지막으로, '자리를 내어주는 것'으로서의 환대는 기독교에게 특별한 의미를 지닌다. 라틴어 상투스(*sanctus*)에서 유래한 영어단어 sanctuary는 일반적으로 '보호소'라는 뜻과 '성소'의 뜻을 모두 지닌다. 히브리 전통에 따르면, 피난을 온 누구라도(범죄자이든 외국인이든 상관 없이) 보호해주는 공간으로서의 '피난처'(the cities of refugee)가 곧 '성소'(sanctuary)라는 것이다(출 21:13; 민 35:9-11). 또한 엘리 위젤(Elie Wiesel)은 그의 글 "피난자"(the Refugee)에서, "성소 혹은 거룩한 장소는 단지 건물만 말하는 것이 아니라 사람들에게도 적용된다고 상기시킨다."

> 모든 인간은 각자가 하나님의 거소(居所)다. - 남자든, 여자든, 어린이든, 유대인이든, 기독교인이든, 혹은 불교인도 [혹은 무슬림도]. 어떤 사람도, 단지 인간의 아들, 딸이라는 자격으로, 아무도 침범할 권리가 없는 살아있는 성소다.[32]

나는 이 글의 제목을 '난민을 품은 한국교회' 대신 '한국교회를 품은 난민'으로 정하였다. 여기엔 두 가지 이유가 있는데, 첫째 아직 한국교회는 제주 예멘 난민을 포함한 이 땅의 타자들을 제대로 품지 못했기 때문이다. 둘째, 한국교회는 아직도 난민을 일종의 '도움이 필요한 사람' 정도로 낮추어 보는 경향이 있다. 그들이 가난하다는 이유로 혹은 우리와 피부색이 다르고 종교가 다르다는 이유로 그들을 우리보다 천하게 여기는 건 아닌지 돌아보자는 의도가 담겨있다. 하지만 그들은 그 존재 자체로 보호받아야 할 권리가 있는 하나님의 '살아있는 성소'이다. 하나님은 모든 인류와 피조물을 만드셨고 보호하시며 모두를 위한 구원을 완성해 가신다. 따라서 모든 인류는 하나님 앞에서 그 조건과 상관없이 평등하다. 이러한 인식의 전환이 없이는 한국교회의 환대의 실천은 불가능할 것이다.

조금 생경하지만, 글 서두에 언급한 〈해를 품은 달〉을 조금 다른 관점에서 보고자 한다. 전통적인 유교 문화권에서는 이 드라마의 제목은 당연히 "달을 품은 해"였어야 한다. 왜냐하면 해를 상징하는 왕이 사회적으로 더 높은 위치를 차지하고 있었기 때문이다. 드라마에서 의미하는 바는 아마도 '왕을 마음에 품다'는 의미일 가능성이 높겠지만, 역설적으로 그 드라마는 사회적 약자인 여자, 그것도 '액받이 무녀' 월의 관점에서의 〈해를 품은 달〉이기도 하다. 비슷하게 혹은 억지스럽겠지만 지금 한국교회를 품고 있는 것은 제주에 찾아온 예멘 출신의 "그들"일 수도 있다. 왜냐하면 하나님께서 그들의 모습으로 그들과 함께 있을 수도 있기 때문이다. 그러므로 우리는 바울의

---

32 Elie Wiesel, "The Refugee," in Gary MacEoin, ed. *Sanctuary* (New York: Harper & Row, 1985). 50. 위의 책에서 재인용. 137.

권면에 귀를 기울일 필요가 있다.

그러므로 그리스도께서 하나님의 영광을 드러내시려고 여러분을 받아들
이신 것과 같이, 여러분도 서로 받아들이십시오(로마서 15:7, 새번역).

부록

통일 시대 사람을 준비하는
숭실대학교 사례*

하충엽**

I. 들어가는 말

본 글의 목적은 분단 국가를 기독교 가치를 기초로 해서 통일 국가로 전환시키는 전문 사역자를 양성하는 숭실대학교 교육 체계(system, 이하 '시스템'으로 표기)의 사례를 소개하는 것이다. 숭실대학교가 실시하는 평화통일(이하 '통일'로 표기)[1]을 대비하는 교육 방향 중에 기독교 통일지도자를 양성하는 시스템을 정리한 것이다. 범위는 숭실대학교 학부과정에서 실시하고 있는 통일교육이 아닌 일반

---

* 본 글은 전국신학대학협의회 & 한국신학교육연구원에서 주최한 2018년 11월 2일
 (금)에 감리교신학대학교에서 발표한 글을 보완한 글임을 밝힌다.
** 숭실대학교 교수/통일신학
1 숭실대학교는 평화통일연구원이 있고 서울대학교에는 통일평화연구원이 있다.

대학원 기독교통일지도자학 석·박사학위 프로그램으로 한정한다. 본 학위 프로그램을 이해하기 위해서 기독교통일지도자훈련센터를 이해하는 것이 필요하다. 따라서 본 글에서는 숭실대학교 일반대학원 기독교통일지도자학 석(M. A.)·박사(Ph. D.)학위 과정 프로그램(이하 '프로그램'으로 표기)과 기독교통일지도자훈련센터(이하 '센터'로 표기)를 함께 다룬다. 그 이유는 센터가 설립이 되고 그 센터를 통해서 본 프로그램이 시작되었기 때문이다. 나아가 프로그램과 센터는 서로 상호작용으로 연동되어 작동되고 있기 때문이다. 센터는 교회에 통일선교 교육을 지원하므로 교회에서 사람을 준비하도록 지원하고 있을 뿐만 아니라 프로그램에 계속 학생들을 지원하는 것으로 발전하고 있다. 프로그램은 센터의 지원을 받으며 통일 시대의 전문 사역자를 준비하는 학위 프로그램으로 발전했고 더 발전적인 비전을 품고 나가고 있다. 센터와 프로그램은 두 바퀴처럼 서로 연동되어 운영되고 있다. 본 글에서는 두 바퀴가 형성된 환경을 이해하기 위해서 제일 먼저 숭실대학교의 정체성을 살펴본 뒤에 이어서 두 개의 바퀴로 돌아가는 센터와 프로그램을 살펴보고자 한다.

II. 숭실대학교

숭실대학교는 1897년 평양에서 설립된 대학으로서 한반도에서 최초의 4년제 대학이면서 오늘날 서울에 소재하기 때문에 이산대학(離散大學)이다. 숭실대학교는 기독교대학이면서 일반대학교이다. 숭실대학교의 정체성은 기독교이다. 본 대학교는 미국 북장로교 선교사인 윌리엄 베어드(William M. Baird)에 의해서 1897년에 평양에 세워졌다. 베어드 선교사와 절친 사무엘 마펫(Samuel A. Maffett) 선교사가 세운 평양신학교 옆에 세워졌다. 본 대학교의 정체성을 가장 잘 드러낸 사건은 1938년 숭실대학교의 폐교 사건이다. 일본은 기독교 학교들에게 신사참배를 강요하는 것이 강해졌다. 대다수 학교가 신사참배를 받아들이는 추세였지만 숭실대학교는 신사참배를 거부하며 스스로 학교를 폐교했다. 폐교하기 전까지 숭실학교는 나라의 독립을 위해 헌신한 애국지사들을 배출했다. 조만식, 한경직, 김창선, 손정도 등 헤아릴 수 없을 만큼 독립운동과 교계의 주요 인사를 양성했고 한국기독교박물관이 파악한 숭실 출신 독립 유공 포상자는 총 83명으로 파악됐다.

본 대학교는 1954년에 서울 영락교회 교육관에서 숭실 출신이신 한경직 목사에 의해서 재건되었다. 재건 후 숭실 인재들은 6·25사변으로 폐허가 된 대한민국의 중흥을 견인했다. 현재 학부 1만 2천 명, 대학원 원우들을 포함하면 1만 5천 명이 넘은 규모로 성장했고, 교직원은 8백 명 이상이며, 교직원 모두는 교회에 교적을 두고 있다.

2013년 숭실대학교 제13대 총장으로 한헌수 교수(정보통신전자공학부)가 취임했다. 한헌수 총장은 2월 1일 교내 한경직 기념관에서 취임식을 갖고 "통일 한국을 바라보며 평양에 숭실대학교를 하나 더 만들어 서울과 평양을 잇는 통일된 대한민국의 교육 축으로 만들겠다"고 말했다. 2014년 5월 9일에 서울 영락교회에서 재건된 지 60주년을 맞이하면서 서울 재건 60주년 기념예배와 기념식을 재건 때와 동일한 장소인 영락교회에서 가지면서 제3 창학 선포식을 가졌다. 한헌수 총장은 기념사를 통해 "평양에서 문을 연 숭실대학은 나라의 자주와 독립을 이룰 기독교 지도자 육성이라는 너무나 분명한 목표를 갖고 출발했다"며, 신앙과 애국정신으로 민족과 함께해 온 숭실대학이 이제 통일을 향해 제3의 창학 원년을 시작한다고 선언했다. "평양에서의 첫 번째 창학이 어둠에 빛을 비춘 것이었고, 서울에서의 두 번째 창학이 아픔을 치유하는 헌신이었다면, 이제 또 다른 제3의 창학은 우리 숭실이 통일을 이루어내고 세계의 중심에 우뚝 서는 것입니다"라고 말했다. 이러한 숭실 역사의 흐름과 환경 안에서 센터가 숭실 안에서 태어나게 되었다.

III. 기독교통일지도자훈련센터 설립

통일 시대의 사람 준비, 통합 국가의 정신과 정책을 공유한다.

본 센터는 2014년 11월에 초교파적 목회자들[2]에 의해 설립되었

---

2 본 센터 설립 실행이사회(2014.11.)는 김지철 목사(소망교회, 예장통합), 이규현 목사(수영로교회, 예장합동), 이철신 목사(영락교회, 의장), 최이우 목사(종교교회, 감리교), 한태수 목사(은평교회, 기성), 한헌수 총장(숭실대학교, 당연직), 하충엽 목사(센터장, 당연직)이다. 이후에 각 교단별로 운영이사회가 조직이 되었다. 아울러 초교파적으로 북한 선교학으로 박사학위 소지자들이 처음부터 센터 소속 교수진으로 출발했다. 센터 소속 교수들은 북한선교를 주제로 국내외에서 박사학위를 취득한 1세대들로 구성되었다. 손창완 박사는 기장소속으로 영국 에든버러대학교 북한 핵을 기독교 윤리적으로 연구하였다. 송영섭 박사는 예장합동 소속으로 미국 트리니티칼리지(Trinity College)에서 북한 사람들의 회심을 주제로 선교학으로 연구하였다. 오성훈 박사는 기성 소속으로 서울신학대학교에서 북한선교를 위한 한국교회 연합을 주제로 연구하였다. 하광민 박사는 예장합동 소속으로 미국 남침례교신학교에서 북한 복음화를 위한 북한 지도자를 연구하였다. 하충엽 박사는 예장통합 소속으로 영국 에든버러대학교에서 통일신학을 연구하였다. 본 센터는 실행이사와

다. 교회와 학교 간 교학협력체로 출발했다. 이것은 기독교학교로서의 정체성 확립에 맥을 같이 한다. 본 센터는 통일이 다음 세대를 세우고, 교회를 새롭게 하고, 사회를 개혁하고, 인간의 존엄성을 회복하고, 주변 국가에게 이익이 되고, 나아가 새로운 세계선교의 시대를 맞이하는 것으로 보았다. 이를 위하여 교회는 '통일 시대의 사람 준비'와 '통일 국가의 봉사, 선교, 교육에 대한 정신과 정책을 공유'하는 것을 목적으로 삼았다. 공통된 정신과 정책을 공유는 세 가지이다. 첫째로 통일 국가의 교회는 기독교의 사회복지를 실천하여 기독교에 대한 부정적 인식을 지닌 사람들에게 그리스도의 사랑을 드러낸다. 교회의 선교는 북한 교회를 세우는 주축으로 북한에서 태어나 성장한 그리스도인이고, 그들에 의한 교회 세우기가 되게 한다. 이북 교회가 교회 경험의 나눔이 필요하여 이남 교회에 요청이 오면, 교회 경험을 나눈다. 이를 위한 훈련소의 설립이 필요하다면 미리 예양협정(Comity Arrangement)을 준비하여 중복을 피한다. 셋째로 통일 국가의 교회는 기독교학교를 건립하는 것과 훌륭한 교원을 예비한다. 위의 세 가지 공통된 정신과 정책을 공유할 뿐만 아니라 그 정신과 정책을 구현할 사람을 미리 준비한다. 통일 시대의 정신과 정책을 공유하기 위해 목회자통일준비포럼을 실시한다.

1. 목회자통일준비포럼(Insight-Forum)

목회자통일준비포럼은 한국교회와 한인디아스포라교포교회 목회자들이 통합 국가의 [봉사-선교-교육]에 관하여 공통된 정신과

전문학자들이 초교파적으로 모여 출발하였다.

정책을 공유하기 위한 포럼이다. 2015~2018년까지 총 7회를 실시했다. 특이한 점은 2016년에 본 센터와 함께, 쥬빌리통일구국기도회, 통일선교아카데미 공동 주최로 부산 수영로교회에서 열린 제3회 목회자통일준비포럼은 등록자가 500명이 넘었다. 그 포럼은 참여자들에게 교회성장세미나도 아니고 통일 주제로도 이렇게 많은 목회자가 모일 수 있다는 경험을 하게 했다. 또 2017년에 숭실 창학 120주년 기념 포럼으로 열린 제6회 목회자통일준비포럼은 통일선교기관연합 컨퍼런스로 개최되었고, 그 자리에서 통일선교의 연합을 위한 기준과 원칙의 필요성이 대두되었고 이를 위한 '통일선교언약'을 작성하기로 결정하였다.

이 부분을 좀 더 살펴보면 다음과 같다. 한국 기독교인들은 시대에 따라 하나님의 뜻을 간구하는 선언을 해왔다. 그 대표적인 선언이 한국기독교교회협의회가 1988년 2월 29일 발표한 '민족의 통일과 평화에 대한 한국기독교회 선언'과 한국기독교총연합회가 1996년 12월 17일 발표한 '한국교회의 통일 정책 선언문'이 있다. 2018년은 88선언이 발표된 지 30년이 되었고, 96선언이 발표된 이후도 19년이 지났다. 지금의 한반도 정세는 2018년 1월 1일 북한 김정은 국무위원장의 신년사에서 시작해서 평창올림픽, 네 차례에 걸친 남북정상회담, 두 차례에 걸친 미·북 정상회담, 한 차례의 미·남·북 정상회담으로 급격하게 변화되었고, 한반도 주변 국가들과 다변화를 겪고 있다. 한국교회는 이러한 변화된 환경이 능동적으로 대처하기 위한 새로운 통일선교 언약을 요구받고 있다. 이러한 시대적 요구에 부응하고자, 2017년 10월 24일 숭실대에서 열린 통일선교기관연합컨퍼런스에서 통일선교언약 제정의 필요성에 공감하여 교육학, 국제

관계학, 문화학, 사회학, 선교학, 역사신학, 윤리학, 정치학, 치유선교학, 통일교육학 등 다양한 통일선교 전문가 18명이 참여 하여 작성하게 되었다. 통일선교언약은 한국교회와 디아스포라 한인교회 및 세계교회가 함께 한반도의 분단을 해결하며, 하나님께서 원하시는 통일을 이루기 위해 통일신학, 통일선교역사, 통일정책, 통일전략을 정리, 분석하여 이를 토대로 통일선교의 원칙과 기준을 마련하려는데 목적을 두고 있다.[3]

2019년 3·1절을 앞두고 2월 말에 88선언을 발표했던 한국기독교교회협의회(NCCK) 회장 이성희 연동교회 은퇴목사와 한국기독교총연합회 북한교회재건위원회와 96문서 작성에 앞장섰던 김상복 할렐루야 원로목사를 모시고 통일선교언약을 발표하고 토론하는 시간을 가졌다. 그 자리에서 이성희 목사와 김상복 목사는 본 통일선교언약이 의미가 큼을 강조하며, 각 교단별로 토론해서 서로 공유하는 일에 힘써달라는 간곡한 부탁을 했다.

2018년 제7차 목회자통일준비포럼에서는 미주 지역과 대양주 지역에서 한인교회 목회자들 70명이 참여를 했고, 한국교회 주요 목회자들 200여 명이 참여했다. 본 포럼에서는 한국교회와 한인교회가 함께 통일선교의 정신과 정책을 공유했다는 의미가 있다. 또 통일선교 언약을 서로 나누었다.

2019년 목회자통일준비포럼(Insight Forum)은 뉴저지인사이트포럼, 토론토 인사이트포럼, 시드니 인사이트포럼을 7월과 8월에 실

---

3 통일선교언약의 구성으로는 통일선교언약 모두 4장으로 구성되어 있다. 1장 - 복음통일, 통일선교, 2장 - 통일을 이루는 과정, 3장 - 통일 이후의 사회통합과 교회의 사명, 4장 - 통일 국가의 모습.

시했고, 12월에는 LA인사이트포럼을 진행하였다. 2020년 애틀란타에서 목회자통일준비 리더쉽포럼을 5월 26-28일에 갖기로 했고, 6월 24-25일에는 6 · 25사변 70년이므로 서울에서 제8회 목회자통일준비포럼을 갖기로 했다.

위와 같이 목회자통일준비포럼(Insight Forum)은 발전을 거듭하고 있다. 목회자로 모였던 모임이 평신도 지도자들과 헌신자들이 함께 모이는 것으로 확대했다. 통일시대의 정신과 정책을 공유하는 것과 함께 현재 통일선교 사역들을 더욱 증진시키는 네트워킹과 협력 증진이 일어나고 있다. 한국교회와 한인교회가 어둠의 땅인 북한 땅을 향하여 빛을 발하고 있다. 그 빛은 더욱 빛나도록 서로 증진시키는 포럼이 되고 있다. 어느 한 곳에 주도하고 어느 한 기관이 주도하는 것이 아닌 서로의 빛의 사역을 더욱 증진시키도록 서로 연대하는 포럼이다. 교회가 어떤 사역을 해야 할지에 대해서 좋은 목회적 영감을 얻는 포럼이다. 교회에서 필요한 교재들과 자료들을 서로 나누는 포럼이다.

한국교회는 한국교회대로, 한인교회는 한인교회대로 역할들이 있고 서로 연대하고 협력하면 할수록 서로의 은사와 장점이 증진되도록 하는 포럼이다. 목회자와 평신도 지도자들과 평신도 헌신자들이 교회에서 북한선교 일꾼으로 세워지도록 돕는 포럼이다. 본 센터에서 교회에 제시하는 프로그램들은 다음과 같다.

2. 대상, 연령에 따른 통일선교프로그램

본 센터는 목회자통일준비포럼(Insight Forum)뿐만 아니라 대상,

연령에 따른 통일선교프로그램 및 훈련 자료를 제공하여 한국교회와 한인디아스포라교회의 통일선교를 돕는다. 이것은 목회자가 포럼을 통해서 공유한 내용을 교회에서 목회로 풀어 갈 수 있는 통일선교 교육 프로그램들이다.

연령 / 대상별		프로그램	비고
장년용	기초과정	통일선교학교	5주 과정 8주 과정
	심화과정	통일사역자훈련	8주(22강)
	비전 트립	분쟁지역방문 (북중, 유럽, 이스라엘 등)	
청년 대학생용	통일제자훈련	청년 포유스쿨	8주 과정
		청년 포유캠프	3박 4일
청소년용	통일제자훈련	청소년 포유스쿨	8주 과정
		청소년 포유캠프	2박 3일

1) 장년용 통일선교프로그램: 통일선교학교, 통일사역자훈련

교회별로 진행할 수 있는 장년들을 위한 통일선교 프로그램을 제공한다. 아래와 같이 기초과정인 통일선교학교와 심화과정인 통일사역자훈련으로 세분화되어 있다.

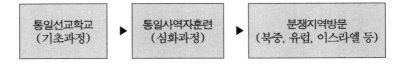

통일선교학교는 처음으로 통일선교프로그램을 실시하는 교회에

적합한 프로그램이다. 5주 또는 8주에 걸쳐 통일선교와 북한 이해를 높이고 통일에 대한 공감대를 형성하여 교회 내에서 통일운동을 시작할 수 있다. 통일선교학교를 마친 후, 다음 단계인 『통일사역자훈련』 프로그램으로 연계한다.

통일사역자훈련은 교회의 평신도 지도자(장로, 안수집사, 권사, 집사, 남녀선교회원, 구역장 등)를 대상으로 실시하는 통일교육이다. 에스겔 37:16-17의 "둘이 하나가 되리라"는 말씀을 토대로 '닥치는 통일'이 아닌 '맞이하는 통일'이 되도록 교회를 준비시키며, 통일 국가의 '통일사역자'를 양성하는 것을 목적으로 한다.

복음통일사역자훈련의 교육영역은 다섯 가지 목표를 효과적으로 달성하기 위하여 다음과 같은 영역으로 구성되어 있다.

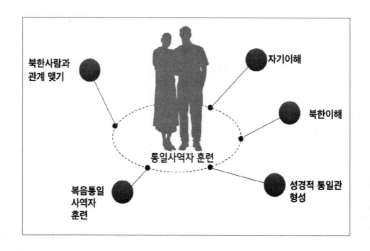

2) 청년용/ 청소년용 통일선교프로그램: 포유스쿨

포유스쿨은 통일무관심의 시대를 살아가는 기독청년과 청소년들을 대상으로 한 통일제자훈련과정이다. 포유스쿨은 다음 세대를 위한 교회의 통일교육의 방향과 내용을 제시함으로서 다음 세대들이 통일을 염원하고 통일을 앞당기고, 통일을 실천하는 통일의 주역이 되도록 준비시키는 목적을 가지고 있다. 포유스쿨은 다음 세대의 통일 의식과 통일 역량의 두 축을 세우는 교육내용을 가지고 있다.

영역(Section)		정의(Definition)
통일 의식 교육	자기이해 영역	기독청소년 나는 누 구인가?
	성서적 통일의식	어떤 통일관을 가져 야 하는가?
통일 역량 교육	통일역량 영역	통일에 필요한 역량 은 무엇인가
	북한이해 영역	북한은 어떤 나라인 가?
비전	통일비전 영역	통일을 준비하는 사 람이 된다!

청년/대학생 통일선교 프로그램의 이름이 포유캠프이며, 그것의 의미는 다음과 같다.

'통일캠프 FOR-U CAMP'는
재미(Fun) – 만남과 프로그램에서의 재미,
개방(Openness) – 다른 공동체에 대해 열린 마음,
교제(Relationship) – 새로운 만남에서 주어지는 관계형성,
통일(Unification) – 한 공동체를 형성하는 비전이 있는 CAMP이다.

포유캠프는 통일비전여행으로 이어진다. 통일비전여행은 서해안(강화도)에서 출발하여, 동해안(고성)까지 분단의 상징이 되는 DMZ 지역을 중심으로 한국교회 기독청년과 한인교회 1.5세 청년,

북한이탈주민 청년이 함께 이동하며 합숙하는 비전 여행이다. 주요
프로그램은 [DMZ 지역탐방: 제적봉통일전망대(강화), 오두산전망
대, 제3땅굴, 도라산역 및 도라산 전망대, 평화누리공원(파주) 철원
노동당사 및 철원제일교회(철원), DMZ 박물관 및 통일전망대(고성)]
[통일말씀축제], [기도합주회], [통일 Q.T], [통일콘서트 등] [BTL
‑ Bus Talk Lecture], [통일 공동체 훈련] 등의 다양하게 구성되어
있다.

지역		탐방지역
서부	강화도	강화제적봉전망대, 연미정
	경기도 파주	오두산전망대, 통일대교, 임진각, 도라산역, 도라산 전망대, 제3 땅굴, 임진각 평화누리공원 등
중부	강원도 철원	철원 노동당사, 철원제일교회, 화천하나교회
동부	강원도 속초 및 고성	추양하우스, 고성DMZ박물관, 고성통일전망대

3) 평화를 만드는 사람들: 북한회복 특별주간(6월) 속회/구역공과

매년 6월, 통일선교를 주제로 한 달 동안 한국교회에서 사용할 수 있는 '북한회복 특별주간 속회/구역 공과' 교재를 제작한다. 이를 통해 한국교회에서 6월 동안 통일에 대해 설교하고, 성경 공부 등을 진행할 수 있도록 지원한다. 이 프로그램은 1년 12개월 중에 6월 한 달 동안 통일선교 교육이 이루어지게 하는 것이다. 교회 장년층은 나라를 잃어버린 경험을 가진 층이 있고, 6·25사변의 공산당 남침을 경험한 층이 있고, 전쟁 이후에 태어난 베이비붐 세대층이 있다. 그리고 그들의 자녀들 층이 있다. 이러한 장년층은 이념과 나라를 생각하는 결이 다름이 자연스럽다. 교회 구성원들이 서로 이념과 생각의 차이로 충돌해서는 새로운 통일 환경에 첫 발을 내딛기가 쉽지 않다. 이러한 이념과 생각의 차이를 십자가에 못 박히신 예수 그리스도를 기준선으로 하나로 모으는 교육 과정이 필요하다. 본 프로그램은 이러한 교육 과정 중에 하나다.

4) 세계분쟁지역탐방: 북·중/유럽/이스라엘 등

(1) 북·중 접경지역 프로그램

북·중 분쟁지역 방문은 한반도 분쟁을 평화와 번영과 통일을 이루는 과정에 비전과 영감과 지혜를 준다. 북·중 접경 지역에서 훈춘(중국)-하란(러시아)-나진·선봉(북한)과 단동(중국)-황금평(북한) 권역이 국제복합 경제 도시로 발전할 수 있는 가능성과 한반도 평화와 번영과 통일에 공헌될 수 있는 미래를 본다.

일정	주요 방문지역
5박 6일 프로그램	연길, 훈춘, 도문, 백두산, 통화, 단동, 심양
6박 7일 프로그램	블라디보스토크, 훈춘, 도문, 백두산, 통화, 단동, 심양
7박 8일 프로그램	동항, 훈춘, 도문, 백두산, 통화, 단동, 블라디보스토크

(2) 유럽분쟁 지역 탐방

유럽 분쟁 지역 방문 중에 북아일랜드 벨파스트를 방문하여 1998년 성금요일 평화협정 체결 이후 20년 동안 진행되어 온 북아일랜드 평화 프로세스가 이루어지고 있는 것을 들여다보면 한반도 평화프로세스에 대한 지혜와 영감을 얻는다.

지역	주요 방문지역
영국/아일랜드/스코틀랜드	더블린, 벨파스트, 에든버러 등
독일	베를린, 드레스덴, 라이프치히 등
폴란드	아우슈비츠 강제 수용소 등

(3) 이스라엘-키프로스 분쟁 지역 탐방

이스라엘과 요르단의 평화지역인 평화 아일랜드(Peace Island) 방문은 긴 분쟁 중에서 운영 되고 있는 평화의 아일랜드를 방문하여 보면 한반도의 개성공단과 같은 남북 경제협력에 대한 무한한 지혜와 혜안을 얻게 된다.

지역	주요 방문지역
이스라엘-팔레스타인	텔아비브 이스라엘 독립선언장소, 헤브론, 세겜, 사마리아
남/북 키프러스 공화국	살라미, 바보
이스라엘-레바논	메두사
이스라엘-요르단	피스 아일랜드

3. 숭실통일아카데미 설립(비학위과정)

기독교통일지도자훈련센터는 통일 국가의 사회문화적인 통합을 이루어내는, 기독교정신에 입각한 창의적인 지도자들을 배출하는데 그 목적을 확대시키기 위해 기존의 기독교통일지도자학과의 석사(M.A.) · 박사(Ph.D.)학위(Degree) 과정을 바탕으로 비학위(Non-Degree) 과정인 〈숭실통일아카데미〉를 설립하기로 했다. 분단 교회 목회자들은 목회를 하는 동안 북한 동포들이 하나님을 자유롭게 예배하는 그 날이 오게 하고, 그들이 하나님의 형상이 회복이 되는 복음 증거를 위해서 늘 기도하며 목회를 한다. 그러기에 최근 남북관계의 정보와 동향을 들으며 통일선교를 위한 목회자들 간에 소통을 하면서 목회의 생각들을 서로 발전시키는 자리가 필요하다. 이를 위해 목회자를 위한 〈숭실통일아카데미〉 최고위과정을 개설하고 서로 생각을 나누고 서로 공감하며 통일선교를 위해서 지금 무엇을 준비하여야 하고, 어떻게 하는 것이 효율적인지를 나누게 된다.

나아가, 여러 목회자들께서는 담임목회를 하면서 통일선교를 맡고있는 실무부서 담당자들이 공익성이 있는 학교에서 교육을 시켜주고 훈련을 시켜주어서 교회에서 통일선교 사역을 적합하게 봉사하고 교회 사역을 섬겨주기를 원하고 있다. 이를 위해 숭실통일아카데미에서 〈지도자과정〉을 개설한다. 이 과정을 통해 각 교회 주무부서에서 훈련된 분들이 통일선교 사역을 맡아서 교회에서 사역을 하여 통일선교 목회를 발전하도록 공헌하도록 하는 것이다. 즉, 교회를 목회하시는 목사님들은 〈최고위과정〉에서 통일선교에 대한 목회의 생각을 발전시켜 나아가면서, 동시에 부서 실무자들이 〈지도자과정〉에서 교육과 훈련을 받아서 담임목회자의 목회를 교회에서 사역하고 봉사한다면 효율적 목회가 될 것이다. 특별히, 최근에 교회 교우들 중에는 사회에서 조기 은퇴자들이 증가하고 있다. 사회에서 전문성을 갖춘 인재들이기 때문에 통일선교에 대해 〈지도자과정〉에서 교육과 훈련이 된다면 교회 주무 부서에서 사역하게 되도록 돕는 과정이며, 급격하게 변해가는 동향에 목회로 적합한 반응을 할 수 있는 〈최고위과정〉에서 다양한 영감(insight)을 얻고 〈지도자과정〉에서 교회에 사람을 준비하는 목적이다.

4. 북한이탈주민 청년 Global Christian Leader로 세우기

남한 땅에 북한이탈주민은 약 3만 4천 명(2019년 기준)이고, 신학교 학생과 목회자는 150명이 넘어섰다. 북한이탈주민 청년들이 통일 후에 고향에 가서 하나님의 일을 하고자 한다. 이들의 뜻이 구현되는 길 중 하나는 그들을 지도자로 세우는 것이다. 첫 번째는 철저한 기독교적 세계관의 무장이다. 둘째는 유창한 언어 실력이다. 세 번째는 최고의 전문성으로 세계에서 인정받는 학위를 취득하게 하는 것이다. 이 세 가지를 구비한 사람은 글로벌 크리스천 리더(Global Christian Leader)로 규정한다면, 통일을 맞이한다면 그 전문분야에서 뿐만 아니라 고향에 가서 영향력 있는 지도자의 역할로 통일 국가를 기독교의 핵심 가치로 성공하는 일에 공헌할 수 있을 것이다. 북한이탈주민 청년을 글로벌 크리스천 리더를 준비하는 진행은 다음과 같은 협력이 중요하다. 첫째로는 한국교회가 북한이탈주민 청년이 대학교를 졸업한 후에 기독교통일지도자학 석사 과정을 공부할 수 있도록 안내한다. 석사학위를 과정에서 일정한 신학 과목도 배우고 영어 실력을 겸비한 이후에는 북한이탈주민 청년이 박사과정을 시작하고 마칠 수 있도록 한인디아스포라교포교회가 후원이 연결되도록 한다. 한인디아스포라교포교회는 교인 중에 장학재단과 연결되어 있는 분들을 통해서 재정적 돌봄을 주며 교회는 영적 돌봄 사역을 한다. 한국교회와 한인디아스포라 교포교회가 협력해서 통일 시대와 남북 통합의 시대를 성공적으로 이끌 북한이탈 청년들을 글로벌 크리스천 지도자로 양성한다.

IV. 기독교통일지도자학위(M.A., Ph. D.) 과정 개설

위에서 설명한 대로 센터 사역이 기독교 학교와 한국교계 & 한인디아스포라교계의 교학협력체를 강화되는 과정이 진행될수록 학교는 기독교 정체성이 강화되는 것은 물론이요 통일 시대의 인재를 양성하는 본연의 학교 목적을 달성하는 것이 된다. 또 교계는 공신력 있는 기독교 학교와 함께 프로그램을 제공 받아 통일을 준비하는 사람을 교회에서 양성할 수 있게 된다. 나아가 교회는 범 교단으로 열려있는 교회의 모습을 갖추게 되어 연합운동에 참여하면서 동시에 통일선교를 연합으로 준비하게 된다. 이렇게 교학협력체로서 센터는 전문성을 갖춘 통일시대 전문가를 양성하는 학위 과정을 학교에 개설하게 된다. 2019년 1학기에 석사 과정과 박사 과정에 있는 학생 수가 100명을 넘어서게 되었고, 2019-1학기에 첫 박사학위 수여자 2명과 석사학위 수여자 1명이 양성되었다.

1. 학과 설립과 개요

기독교통일지도자학과는 2016년에 기독교학과-행정학과-법학과의 협력 과정으로 숭실대학교 일반대학원에 세워졌다. 통일 국가의 시대정신과 새로운 제도를 만들어가기 위해 신학에서 핵심 가치로 그 위에 행정학, 법학, 경제학을 통한 통일 국가의 제도적 틀을 마련하여 기독교 가치가 실현되는 통일 국가를 이루기 위한 인재를 양성하는 목적이다.

기독교통일지도자학 석사(M.A.) (Master of Art in the Unification and Christian Leadership)		
학기운영	이수학점	비고
총 4학기제	석사24학점	2,3학기부터 석·박사 통합과정으로 전환 가능

기독교통일지도자학 박사(Ph.D)(Doctor of Philosophy in the Unification and Christian Leadership)		
박사과정 학기운영	이수학점	비고
총 4학기제	박사 36학점	

석·박사 통합과정 학기운영	이수학점	비고
총 8학기제	석·박사 통합 60학점	석사 2, 3학기에 석·박사 통합과정 전환. 5학기부터 박사 코스 진행

2. 기독교 통일지도자의 역할[4]

위에서 말한 기독교 통일지도자란 기독교 신앙인이 사회 변화에 대한 책무를 가진다면, 기독교 통일지도자는 어떠한 책임을 가질 것인가란 질문부터 시작한다. 하나님과 인간, 사회 그리고 제도 간의 관계를 통해 기독교 통일지도자의 역할을 규정해 보면 아래와 같은 그림으로 표시할 수 있다. 아래 그림은 두 가지 차원으로 나누어서 이해할 수 있다. 그 하나는 그림의 상단부에 해당하는 것으로서 하나님과 인간, 사회 그리고 제도의 관계에 대한 부분이다. 다른 하나는 그림의 하단 부분인데, 이는 인간, 제도 그리고 사회 간의 관계에 대한 부분이다. 우선 전자와 관련하여 하나님과 인간의 관계는 기독교 통일지도자의 신앙관을 나타낸다. 즉 기독교 통일지도자는 기독교

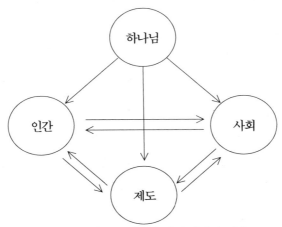

〈그림 1〉 기독교 신앙과 사회 변화의 과제

4 본 글은 숭실대학교 행정학부 교수이면서 대학원 기독교통일지도자학 운영위원인 김성배 교수가 2016년에 발표한 "통일 한반도를 위한 기독교 통일지도자의 역할과 역량" 글 중에 일부(2-5)를 가져온 것이다.

신앙에 대한 확신을 가질 수 있어야 한다. 기독교 신앙에 대해 확신을 가진다는 것은 기독교적 시각에서 세상의 작동을 볼 수 있다는 것을 의미한다. 이는 복음을 받아들이는 것에서 한 걸음 더 나아가 자신이 보는 세계관을 기독교적 세계관과 일치시키는 것을 의미한다.

다음으로 기독교 통일지도자는 하나님과 사회 간의 관계에 대한 이해가 필요하다. 하나님이 인간을 창조하시고, 번성하라고 하신 일종의 창조의 권한 위임(mandate)을 주셨다고 한다면, 그것은 인간의 사회에 대한 책무를 의미하는 것이다. 인간은 궁극적으로는 구원을 거쳐 하나님이 예비하신 새로운 세상으로 나아가지만, 이 세상에서도 서로 사랑하고, 어려운 사람을 도움으로써 하나님이 보시기에 흡족한 세상이 구현될 수 있도록 노력해야 한다.

끝으로, 하나님과의 관계 가운데 특이한 점이 있다면 그것은 하나님과 제도와의 관계가 포함되어 있다는 것이다. 하나님과의 관계에 대한 보편적인 이해와 달리, 제도를 이 그림에 포함시킨 것은 하나님과 인간 사회의 제도와의 관계에 대한 이해도 필요하다는 것을 의미한다. 그 이유는 제도가 사회변화의 일종의 매개체와 같은 역할을 수행하기 때문이다. 제도는 인간에 의해 형성되지만, 만들어진 제도들은 인간의 행동과 인식을 통제하고, 아울러 사회변화를 일으키는 역할을 수행한다. 따라서 우리는 하나님과 인간과 사회 간의 관계뿐만 아니라 제도와의 관계도 독립적으로 이해할 필요가 있다.

제도 연구로 노벨 경제학상을 받은 North(1990)는 제도를 인간이 고안한 제약조건이면서 인간의 유인 구조와 행동을 통제하는 것으로 정의하였다. 또한 최근 MIT의 경제학과 교수인 Acemoglu(2012)가 자신의 저서에서 제도는 국가의 번영, 보다 크게는 사회 변

화에 직접적인 영향을 미친다고 적시하였다. 특히 Acemoglu는 제
도 영향에 대한 사례로서 아프리카의 국가들을 거론하면서, 그 나라
들이 2차 대전 이후에 독립하여 현재 잘사는 나라와 못사는 나라로
구분된 가장 중요한 이유가 바로 서로 다른 제도적 기반 때문이라고
지적하였다. 심지어 남북한의 경우도 같은 민족이 같은 여건에서 분
단되었지만 현시점에 두 체제 간 번영이 극단적으로 차이 나는 이유
도 바로 제도의 차이 때문이라 할 수 있을 것이다.

결국 이는 기독교 통일지도자가 사회 변화를 이루기 위해서는 제
도를 통해서 그 변화를 이루어낼 수 있다는 것을 의미한다. 또한 우
리가 어떤 제도를 갖추는 것이 어떠한 사회를 구축할 것인가를 결정
한다면 우리가 갖추어야 할 제도의 모습에 대한 하나님의 뜻이 있을
수 있다. 이런 점에서 신학적 관점에서 제도를 이해하는 노력이 필요
하고, 따라서 기독교 통일지도자도 이 관점을 이해하고 있어야 할 것
이다. 기독교 통일지도자는 기독교 신앙을 토대로 하고, 제도라는 매
개체를 통해 바람직한 사회구현을 추구하는 사람이라고 정의할 수
있다. 물론 개인적으로 사회변화를 위해 노력할 수 있지만, 제도를
매개체로 활동하는 것이 가장 효과적이고 효율적이기 때문이다. 사
회변화를 이룰 행동하는 기독교지도자를 양성하기 위한 교육 내용
들은 계속 연구하며 발전시키고 있다.

3. 기독교 통일지도자의 새로운 인성

평화로운 통일 국가를 세우는 일은 결국 하나님이 세우신 사람들
이 이룬다. 독일의 경우도 분단을 통일 국가로 세운 주역들은 교회에

서 배출된 하나님의 사람들이었다. 그것이 자연스러운 이유는 삼위일체 하나님의 공동체를 본받아 이 세상에 구현시키기 때문이다. 성부 하나님과 성자 하나님과 성령 하나님은 서로에게 열려있고(openness), 서로에게 내주하시며(mutual indwelling), 서로에게 관통하시고(mutual interpenetration) 계신 온전한 공동체이며, 이 공동체는 온 인류의 모든 공동체의 원석이다. 남북 분단을 통일로 전환되는 과정과 창출될 최종 공동체는 원석을 모형으로 삼는다. 이제까지 등을 돌리고 있던 5천만 남한 사람들과 2천 5백만 북한 사람들은 서로를 향하여 마주서도록 하는 정치 지도자가 필요하다. 서로를 향하여 마음의 문을 열고 서로가 분단 기간 동안 얼마만큼 다른 모습을 지니게 되었는지를 알려주는 교육 지도자가 필요하다. 서로에게 다가가고 서로의 다른 점들을 품에 안아줄 만큼 서로의 마음 안에 공간을 창출할 수 있는 영적인 지도자들이 필요하다. 서로 다른 점들을 이해하며 서로 다른 점들을 존중해 주는 사회 풍토를 만들어 줄 지도자가 필요하다. 서로의 다른 점을 이해하고 존중해 주고 품에 안아 줄 용기를 낼 수 있는 마음이 크고 넓은 지도자가 필요하다. 서로의 다른 점을 존중해 주며 서로에게 있는 공통의 보편성을 넓혀 나아갈 지혜로운 지도자가 필요하다. 그 공간 안에 서로 거주하고 내주할 수 있도록 이끌 지도자가 필요하다.

이러한 사역들은 정상들 간에서만 회담한다고 해서 창출되는 것은 아니다. 신경과 혈관처럼 연결된 사회 공공 영역 전반에서 이루어져야 한다. 먼저는 삼위일체 하나님을 인성적으로 지닌 그리스도인들이 본을 보여야 하면서 동시에 공공 영역에서 역할을 하여야 한다. 정치, 경제, 교육, 미디어, 언론, 종교의 각 영역에서 그리스도인들은 대화(conversation)하여야 한다. 그 일은 제일 먼저 교회 안에서 이루 어지면서 동시에 비기독교영역으로 확대되어져야 한다.

먼저 그리스도인들이 삼위일체 하나님과 매일 매 순간 만나서 삼 위일체 하나님으로부터 정확한 메시지를 받아야 한다. 받은 계시를 삶의 공적 영역에 흘러(flowing) 보내야 한다. 이러한 측면에서 보면 남북한의 새로운 공동체를 창출하는 통일의 과정은 교회와 그리스 도인들을 새롭게 하는 것에서 출발한다. 70년 넘게 분단 기간 동안 각자의 정신과 마음과 정서에 가득 채워져 있는 것에 의해 자동적으 로 생각이 움직이고 행동이 나오는 것을 잠시 중단하고 삼위일체 하 나님과 새롭게 연결되어져야 한다. 완전 타자가 된 북한 사람들에게 남한 사람들, 남한 사람들에게 북한 사람들은 서로가 받아들이기에 너무 어려움 완전 타자가 되어 있다. 무엇보다도 서로의 인식과 마음 과 정서에 담겨 있는 그 무엇인가를 십자가 위에서 완전 타자를 받아 들이기 위해 자신의 피와 살을 내어주심(self-giving)과 자기를 비우심 (kenosis)으로 공간을 만드시기(making space) 위해 십자가에 달리신 그리스도를 본받음으로 대체되어야 한다. 이것은 신앙적 담론으로 아는 것으로 이루어지는 것이 아닌 교육과 훈련이 필요하다. 이러한 평화교육을 받은 그리스도인들이 사회를 변혁시킬 수 있다. 분단국 가의 사회 공공영역에 그리스도 이름을 지닌 자들이 퍼져 있다. 그들 이 소금의 맛을 잃지 않고 빛을 발하기 위해서는 십자가에 달리신 그리스도를 본받는 자리에 다시 서 있도록 해야 한다. 이것이 기독교 통일지도자들이 통일신학을 배우는 목적이다.

4. 교과목

위에서 설명한 '기독교 통일지도자의 역할과 인성'을 위한 교과목으로는 정치, 경제, 법, 사상, 복지, 교육을 통일과 접목시킨 교과목들이 본 학과에 개설되었다. 신학과 일반학문의 두 갈래의 학문이 통섭되면서 서로를 관통하는 학문을 배우면서 지도자가 양성되도록 교과목이 발전하고 있다. 교과목은 11 범주로 나눌 수 있다. 그 중에 코코스과목이 포함되어 있다. 코코스 과목은 본 학과의 정체성을 구성하는 것이다.

1) 통일신학

이 범주에는 성경적 통일신학 1, 2(Biblical Studies on Unification Theology 1, 2), 통일선교신학 1, 2(Mission Theology for Unification 1, 2), 통일공적신학(Public Theology for Unification), 한국교회의 통일선교(Korean Church Mission Work for Unification), 통일신학연구 1, 2(Studies on Unification Theology 1, 2), 통일선교전략 1, 2(Mission Strategies for Unification 1, 2), 성서적 문화통합(Unity Paradigm: Unity Approach to Christian Global and Local Missions), 목회와 통일 1, 2, 3(Conflicted Region Research 1, 2, 3), 통일목회의 이론과 실재(The Theory and Practice of Unification Ministry), 통일과 하나님 나라 (Unification and the Kingdom of God), 기독교통일역사(History of Christianity in Korea) 등 총 17과목이다.

2) 통일 국가법론

이 범주에는 통일법론(Methodology of Law), 독일통일과 법의 역할(German Unification: Constitution and Law), 통일 후 가족법과 상속 법제에 관한 연구(Studies on Family and Inheritance Law), 통일 후 토지법제에 관한 연구(Studies on Property Law), 통일헌법론(Studies on Constitutional Law), 남북관계와 국제법에 관한 연구(North-South Korea Relations and International Law), 북한의 형사법 연구(North Korea Criminal Law), 남북경제협력과 법률문제에 관한 연구(North-South Korea Economic Relations and Legal Issues), 북한의 법체계와 북한법의 이해(North Korea Law and Legal System) 등 총 9과목이다.

3) 통일 국가경제론

이 범주에는 통일 국가경제론(Economic Study of Unified Nation), 통일경제개발론(Unification Economic Development), 남북한경제협력과 국제경영(South-North Korean Economic Cooperation and International Management) 등 총 3과목이다.

4) 통일 국가제도론

이 범주에는 통일 국가제도론(Institutional Foundation for Unification)과 복합기능 특별행정구역 및 도시개발(Strategies for Development of Urban and Special Administrative Region) 2과목이다.

5) 통일인문학

이 범주에는 통일인문학(Humanities Studies for Unification), 통일과 정치사상(Unification and Political Thought) 그리고 독립운동의 기독교정신과 통일(Christian Spirit of Independence movement and

Unification) 총 3과목이다.

6) 리더십연구

이 범주에는 리더십(Leadership), 통일리더십과 경영원리(Christian Leadership and Administration in Unification of Korea) 그리고 통일리더십(Leadership for Unification) 총 3과목이다.

7) 북한과 통일 현안 연구

이 범주에는 북한현안연구(Studies on the Pending Issues of North Korea), 통일현안연구(Studies on the Pending Issues of Unification), 김정은 리더십 연구 1, 2(The Theory and Practice of Unification Ministry 1, 2), 북한의 종교와 사상(North Korea Religion and Ideology), 현대 북한 정치사 연구(Studies on Political History of North Korea), 문화인류학으로 본 북한사람의 이해(Understanding North Korean in Anthropological Perspective), 북한이탈주민이해(Studies on North Korean Refugees), 남북한통일정책비교연구(Studies on Comparison of North-South Korea Policies), 남북한정치체제비교연구(Studies on Comparison of North-South Korea Political), 한반도 평화체제(Peaceful Organization for Korean Peninsula), 통일외교론(Studies on Foreign Policy for Unification) 등 총 12과목이다.

8) 통일복지, 통일교육, 통일NGO 연구

이 범주로는 통일 국가 교육론(Education Theory for Unified Nation), 통일선교와 복지(Mission and Social Welfare for Unification)

그리고 통일NGO경영(Unification NGO Management) 총 3과목이다.

9) 북한도시민연구

이 범주로는 북한도시민연구 1, 2(North Korea City Population Research 1, 2), 통일 국가의 도시와 지역연구(Studies on Cities and Region of Unified Nation), 북한도시분석(Analysis on North Korean Cities) 총 4과목이다.

10) 분쟁지역 연구

이 범주로는 분쟁지역연구(Conflicted Region Research) 한 과목이다.

11) 연구방법론

이 범주로는 연구방법론(Research Methodologies for Unification), 기독교통일연구방법론(Methodology for Christian Unification) 그리고 기독교통일지도자학 워크숍(Workshop for Christian Leaders for Unification) 총 3과목이다.

위의 총 56과목 중에 코코스과목은 통일선교신학 1, 성서적 통일신학, 통일법론, 통일 국가제도론, 통일 국가경제론 등 총 5과목이다. 본 학과에 입학한 학생들은 신입생 기간에는 주로 코코스 과목을 듣도록 권장 받고 있고 그 이후에는 본인의 논문 주제에 관련 있는 교과목을 선택하도록 권장 받고 있다. 숭실대학교는 다양한 학과와 교수진들이 500여 명에 이르고 있다. 입학하는 원우들이 무엇을 배우고 싶어 하는지와 본 학과의 목적을 추구하는 전략적 차원에서 어떤 교과목이 더 필요하지를 파악해서 교과목 개발은 매 학기마다 추가되고 있다. 다른 한편으로는 신학과 일반학문의 통섭을 이루는 시도로 '제도신학' 모임이 2년 넘게 지속되고 있다. 신학자들과 일반학문 학자들이 모임이다. 이 모임에서 논의되어진 내용들을 2019년부터 책으로 발간할 계획을 가지고 있고 그 책은 본 학과 학생들을 대상으로 활용되어진다.

V. 나가는 말: 통일시대 사람을 준비하는 시스템

2017년 황준성 경제학과 교수가 2월 1일 숭실대학교 제14대 총장으로 취임했다. 취임예배에서 황 총장은 "숭실 부흥의 비전을 품고 '꿈과 희망이 넘치는 기독교 민족대학'으로 숭실의 위상을 새롭게 정립하겠다"고 말했다. 기독교 대학의 정체성을 더욱 확립하고자 하는 의지를 표현했고, 미래 통일 교육을 선도하는 대학으로 나아가겠다는 강한 의지를 표현했다. 또 황 총장은 '특성화와 융복합으로 교육과 연구가 우수한 대학'으로 가고자 한다는 숭실대학교의 발전 방향을 제시했다. 이것은 이미 사회 저변에 스며들고 있는 제4차 산업혁명 시대에 맞는 인재를 양성하겠다는 의지의 표현이다.

따라서 본 학위 과정도 기독교학교로서 정체성을 더욱 확고히 하는 동시에 한편으로는 2018년도부터 '북한 도시' 연구를 교과목으로 4과목을 개설하면서 미래 북한 도시도 제4차 산업혁명의 영향을 받을 것으로 예측하기 시작했다. 과거와 현재의 북한 도시를 연구하는 것도 중요하고 앞으로 제4차 혁명 시대에 북한 도시는 어떠한 영향을 받을 것인가를 연구하는 것을 중요하게 인식하기 시작했다. 이렇게 다양한 환경의 변화를 겪을 북한 도시민들에게 복음의 상황화와 수용성은 어떠하여야 하는지를 묻고 그 연구는 결과물들을 소논문과 학위논문으로 창출하고 있다. 이러한 결과물들은 한국교회에게 북한 복음화를 위해서 구체적으로 도시별로 준비할 수 있는 귀한 자료가 될 것으로 기대하며, 나아가 사회 각 공공영역에서도, 각 공기업 SOC 분야에서도, 각 대기업에서도, 각 북한대상 NGO단체들에게도 도움이 될 것으로 기대한다.

새로운 통일 환경에 다양한 사회 공공 영역에서 기독교지도자를 양성하기 위한 방안으로 가칭 숭실대학교 통일과 화해 전문대학원 개설로 발전시키는 연구를 하고 있다. 타당성 검토를 위해 자체 TFT 이 구성되어 1년 동안 준비모임을 가지고 있다.

숭실대학교 기독교통일지도자훈련센터에서 통일시대의 정신과 정책을 공유하는 사역과 숭실대학교 대학원 기독교통일지도자학 석·박사학위 프로그램이 연동되어지는 것을 다이어그램으로 정리하고자 한다. 위에서 언급한 것처럼 센터와 학위 프로그램은 기독교 통일지도자를 양성하는 양대 축이며 바퀴이다. 교학협력체로 함께 시대의 요청에 합당한 인재를 양성하는 것이다. 교학협력체이면서 두 바퀴인 센터와 프로그램을 다이어그램으로, 본론에서 설명했던 내용을 제외하고 추가로 설명을 요하는 부분을 설명하면 다음과 같다.

첫째로, 분단국가를 통일 국가로 이루어 가는 사역은 세계교회로까지 흘러가야 한다. 이것을 위해서 영문 저널의 필요성이 있다. 이것은 다이어그램 왼쪽 큰 원 안에 표기해 놓았고 앞으로 해야 할 일로 남겨두고 있다.

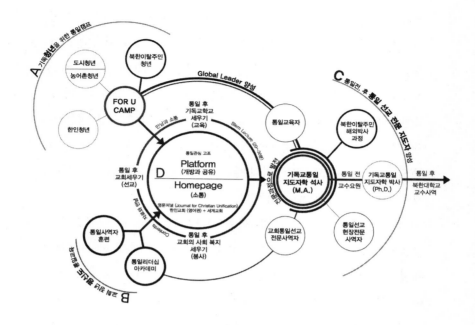

둘째로, 그 원 안에 있는 개방과 공유(Platform)는 연합의 장을 의미한다. 한국교회와 한인디아스포라 교회와 세계 교회는 한반도의 분단의 빗장을 푸는 일에 함께 연합이 필요하다. 그러기 위해서는 서로 만나는 플랫폼이 필요하다. 한국교회 안에도 다양한 통일선교 기관들이 있다. 기간들 사이에서도 만남의 플랫폼이 더욱 활성화가 되어야 통일선교는 더욱 효율성을 높이며 활력을 얻게 된다. 그리스도인들은 서로에게 열려있고 서로를 존중하며 서로 함께 통일선교를 하며 한반도의 통일을 이루는 일에 연합을 하여야 한다.

셋째로, 선교지에서 선교사가 헌신적으로 어려움에 놓인 어린이들에게 먹을 것을 주고 교육을 시키기 위해서 학교를 세운다. 복지기관으로 시작하여 초등교육기관, 중·고등학교 교육기관까지 세우는 일에 선교사의 전 생애를 요구했다. 자세히 들여다보면, 그 어린이들을 가르치는 교사가 비기독교인 이유는 기독교 사범대학을 설립하는 것이 선교 초창기에는 엄두도 내기 어려웠을 뿐만 아니라 타 문화권 선교지가 이슬람 환경, 힌두교 환경, 불교 환경이기 때문이었다. 실질적인 복음화의 효율성은 기독교인 교사를 양성하는 것이 먼저 또는 동시에 일어나는 것이어야 한다는 것을 선교사들은 알고는 있었지만 현실적으로 실행하기에는 쉽지 않았다. 이것은 앞으로 한반도에서 통일 시대에 북한 2천 5백만이 복음의 정신을 갖기를 원한다면 각 전문 분야별로 기독교인 교수 요원을 준비하는 것이 중요함을 나타내준 것이다. 이러한 기독교 교수 요원은 북한이탈주민을 기독교 정신으로 무장된 세계적 전문가(Global Christian Leader)로 준비할 수 있다. 기독교 통일지도자 박사학위(Ph. D.)에서도 준비할 수 있다. 여러 기독교 대학교에서 가르치는 교수 중에서도 준비될 수 있다. 본 다이어그램 오른쪽 끝에는 그것을 표현하고 있다.

마지막으로 제안하는 것은 통일의 시대를 이끌어 갈 사람 준비를 하는 것은 한 대학만이 해야 할 사명이 아닌 대한민국 각 권역에 있는 다양한 기독교 대학들이 함께 나서야 한다. 기독교 가치를 기초로 해서 분단 시대를 통일 시대로 바꾸는 역사는 많은 지도자를 필요로 하며 그러기에 기독교대학마다 이 일에 나서야 한다.

참고문헌

1부 _ 평화와 신학

성서신학으로 본 평화 ┃ 윤성덕

강사문. "교회교육 지도자들을 위한 전문지/특집: 친절, 사랑, 화평한 삶을 가르치자; 구약성서에 나타난 평화." 「교육교회」 124 (1986): 507-509.

골딩게이, 존 E./채천석 역. 『다니엘서』. WBC 성경주석 30. 서울: 솔로몬, 2008.

김영진. "구약성서에 나타난 평화 (שׁלוֹם)." 「본질과 현상」 9 (2007): 31-39.

김이곤. "구약성서적 입장에서 본 평화." 「기독교사상」 29, no. 7 (1985): 95-109.

김정준. "구약에서 본 세계평화의 길." 「기독교사상」 6, no. 11 (1962): 14-23.

김주백. "교회교육 지도자들을 위한 전문지/특집: 실험공동작업 (1) 평화; 평화의 가능성 (신약)." 「교육교회」 143, no. 단일호 (1988): 127-131.

김창락. "신약성서 안의 평화운동." 「신학연구」 31 (1990): 293-314.

나채운. "교회교육 지도자들을 위한 전문지/특집: 성숙한 교회와 평화교육; 신약성경에 있어서의 평화의 개념." 「교육교회」 142 (1988): 11-17.

더햄, 존/손석태 · 채천석 역. 『출애굽기』. WBC 성경주석 3. 서울: 솔로몬, 2000.

드 브리스, 시몬 J./김병하 역. 『열왕기상』. WBC 성경주석 12. 서울: 솔로몬, 2006.

박동현. "[제1회 장신대 성서학 연구원 심포지움] 제4차 평화통일도교회의 구약성서연구 (창 33: 1-17. '다시 만나는 사람들') 보고." 「성서학연구원심포지움」 1 (1994): 1-4.

버틀러, 트렌트/정일오 역. 『여호수아』. WBC 성경주석 7. 서울: 솔로몬, 2004.

_____/조호섭 역. 『사사기』. WBC 성경주석 8. 서울: 솔로몬, 2011.

부시, 프레드릭 W./정일오 역. 『룻기, 에스더』. WBC 성경주석 9. 서울: 솔로몬, 2007.

붓드, 필립 J./박신배 역. 『민수기』. WBC 성경주석 5. 서울: 솔로몬, 2006.

손세훈. "구약성서에 나타난 샬롬." 「한국평화학회 국제 학술 세미나」 (2003): 801-809.

오인탁. "평화교육의 이념과 내용." 「기독교사상」 32, no. 9 (1988): 100-113.

웬함, 고든/박영호 역. 『창세기 1-15』. WBC 성경주석 1, 서울: 솔로몬, 2001.

_____/윤상문 · 황수철 역. 『창세기 16-50』. WBC 성경주석 2, 서울: 솔로몬, 2006.

윌리암슨, H.G.M./조호진 역.『에스라, 느헤미야』. WBC 성경주석 16. 서울: 솔로몬, 2008.

이경숙. "성서로 본 거짓 평화 유형 연구." 「기독교사상」 32, no. 12 (1988): 14-24.

이우정. "구약성서의 샬롬 이해." 「기독교사상」 34, no. 9 (1990): 130-136.

이종록. "교육으로 만나는 목회: 성인을 위한 구약성경공부 (폭력의 시대에서 꿈꾸는 평화)." 「교육교회」 298, no. 단일호 (2002): 24-26.

이태훈. "장로교회의 평화 이해; 구약에 나타난 평화." 「장로교회와 신학」 7 (2010): 7-24.

전경연. "신약에 나타난 평화사상." 「기독교사상」 23, no. 1 (1979): 55-63.

조석민. "신약성서에 나타난 '평화'의 의미." 「장로교회와 신학」 7 (2010): 25-46.

최은영. "이주의 관점으로 본 구약성서의 여성들의 행동과 평화의 가치." 「예술인문 사회 융합멀티미디어 논문지」 6 (2016): 321-328.

클레인, 랄프 W./김경열 역.『사무엘상』. WBC 성경주석 10. 서울: 솔로몬, 2004.

핸슨, 폴 D. "히브리성서에 나타난 전쟁과 평화." 「기독교사상」 29, no. 6 (1985): 207-227.

흅스, T. R./김병하 역.『열왕기하』. WBC 성경주석 13. 서울: 솔로몬, 2008.

홍성혁. "메시아 예언 본문들에 나타난 '샬롬'(평화)." 「구약논단」 21, no. 1 (2015): 121-152.

Beale, Gregory K. "Peace and Mercy Upon the Israel of God: The Old Testament Background of Galatians 6, 16b." *Biblica* 80 (1999): 204-223.

Swartley, Willard M. *Covenant of Peace: The Missing Peace in New Testament Theology and Ethics*. Vol. 9. Wm. B. Eerdmans Publishing, 2006.

Wengst, Klaus. *Pax Romana and the Peace of Jesus Christ*. SCM Press, 1987.

동아시아와 한반도의 '평화', 역사적으로 가능한가 | 서정민

한국기독교역사학회 편.『한국기독교의 역사』1, 2, 3. 기독교문사, 한국기독교역사 연구소, 2009-2012.

土肥昭夫´『日本プロテスタント・キリスト教史』. 新教出版社´1980.

徐正敏´『日韓キリスト教関係史研究』. 日本キリスト教教団出版局´2009.

徐正敏´『日韓キリスト教関係史論選』. かんよう出版´2013.

富坂キリスト教センター編´『協力と抵抗の内面史』. 新教出版社´2019.

2부 _ 평화교육

어린이와 함께하는 평화교육 — "샬롬 포레스트(숲)" ı 이진원

고용수 외. 『평화와 기독교교육』. 서울: 장로회신학대학교, 2007.

고용수. 『평화교육의 이론과 실천』. 서울: 서원, 1993.

김도일 외. 『다음세대 신학과 목회』. 서울: 장로회신학대학교출판부, 2016.

_____. 『미래세대에 생명력을 불어넣는 기독교교육』. 서울: 장로회신학대학교출판부, 2014.

김도일, "인간성 회복을 추구하는 기독교 영성교육," 「종교교육학연구」 제32권 (2012.2). 서울: 한국종교교육학회. 1-21.

_____. 『온전성을 추구하는 기독교교육』. 서울: 장로회신학대학교출판부, 2011.

_____. 『조화로운 통일을 위한 기독교교육』. 서울: 나눔사, 2013.

김동진. 『한반도 평화구축과 기독교 에큐메니칼 운동』. 서울: 한국신학연구소, 2011.

김성은. 『평화와 기독교교육』. 파주: 한울, 2005.

김성재 외. 『평화교육과 민중교육』. 서울: 풀빛, 1990.

김성재. 『분단현실과 기독교민중교육』. 서울: 한국신학연구소, 1988.

박보영. "평화교육의 관점에서 본 통일교육," 「미래교육연구」 (2004), 55-70.

박상진 외. 『기독교교육 과정론』. 서울: 한국장로교출판사, 2003.

박상진. 『기독교교육 과정탐구』. 서울: 장로회신학대학교출판부, 2004.

박영신 외. 『통일·사회통합·하나님나라』. 서울: 대한기독교서회, 2010.

송남순. 『성숙한 교회와 평화교육』. 서울: 대한예수교장로회출판국, 1988.

신형섭. 『예배갱신의 사각지대 교회학교 예배』. 서울: 장로회신학대학교 기독교교육연구원, 2014.

양금희. "어린이 영성. 감성. 그리고 감각의 관계를 통해서 본 어린이 영성형성교육의 방향." 「기독교교육논총」 제34집 (2013), 31-63.

_____. "평화를 위한 기독교교육," 「교회교육」 제314집 (2003), 17-18.

_____. 『해석과 교육』. 서울: 장로회신학대학교 출판부, 2007.

오인탁. 『성숙한 교회와 평화교육』. 서울: 대한예수교장로회출판국, 1988.

오현선. "다문화 사회에서 차이를 차별화하는 폭력성의 극복을 위한 기독교평화교육의 한 방향," 「기독교교육논총」 제20집 (2009), 301-328.

위르겐 몰트만/손규태 역. "본회퍼 신학이 지닌 매혹적 신비." 「기독교사상」 (2006).

유재덕. "한반도 문제와 기독교평화교육," 「기독교교육논총」 제37집 (2014),

145-166.

유재덕. "한반도 문제와 기독교평화교육," 「기독교교육논총」 제37집(2014), 145-166.

윤응진. "기독교 평화통일 교육을 위한 이론정립의 방향 모색," 「한국기독교신학논 총」 제12집 (1995), p.204-44.

윤응진. 『기독교평화교육론』. 오산: 한신대학교출판부, 2001.

이규민. 『포스트모던 시대의 통전적 기독교교육』. 서울: 한국장로교출판사, 2016.

이윤희. "현대 기독교평화교육의 동향과 미래적 전망," 「기독교교육논총」 제48집 (2016), 349-382.

장신근. 『공적실천신학과 세계화시대의 기독교교육』. 서울: 장로회신학대학교출판 부, 2007.

정영수. "평화교육의 과제와 전망." 「교육학연구」 제31권 (1993), 173-193.

정웅섭. 『평화교육과 민중교육』. 서울: 풀빛, 1990.

정주진. 『세상의 평화 나의 평화』. 서울: 대한기독교서회, 2012.

조은하. "미래마인드 형성을 위한 기독교교육," 「기독교교육논총」 제32집 (2012), 101-130.

_____. 『통전적 영성과 기독교교육』. 서울: 동연, 2010.

함석헌. 『한국의 기독교는 무엇을 하려는가』. 서울: 한길사, 2009.

EBS <아이의 사생활> 제작팀. 『아이의 사생활』. 서울: 전재국, 2009.

Fowler, James W./박봉수 역. 『변화하는 시대를 위한 기독교교육』. 서울: 한국장로교출 판사, 1996.

Galtung, Johan/이재봉 역. 『평화적 수단에 의한 평화』. 서울: 들녘, 2000.

Groome, Thomas H./이기문 역. 『기독교적 종교교육』. 서울: 한국장로교출판사, 1983.

_____/김도일 역. 『생명을 위한 교육』. 서울: 한국장로교출판사, 2001.

_____/조영관, 김경이, 임숙희 역. 『신앙은 지속될 수 있을까?』. 서울: 가톨릭대학교 출판부, 2014.

Harris, Maria/고용수 역. 『교육목회 커리큘럼』. 서울: 한국장로교출판사, 1997.

Hicks, David/고병헌 역. 『평화 교육의 이론과 실천』. 서울: 양서원, 1993.

Moore, Mary Elizabeth M./이정근, 박혜성 역. *New Models of Christian Education*. 『기독교교육의 새로운 모형』. 서울: 대한기독교교육협회, 1991.

Nieber, Reinhold/남정우 역. 『도덕적 인간과 비도덕적 사회』. 서울: 대한기독교서회, 2003.

Palmer, Parker H./이종태 역.『가르침과 배움의 영성』. 서울: 한국기독학생출판부,
    2010.

Roth, John D./정용진 역.『맛보아 알지어다』. 서울: 대장간, 2013.

Schnider, Eliner & Weber, Mary A. *Kids Can Make Peace.*『어린이가 만드는 평화』.
    손성현 외 역. 서울: 대장간, 2016.

Groome, Thomas. *Sharing Faith: A Comprehensive Approach to Religious
    Education and Pastoral Ministry, the Way of Shared Praxis.* Wipf &Stock,
    1999.

Harris, Maria. *Fashion Me A People: Curriculum in the Church.* KY: Westminster
    John Knox Press, 1989.

Elias, John. "Education for Peace and Justice." *Catholic Education: Journal of Inquiry
    and Practice*, Vol.9. 2013.

Galtung, Johann. "Violence, Peace and Peace Research." *Journal of Peace Research*,
    Vol.6. No.3. 1969.

청소년과 함께하는 예술적 평화교육: 평화 감수성 형성 | 조은하

M. 스캇 펙/김민예숙·김예자 역.『스캇펙 박사의 평화 만들기』. 서울: 열음사, 2006.
고병헌.『평화교육사상』. 서울: 학지사, 2006.
고재학.『부모라면 유대인처럼』. 서울: 예담, 2010.
김지윤 외.『젊은 층의 대북·통일 인식』. 서울: 아산정책연구원, 2018.
박숙영.『비폭력대화를 중심으로 한 평화감수성 프로그램 개발』. 수원: 경기도교육
    청, 2012.
박주화.『평창 동계올림픽 이후 평화 공감대 형성을 위한 과제』. 서울: 통일연구원,
    2018.
사라 리틀. 사미자 역.『기독교교육 교수방법론』. 서울: 대한예수교장로회 총회출판
    국, 1988.
서정배.『젊은 세대 통일인식 개선 시급』. 서울: 통일부, 2011.
조은하. "잘 지내고 있니? 우리 마음!"『2015년 라이프 호프 자살예방교육 교육자료』.
한나 아렌트/김정한 역.『폭력의 세기』. (서울: 이후, 1999).
호레이스 부시넬/김도일 역.『기독교적 양육』. 서울: 장로회신학대학 출판부, 2006
파커 J. 파머/이종인 역.『가르칠 수 있는 용기』. 서울: 한문화, 2000.
영화 "적과의 동침 (2011)" 참고. URL:

http://news.khan.co.kr/kh_news/khan_art_view.html?ar-
tid=201806201639011&code=940202 2018년 9월 30일 검색.

청년과 함께하는 평화교육: 삼위일체적 진리의 커뮤니티 ㅣ 양승준

강남순.『코즈모폴리터니즘과 종교』. 서울: 새물결플러스, 2015.

이성조.『그래도 행복해, 그래서 성공해』. 서울: Inspire, 2018.

이윤희. "관계적 역량 강화를 위한 평화감수성 교육 연구."「기독교교육논총」. 제55
집(2018), 305-306.

정성욱.『삶 속에 적용하는 삼위일체 신학』. 서울: 홍성사, 2007.

정지훈.『내 아이가 만날 미래』. 서울: 코리아닷컴, 2013.

최진석.『탁월한 사유의 시선』. 서울: 21세기북스, 2017.

한병철/김태환 역.『투명사회』. 서울: 문학과 지성사, 2013.

Boff, Leonardo. 이세형 역.『삼위일체와 사회』. 서울: 대한기독교서회, 2011.

Harari, Yuval Noah. 전병근 역.『21세기를 위한 21가지 제언』. 서울: 김영사, 2018.

LaCugna. Catherine M. 이세형 역.『우리를 위한 하나님』. 서울: 대한기독교서회, 2008.

Mcgrath. Alister E. *Christian Theology an Introduction*. Oxford: Blackwell Press, 1994.

Palmer, Parker J./김명희 역.『가르침』. 서울: 아바서원, 2012.

_____/이종인 · 이은정 역.『가르칠 수 있는 용기』. 서울: 한문화, 2000.

_____/김찬호 역.『비통한 자들을 위한 정치학』. 서울: 글항아리, 2012.

Volf, Miroslav/황은영 역.『삼위일체와 교회』. 서울: 새물결플러스, 2012.

EBS 특별기획 통찰. 2016년. 7월 5일.

BBC News 코리아. 2019년 1월 9일. https://www.bbc.com/korean/features-46756274.

노인과 함께하는 평화교육 — 갈등을 넘어 평화로 ㅣ 김도일

김도일.『더불어 건강하고 행복한 생태계를 만들어가는 가정 · 교회 · 마을 교육공동
체』. 서울: 동연, 2018.

김도일. "평화교육의 과제와 프로그램에 관한 연구."『평화와 기독교교육』. 서울: 장
로회신학대학교 기독교교육연구원, 2007, 157-188.

김문조 "한국 사회의 갈등: 진단과 해법: 계급갈등 및 세대갈등을 중심으로."『사회적
갈등 종합정책 보고서』. 서울: 재단법인 행복세상, 2014, 17-50.

김영동. "시니어 선교의 현황과 활성화를 위한 신학적 방향."「선교와 신학」32,
2013.8, 43-76.

박길성.『사회는 갈등을 만들고 갈등은 사회를 만든다』. 서울: 고려대학교출판부,
2013.

박길성. "연대적 공존에 관한 이론적 탐색: 한국 사회의 갈등정치를 넘어."『한국 사회
학회 사회학대회 논문집』. 2012.6, 637-646.

박재흥. "권력, 이념, 문화 갈등을 중심으로."「한국인구학」제33권 3호 (2010), 75-99.

박현선. "태극기 문화의 대중심리와 텅빈 신화들."「문화과학」91 (2017.9), 106-133.

이창호. "세대 간 갈등 원인과 해결방안."「한국청소년학회 학술대회」. 2002.6,
131-140.

장신근.『통전적 신앙과 생애주기별 기독교교육』. 서울: 장로회신학대학교출판부,
2019.

최종숙. "촛불, 태극기 그리고 5070 세대 공감."「한국민주주의연구」11호 (2017), 1-21.

Boys, C. Mary. 김도일 역.『제자직과 시민직을 위한 교육』. 서울: 한국장로교출판사,
1999.

Davis, Lynn. 강순원 역.『극단주의에 맞서는 평화교육』. 서울: 한울, 2014.

Freire, Paulo. *Pedagogy of the Oppressed 50th Anniversary Edition*. New York:
Continuum, 2018.

Green, Joshua. 최호영 역,『분열과 갈등의 시대, 왜 다시 도덕인가: 옳고 그름』. 서울:
시공사, 2017.

Wilhoit, James · John M. Dittoni/김도일 · 김정훈 역.『발달주의적 시각으로 본 기독교
적 양육』. 서울: 쿰란, 2013.

"2060년 한국인 10명중 4명이 '노인'".「중앙일보」2016년 3월 24일.

"2019년 교인인식 설문조사."「교회성장」2019년 2월호, 41-49.

통계청. 2018『고령자 통계 자료』. http://kostat.go.kr/portal/korea/ 검색어: 고령자,
2019년 8월 4일 17시 검색.

3부 _ 평화와 사회

배타적 공동체를 넘어 포용의 공동체로 ㅣ 황인성

강영안 외 20인.『한국교회, 개혁의 길을 묻다』. 서울: 새물결플러스, 2013.

김도일.『가정 · 교회 · 마을 교육공동체』. 서울: 동연, 2018.

김세윤.『칭의와 성화』. 서울: 두란노, 2013.

박보경. "통전적 관점의 교회성장과 전도,"「선교신학」7집 (2003), 136.

박영돈.『일그러진 한국교회의 얼굴』. 서울: 포이에마, 2013.

신광은.『메가처치논박』. 서울: 정연, 2009.

양희송.『가나안 성도 교회 밖 신앙』. 서울: 포이에마, 2014.

이형기 외 8인.『공적 신학과 공적교회』. 서울: 킹덤북스, 2010.

이형기 외 8인.『교회 직제론: 한국교회 직제 개선을 위한 모색』. 서울: 예영, 2012.

정재영.『교회 안나가는 그리스도인 가나안 성도를 어떻게 이해할 것인가?』. 서울:
　　　　IVP, 2015.

_____.『함께 살아나는 마을과 교회』. 서울: SFC, 2018.

한국기독교목회자협의회.『한국기독교분석리포트』. 서울: URD, 2013.

한국기독교역사연구소『한국기독교의역사』. 서울: 기독교문사, 1989.

한국일. "선교적 교회의 실천적 모델과 원리,"「선교신학」제36집 (2014), 93,
　　　　361-366.

_____. "한국적 상황에서 본 선교적 교회: 지역교회를 중심으로,"「선교와 신학」30
　　　　집 (2012), 94-95.

_____.『선교적 교회의 이론과 실제』. 서울: 장로회신학대학출판부, 2016.

_____.『세계를 품는 교회』. 서울: 장로회신학대학교 출판부, 2010.

홍영기.『한국 초대형 교회와 카리스마 리더십』. 서울: 선교신학연구소, 2001.

Bosch, David J. *Transforming Mission*. NY: Orbis Books, 1991.

Haudel, Matthias. "The relation between trinity and ecclesiology as an ecumenical chal-
　　　　lenge and its consequences for the understanding of mission," *International
　　　　Review of Mission* (2010): 401-407.

Ross, Kenneth R. · Jooseop Keum · Kyriaki Avtzi and Roderick R. Hewitt, Ed. *Ecumenical
　　　　Missiology, Changing Landscapes and New Conceptions of Mission*.
　　　　Oxford: Regnum and WCC, 2016.

*Church of England's Mission and Public Affairs Council. Mission-Shaped
　　　　Church*. 브랜든 선교 연구소 역.『선교형 교회』. 서울: 비아, 2016.

Guder, Darrell L. ed. *Missional Church: A Vision for the Sending of the Church in
　　　　North America*. 정승현 역.『선교적 교회』. 인천: 주안대학원대학교출판부,
　　　　2013.

Newbigin, Lesslie. Gospel in a Pluralist Society. 홍병룡 역.『다원주의 사회에서의 복음』.
　　　　서울: IVP, 2007.

_____. *The Household of God*.『교회란 무엇인가』. 서울: IVP, 2002.

Stevens, Paul. *Liberating the Laity*. 김성오 역.『참으로 해방된 평신도』. 서울: IVP, 1992.

Wright, N. T. *Justification: God's Plan and Paul's Vision*. 최현만 역.『칭의를 말하다』. 서울: 에클레시아북스, 2011.

공명교회 블로그: blog.naver.com/gm-church[2019.08.19. 접속].

교회신뢰도조사: 기윤실, "2017년 한국교회의 사회적 신뢰도 여론조사 결과발표세미나." https://cemk.org/cemk_wp/wp-content/uploads/2017/03/2017_%ED%95%9C%EA%B5%AD%EA%B5%90%ED%9A%8C%EC%8B%A0%EB%A2%B0%EB%8F%84%EC%A1%B0%EC%82%AC_%EC%9E%90%EB%A3%8C%EC%A7%91.pdf [2019.08.19. 접속].

종교인구통계: "KOSIS 국가통계포털 총조사인구" http://kosis.kr/statisticsList/statisticsList_01List.jsp?vwcd=MT_ZTITLE&parentId=A [2019.08.19. 접속].

책보고가게 블로그: blog.naver.com/drop-book[2019.08.19. 접속].

한국교회를 품은 난민 ─ 제주 예멘 난민 이슈를 바라보는 한 기독교 윤리학자의 시선 │ 김상덕

강남순.『코즈모폴리터니즘과 종교』. 서울: 새물결플러스, 2015.

김현경.『사람, 장소, 환대』. 서울: 문학과지성사, 2015.

레티 M. 러셀/여금현 역『공정한 환대』. 서울: 대한기독교서회, 2012.

미로슬라브 볼프/박세혁 역.『배제와 포용』. 서울: IVP, 2012.

자크 데리다/남수인 역.『환대에 대하여』. 서울: 동문선, 2004.

존 코어닉/김기역 역.『환대의 신학』. 서울: 한국장로교출판사, 2002.

크리스틴 폴/정옥배 역.『손대접』. 서울: 복있는 사람, 2002.

크리스틴 폴 & 크리스토퍼 휴어츠/박세혁 역.『약한 자의 친구』. 서울: 복있는사람, 2012.

한나 아렌트/이진우, 박미애 역.『전체주의의 기원 1』. 서울: 한길사, 2006.

한스 부르스마/윤성현 역.『십자가, 폭력인가 환대인가』. 서울: CLC, 2014.

Olick, Jeffrey K. *States of Memory: Continuities, Conflicts, and Transformations in National Retrospection*. Durham: NC & London: Duke University Press, 2003.

Wiesel, Elie. "The Refugee" in Gary MacEoin. ed. *Sanctuary*. New York: Harper & Row, 1985.

위키백과 <해를 품은 달(드라마)>.

김종성 (2012. 2. 1). "해품달 '액받이 무녀', 실제 있었을까?" <오마이뉴스>. URL: http://www.ohmynews.com/NWS_Web/View/at_pg.aspx?CNTN_CD=A0001 691996.

박수진. (2018. 6. 18). "제주도에 온 예멘 난민 500명, 무슬림 혐오로 내몰리다" <한겨레>. URL: http://www.hani.co.kr/arti/society/rights/849580.html.

이웅혁, 노영희. (2018. 6. 19). "올해만 560명… 예멘 난민, 제주도 입국 배경은?" <YTN 뉴스>. URL: http://www.ytn.co.kr/_ln/0103_201806191618149924.

조문희. (2018. 7. 5). "'이슬람' '테러' '강간' … 난민 향하는 우리의 민낯" <시사저널>. URL: http://www.sisapress.com/journal/article/176260.

청와대 <국민청원 및 제안> 브리핑. "제주도 불법 난민 신청 문제에 따른 난민법, 무사증 입국, 난민신청허가 폐지/개헌 청원합니다." URL: https://www1.president.go.kr/petitions/269548.

한국리서치. <여론 속의 여론> 6월 정기조사, 1000명 설문 자료. 한국일보 (2018. 6. 30). URL: http://www.hankookilbo.com/v/13cac388e35f49ddb11e3c172b70cb50.